Die deutschen Kreditinstitute im Spannungsfeld
von deutschem und europäischem Recht

Europäische Hochschulschriften
Publications Universitaires Européennes
European University Studies

Reihe II
Rechtswissenschaft

Série II Series II
Droit
Law

Bd./Vol. 3324

PETER LANG
Frankfurt am Main · Berlin · Bern · Bruxelles · New York · Oxford · Wien

Matthias Liermann

Die deutschen Kreditinstitute im Spannungsfeld von deutschem und europäischem Recht

PETER LANG
Europäischer Verlag der Wissenschaften

Die Deutsche Bibliothek - CIP-Einheitsaufnahme

Liermann, Matthias :

Die deutschen Kreditinstitute im Spannungsfeld von deutschem und europäischem Recht / Matthias Liermann. - Frankfurt am Main ; Berlin ; Bern ; Bruxelles ; New York ; Oxford ; Wien : Lang, 2002
(Europäische Hochschulschriften : Reihe 2, Rechtswissenschaft ; Bd. 3324)
Zugl.: Münster (Westfalen) Univ., Diss., 2001
ISBN 3-631-38792-X

D 6
ISSN 0531-7312
ISBN 3-631-38792-X

www.peterlang.de

Meinen Eltern

Vorwort

Die vorliegende Arbeit ist im Sommersemester 2001 von der Rechtswissenschaftlichen Fakultät der Westfälischen-Wilhelms-Universität Münster als Dissertation angenommen worden. Sehr herzlich möchte ich mich bei meinem Doktorvater, Herrn Professor Dr. Dirk Ehlers bedanken, der mich immer wieder zur Fertigstellung dieser Arbeit ermutigt und angespornt hat. Mein Dank gebührt auch Herrn Professor Dr. Dieter Birk für die zügige Erstattung des Zweitgutachtens. Mein besonderer Dank richtet sich an Herrn Gerhard-Christoph Ihle, der sich noch vor dem Beginn dieser Arbeit die Zeit genommen hat, mir einen Überblick über das Bankenaufsichtsrecht und problematische Bereiche darin zu verschaffen und damit die Anregung für diese Arbeit lieferte.

Ohne die Unterstützung, die mir während der gesamten Dauer dieser Dissertation zuteil geworden ist, hätte diese Arbeit nicht entstehen können. Dafür möchte ich mich bei allen bedanken, die mich unterstützt haben, insbesondere bei meiner Familie und meiner Freundin Anja Bell.

Inhaltsverzeichnis

Teil I: Grundlagen

Abkürzungsverzeichnis

1. BRKR	Erste Bankrechtskoordinierungsrichtlinie
2. BRKR	Zweite Bankrechtskoordinierungsrichtlinie
a.A.	andere Ansicht
Abl.	Amtsblatt der Europäischen Gemeinschaften
Amtl. Slg.	Amtliche Sammlung
Anm.	Anmerkung
Art.	Artikel
B.Bl.	Betriebswirtschaftliche Blätter
BAKred	Bundesaufsichtsamt für das Kreditwesen
BAWe	Bundesaufsichtsamt für den Wertpapierhandel
BbankG	Gesetz über die Deutsche Bundesbank
BCCI	Bank of Kredit and Commerce International
BI	Bank Information
BR-DS	Bundesrat-Drucksache
BT-DS	Bundestags-Drucksache
bzw.	Beziehungsweise
C&L	Coopers & Lybrand Deutsche Revision
d.h.	das heißt
Danatbank	Darmstädter Nationalbank
DBW	Die Betriebswirtschaft
DZWir	Deutsche Zeitschrift für Wirtschaftsrecht
ECU	European Currency Unit
EDV	Elektronische Datenverarbeitung
EEA	Einheitliche Europäische Akte
EG	Europäische Gemeinschaft
EU	Europäische Union
EuGH	Europäischer Gerichtshof
EWG	Europäische Wirtschaftsgemeinschaft

EWR	Europäischer Wirtschaftsraum
EWS	Europäisches Wirtschafts- und Steuerrecht
F.A.Z.	Frankfurter Allgemeine Zeitung
FLF	Finanzierung-Leasing-Factoring
FS	Festschrift
gem.	Gemäß
GroMiKV	Großkredit- und Millionenkreditverordnung
Hrsg.	Herausgeber
ifo Studien	Zeitschrift für empirische Wirtschaftsforschung
KAD	Kapitaladäquanzrichtlinie
KuK	Kredit und Kapital
KWG	Gesetz über das Kreditwesen
LdRW	Lexikon des Rechts der Wirtschaft
Nr.	Nummer
o.V.	ohne Verfasser
ÖBA	Österreichisches Bank Archiv
Rdnr.	Randnummer
Rs.	Rechtssache
S.	Seite
sog.	Sogenannt
SolvR	Solvabilitätsrichtlinie
v.	vom
WDR	Wertpapierdienstleistungsrichtlinie
WiSt	Wirtschaftswissenschaftliches Studium
WiSU	Das Wirtschaftsstudium
WpHG	Gesetz über den Wertpapierhandel
z.B.	zum Beispiel
ZBB	Zeitschrift für Bankrecht und Bankwirtschaft
ZfgKW	Zeitschrift für das gesamte Kreditwesen

Im übrigen wird verwiesen auf Hildebert Kirchner, Abkürzungsverzeichnis der Rechtssprache, 4. Aufl., Berlin u.a. 1993.

Teil I: Grundlagen

A. Einführung in die Problematik

Im Juni und Juli 1997 ist die sechste Novelle des Kreditwesengesetzes vom Deutschen Bundestag und vom Deutschen Bundesrat verabschiedet worden. Während ein kleinerer Teil der Bestimmungen unmittelbar nach der Verkündung am 28. Oktober 1997 in Kraft getreten ist und einige Regelungen zur Angemessenheit der Eigenmittel und über Großkredite erst ab dem 1. Oktober 1998 obligatorisch zu beachten waren, gilt der Großteil der Neuerungen seit dem 1. Januar 1998.

Die Novelle dient vor allem der Umsetzung von drei Richtlinien der Europäischen Union:

- der Wertpapierdienstleistungsrichtlinie[1],
- der Kapitaladäquanzrichtlinie[2],
- und der BCCI-Folgerichtlinie[3].

Über die Richtlinienvorgaben hinaus werden durch die Novelle Regelungen zur Bekämpfung des grauen Kapitalmarktes[4] – die teilweise aber noch nicht als ausreichend angesehen werden[5] – , zur Absicherung der Funktionsfähigkeit des Zahlungsverkehrs, zur Verbesserung der Geldwäschebekämpfung sowie Deregulierungsmaßnahmen zur Förderung des Finanzplatzes Deutschland getroffen.

---

1 Richtlinie 93/22/EWG Abl. Nr. L 141 v. 11.06.1993, S. 27-47.

2 Richtlinie 93/6/EWG Abl. Nr. L 141 v. 11.06.1993, S. 1-26.

3 Richtlinie 95/26/EWG Abl. Nr. L 168 v. 18.07.1995, S. 7-13.

4 Eine einheitliche Definition des „grauen" Kapitalmarktes existiert nicht. Teilweise wird unter dem „grauen" Kapitalmarkt der staatlich nicht regulierte Kapitalmarkt verstanden, während andere Definitionen darunter die Anbieter unseriöser Kapitalanlagen verstehen. Diese Definitionen berücksichtigen allerdings nicht, daß es auch außerhalb des staatlich regulierten Kapitalmarktes seriöse Anbieter von Finanzprodukten gibt und daß auch in den beaufsichtigten Märkten Betrugsfälle vorkommen. Vgl. dazu Beck, F.A.Z. vom 5.2.2001, S. 40; Jung/Schleicher, S. 24.

5 Vgl. nur z. B. Empfehlungen der Ausschüsse an den Bundesrat, BR-DS 963/2/96, S. 1 ff.; Benner, zitiert nach F.A.Z vom 08.09.1997, S. 17.

Dadurch wird eine große Anzahl von Unternehmen, die bisher nicht unter die Aufsicht des Bundesaufsichtsamts für Kreditwesen fielen, der staatlichen Aufsicht unterstellt. Es wurde damit gerechnet, daß zu den bereits erfaßten rund 3.700 Kreditinstituten circa 7.500 erstmals zu beaufsichtigende Unternehmen als Finanzdienstleistungsinstitute hinzukommen.[6]

Die Sechste Novelle des Kreditwesengesetzes soll den vorläufigen Schlußpunkt auf dem Weg zu einem einheitlichen europäischen Binnenmarkt für Finanzdienstleistungen darstellen.

Mit der vierten Novelle des Kreditwesengesetzes wurden in der Bundesrepublik Deutschland die Grundlagen für einen gemeinsamen europäischen Bankenmarkt geschaffen, denn mit dieser Novelle wurde der sogenannte „Europäischen Paß" in das Kreditwesengesetz eingeführt. Aufgrund dieses Europäischen Passes konnten Kreditinstitute, die in den Ländern des Europäischen Wirtschaftsraumes (EWR)[7] ansässig waren und nach harmonisierten Regeln beaufsichtigt wurden, in anderen EWR-Ländern ohne erneute Zulassung Niederlassungen errichten und grenzüberschreitende Bankdienstleistungen anbieten.

Der Begriff des Kreditinstitutes ist jedoch in den Richtlinien der EG und im deutschen Kreditwesengesetz nicht deckungsgleich.
Während in § 1 Abs. 1 KWG eine enumerative Auflistung von Tätigkeiten, bei deren Vorliegen ein Unternehmen als Kreditinstitut qualifiziert wird, gegeben ist, definiert Artikel 1 der ersten Bankrechtskoordinierungsrichtlinie[8], auf den auch Artikel 1 Absatz 1 der zweiten Bankrechtskoordinierungsrichtlinie[9] verweist, das Kreditinstitut als *„ein Unternehmen, dessen Tätigkeit darin besteht, Einlagen oder andere rückzahlbare Gelder des Publikums entgegenzunehmen und Kredite für eigene Rechnung zu gewähren"*.

Der enge Kreditinstitutsbegriff der Richtlinien der EG führte dazu, daß reine Wertpapierfirmen nicht in den Vorteil des „Europäischen Passes" kamen. Für die Institute in der Bundesrepublik Deutschland hatte dies keine besonderen Auswirkungen, da aufgrund des hier vorherrschenden Universalbankprinzipes

---

6 Vgl. Jung, ZfgKw 1998, S. 200; Karg/Lindemann, Sparkasse 1997, S. 125.
7 Der Europäische Wirtschaftsraum umfaßt neben den jeweiligen Mitgliedstaaten der Europäischen Gemeinschaften die Vertragsstaaten des Abkommens vom 2. Mai 1992 über den Europäischen Wirtschaftsraum. Das sind zur Zeit Island, Liechtenstein und Norwegen.
8 Richtlinie 77/780/EWG Abl. Nr. L 322 v. 30.12.1977, S. 30 ff.
9 Richtlinie 89/646/EWG Abl. Nr. L 386 v. 15.12.1989, S. 1 ff.

die Institute, die bereits den „Europäischen Paß" nach Maßgabe der vierten KWG-Novelle erhalten hatten – also die Institute, die unter anderem auch das Einlagen- und Kreditgeschäft betreiben –, die Wertpapiergeschäfte unter demselben Dach anbieten. Anders sah es aber für Institute aus, die dem gerade im angelsächsischen Bereich vorherrschenden Trennbankensystem entstammen. Hier erwuchsen den Wertpapierfirmen Nachteile, da sie ihre Produkte nicht ungehindert auf dem Markt der EWR-Länder anbieten und sich selbst auch nicht in den anderen EWR-Ländern ohne erneute Zulassung niederlassen konnten.

Um diesen Unterschied zu beseitigen, stellt die Wertpapierdienstleistungsrichtlinie die selbständigen Wertpapierfirmen hinsichtlich der Dienstleistungs- und Niederlassungsfreiheit den Kreditinstituten gleich.

Diese Gleichbehandlung erfordert konsequenterweise aber auch eine Parallelität im Bereich der Solvenzanforderungen, denn Kreditinstitute, die als Universalbank neben dem Einlagen- und Kreditgeschäft auch das Wertpapiergeschäft betreiben, stehen auf diesem Gebiet in direkter Konkurrenz zu den Wertpapierfirmen. Nur so läßt sich ein „Level-Playing-Field" mit dem Grundsatz „Same business-same risk-same rules" für Kreditinstitute und Wertpapierfirmen schaffen.

Das versucht die Kapitaladäquanzrichtlinie zu verwirklichen.
Durch sie soll die Aufsicht über das Geschäft der Kreditinstitute und der Wertpapierfirmen, sofern dieses sich inhaltlich vergleichen läßt, harmonisiert werden. Die Kapitaladäquanzrichtlinie strebt insoweit eine Gleichstellung der im Zuge des Betreibens dieser Geschäfte eingegangenen Risiken durch eine weitreichende Eigenmittelunterlegung, insbesondere der Marktpreisrisiken an. Dies ist besonders wichtig, da gerade durch den immer weiter zunehmenden Einsatz derivativer Finanzinstrumente in den letzten Jahren[10] erhebliche Risikopositionen mit verhältnismäßig geringen Kapitaleinsätzen eingegangen werden können.[11]

---

[10] Siehe zum Anstieg der derivativen Finanzinstrument Trouet, ZfgKw 1998; S. 760; o.V., Bilanzunwirksame Geschäfte deutscher Kreditinstitute, ZfgKw 1998, S. 792 f.; Bühler/Schmidt, S. 70; Röder/Linz, S. 155 ff, die auch einen Überblick über die historische Entwicklung der Derivate geben.

[11] Vgl. C&L Deutsche Revision, S. 30; Artepoeus, B.Bl. 1995, S. 531.

Somit sollten die Aufsichtsregeln für Kreditinstitute und Wertpapierfirmen im Raum der Europäischen Union einheitlich und damit wettbewerbsneutral ausgestaltet sein.

In dieser Arbeit soll gezeigt werden, daß trotzdem noch Unterschiede zwischen reinen Wertpapierfirmen nach dem Trennbankensystem und den Kreditinstituten nach dem Universalbankensystem in der aufsichtsrechtlichen Behandlung bestehen, die letztendlich auf den unterschiedlichen Kreditinstitutsbegriffen im Kreditwesengesetz und in den Richtlinien der EG beruhen.[12] In diesem Zusammenhang wird auch hinterfragt, ob gleiche Aufsichtsstandards für Kreditinstitute und Wertpapierfirmen wirtschaftlich überhaupt sinnvoll sind.[13]

Als weitere Folge der Umsetzung der Wertpapierdienstleistungsrichtlinie und der Kapitaladäquanzrichtlinie mußten mit der Sechsten KWG-Novelle eine Reihe neuer Begriffe in das Kreditwesengesetz eingeführt werden, wie zum Beispiel der des Finanzdienstleistungsinstitutes oder der des Handelsbuches[14].

Zudem ergeben sich aus der Umsetzung der Richtlinien in das deutsche Recht weitere Probleme für die deutschen Kreditinstitute, da die Richtlinien nur Mindestanforderungen aufstellen, es den nationalen Gesetzgebern aber freigestellt ist, strengere Anforderungen zu erlassen. Dabei ist gerade der deutsche Gesetzgeber über das Mindestsoll hinausgegangen[15] und hat für deutsche Kreditinstitute strengere und damit nachteilige Anforderungen normiert. Diese gelten wegen des Diskriminierungsverbotes der EU aber nur für heimische Kreditinstitute, so daß es für diese zu einer sogenannten „umgekehrten Diskriminierung“ kommen kann.

Im Rahmen dieser Arbeit sollen die wichtigsten Benachteiligungen für die deutschen Kreditinstitute herausgearbeitet werden. Dabei sollen die Nachteile, gerade in der jetzigen Zeit des Zusammenwachsens des europäischen Marktes und der daraus resultierenden zunehmenden Konkurrenz der Kredit- und Finanzinstitute, die dadurch für die deutschen Kreditinstitute resultieren, aufgezeigt werden.

---

[12] Siehe dazu Teil II, C. II. 8).
[13] Siehe dazu Teil II, C. II. 8) e).
[14] Siehe dazu Teil II, B. IV und Teil II C. III.
[15] Vgl. Wolgast, F.A.Z. vom 13.10.1998, S. 18; Lehnhoff, Handelsblatt vom 22.05.1997, S. B 11; Schröder, ZfgKw 1997, S. 1174.

Die genannten Richtlinien können jedoch nicht isoliert betrachtet werden, denn sie stehen im Kontext einer ganzen Reihe von Richtlinien, die zur Regelung des Bank- und Kapitalmarktes und zur Harmonisierung des Bankenaufsichtsrechts in der EU erlassen worden sind. Durch diese Vielzahl von Richtlinien und Regelungen ist die hinter den Richtlinien stehende Intention und das vom Rat und der Kommission verfolgte Konzept nicht immer klar zu erkennen. Die Kenntnis des gesamten Regelungsansatzes ist für das umfassende Verständnis der Regelungen der einzelnen Richtlinien aber unumgänglich.[16] Daher soll im Rahmen dieser Arbeit die Entwicklung des europäischen Bankenaufsichtsrechts und die von Rat und Kommission dabei verfolgte Konzeption dargestellt und erläutert werden.[17]

Das gleiche gilt für das deutsche Kreditwesengesetz. Die mit der Umsetzung der Wertpapierdienstleistungsrichtlinie und der Kapitaladäquanzrichtlinie verfolgten Regelungen lassen sich zum Teil auch nur vor dem Hintergrund der Entstehung und Entwicklung des Kreditwesengesetzes nachvollziehen.
Denn nicht ohne Grund wird gesagt, daß das Kreditwesengesetz durch die zahlreichen Novellen „ein Flickwerk und babylonische Begriffsverwirrung“ darstellt, und daß es einer kompletten Neufassung bedarf, um die Verständlichkeit und Lesbarkeit wieder herzustellen.[18]
Daher soll auch die Entwicklung des Kreditwesengesetzes und die dahinter stehende Intention aufgezeigt werden[19], um so die Regelungen der Sechsten Novelle des Kreditwesengesetzes verständlicher zu machen.

Die Harmonisierung des Bankenaufsichtsrechts in der EU kann aber nicht isoliert betrachtet werden. Im Zeitalter der Globalisierung der Finanzmärkte gibt es weltweite Bestrebungen, die Vorschriften über das Bankenaufsichtsrecht anzugleichen. Diese Bestrebungen haben einen entscheidenden Einfluß auf das europäische Bankenaufsichtsrecht. Die aktuellsten Entwicklungen sollen dabei kurz vorgestellt werden.[20]

Ziel der Arbeit ist es, einen Weg aufzuzeigen, durch den die Aufsicht über die Kreditinstitute vereinfacht werden kann und Wettbewerbsnachteile zwischen Kreditinstituten und Wertpapieren verhindert werden können. Es soll gezeigt werden, daß der von der EU gewählte Ansatz zur Harmonisierung des Banken-

[16] Vgl. Schäfer, AG 1993, S. 389.
[17] Siehe dazu Teil I, C. IV.
[18] Vgl. Weger/Nägele, ZfgKw 1998, S. 753.
[19] Siehe dazu Teil I, B. II.
[20] Siehe dazu Teil I, C. VI.

aufsichtsrechts – die enge Definition des Begriffes des Kreditinstitutes – zu Problemen geführt hat, die durch die Wahl eines weiteren Kreditinstitutsbegriffes – wie er im deutschen Kreditwesengesetz definiert ist – hätten vermieden werden können und daß durch die Wahl eines weiteren Kreditinstitutsbegriffes eine klarere und einfachere Regelung des europäischen Bankenaufsichtsrechts hätte erfolgen können.

B. Bankenaufsichtsrecht der Bundesrepublik Deutschland

I. Rechtliche Grundlagen

In der Bundesrepublik Deutschland sind die rechtlichen Grundlagen der Bankenaufsicht nicht nur in einem einzigen Gesetz kodifiziert. Vielmehr sind eine Reihe von Gesetzen maßgeblich, die sowohl die materiellrechtlichen als auch die organisatorischen Aspekte des Bankenaufsichtsrechts regeln.

1) Gesetz über das Kreditwesen

Primäre rechtliche Grundlage für die Bankenaufsicht in der Bundesrepublik Deutschland ist das Gesetz über das Kreditwesen[1] (= Kreditwesengesetz; KWG), das auch als bankenaufsichtliches Grundgesetz bezeichnet wird.[2] Es legt die Objekte der Bankenaufsicht fest, enthält „Vorschriften für die Institute“ (§§ 10 - 31 KWG), „Vorschriften über die Beaufsichtigung der Institute“ (§§ 32 - 52 KWG) und Spezialvorschriften.
Das Kreditwesengesetz sieht eine laufende Überwachung und erforderlichenfalls Eingriffsmöglichkeiten der Bankenaufsichtsbehörden von Fall zu Fall vor.

2) Gesetz über den Wertpapierhandel

Das Gesetz über den Wertpapierhandel[3] (= Wertpapierhandelsgesetz; WpHG) wurde als Bestandteil des Zweiten Finanzmarktförderungsgesetzes 1994 verabschiedet und trat vollständig[4] am 01.01.1995 in Kraft.
In den §§ 1 - 2a WpHG werden die Objekte der Wertpapieraufsicht erläutert. Da die Universalbanken auch in diesem Geschäftsbereich tätig sind, fallen Kredit-

---

1 Gesetz über das Kreditwesen vom 10. Juli 1961 (BGBl. I S. 881) in der Bekanntmachung der Neufassung vom 9. September 1998 (BGBL. I S. 2776).

2 So Büschgen, Bankbetriebslehre, S. 265; Meister, Auszüge aus Presseartikeln, Nr. 9 vom 3.2.1995, S. 10.

3 Gesetz über den Wertpapierhandel vom 26. Juli 1994 (BGBl. I S. 1749) in der Bekanntmachung der Neufassung vom 9. September 1998 (BGBl. I S. 2708).

4 Die §§ 1 bis 3, 9 Abs. 3 und 4, §§ 11 bis 14, 20, 38 und 41 Abs. 1 des WpHG traten bereits am 1. August 1994 in Kraft.

institute, soweit sie Wertpapierdienstleistungen erbringen unter den Anwendungsbereich des WpHG und das Bundesaufsichtsamt für den Wertpapierhandel führt die Marktaufsicht darüber durch.

3) Gesetz über die Deutsche Bundesbank

Das Gesetz über die Deutsche Bundesbank[5] (BBankG) normiert die Tätigkeit der Bundesbank als Organ der Bankenaufsicht. So ist die Bundesbank gem. § 18 BBankG berechtigt, zur Erfüllung ihrer Aufgaben Statistiken auf dem Gebiet des Bank- und Geldwesens bei allen Banken anzuordnen und durchzuführen. Diese Erhebungen dienen neben den daraus abgeleiteten Erkenntnissen für die Geld- und Währungspolitik auch Bankenaufsichtszwecken.

4) Sonstige Rechtsgrundlagen

Neben den genannten Gesetzen enthalten z.B. das Hypothekenbankgesetz[6], das Gesetz über Kapitalanlagegesellschaften[7], das Bausparkassengesetz[8], die für Sparkassen und Girozentralen erlassenen Landesgesetze und das Genossenschaftsgesetz[9] Regelungen aufsichtlichen Charakters, die teilweise über die allgemeinen Vorschriften des Kreditwesengesetzes hinausgehen.

---

5 Gesetz über die Deutsche Bundesbank vom 26. Juli 1957 (BGBl. I S. 745), in der Fassung der Bekanntmachung vom 22. Oktober 1992 (BGBL. I S. 1787), zuletzt geändert durch Art. 19 Abs. 7 des Versorgungsreformgesetzes vom 29. Juni 1998 (BGBl. I S. 1666).

6 5. Hypothekenbankgesetz in der Fassung der Bekanntmachung vom 9. September 1998 (BGBl. I S. 2674).

7 Gesetz über Kapitalanlagegesellschaften in der Fassung der Bekanntmachung vom 9. September 1998 (BGBl. I S. 2726), geändert durch Art. 11 des Steuerentlastungsgesetzes 1999/2000/2002 vom 24. März 1999 (BGBl. I S. 402).

8 9. Gesetz über Bausparkassen in der Fassung der Bekanntmachung vom 15. Februar 1991 (BGBl. I S. 454), zuletzt geändert durch Art. 3 § 11 des Gesetzes über die Zulassung von Stückaktien vom 25. März 1998 (BGBl. I S. 590).

9 Gesetz betreffend die Erwerbs- und Wirtschaftsgenossenschaften in der Fassung der Bekanntmachung vom 19. August 1994 (BGBl. I S. 2202).

II. Entwicklung des deutschen Bankenaufsichtsrechts

Der Gedanke zur Beaufsichtigung von Kreditinstituten stammt nicht erst aus dem letzten Jahrhundert, sondern er wurde schon lange Zeit vorher verfolgt. Die staatliche Einflußnahme auf das Kreditwesen hat sich historisch aus zwei verschiedenen Wurzeln entwickelt, nämlich der Beaufsichtigung von Privatbanken mit Notenprivileg einerseits und der Staatsaufsicht über öffentlich-rechtliche Institute andererseits.[10] So überwachte Friedrich der Große in Preußen den Geschäftsbetrieb der 1765 gegründeten Giro- und Landesbank zu Berlin und Breslau (daraus entwickelte sich die spätere Deutsche Reichsbank, die Zentralbank des Deutschen Reiches von 1871) und ließ sich zu diesem Zweck die monatlichen Bilanzen und Rechenschaftsberichte vorlegen.[11] Als Institute des öffentlichen Rechts wurden die Landschaften[12] und die Staatsbanken[13] einer Staatsaufsicht unterstellt.[14] Vorschläge über eine allgemeine Bankenaufsicht wurden dann erstmals im Jahre 1874 anläßlich der Beratungen über das spätere Bankgesetz von 1875, durch das die Reichsbank geschaffen wurde, diskutiert, aber wegen der erst kurz zuvor (1869) erlassenen Gewerbeordnung, die den Grundsatz der Gewerbefreiheit aufstellte, abgelehnt.[15] Dies war vor allem auf die starke Interessenlobby des Bankwesens zurückzuführen.[16]

Das erste allgemeine Bankgesetz wurde 1931 im Wege einer Notverordnung[17] als Folge der sogenannten Bankenkrise[18] erlassen, durch die die Kreditinstitute einer weitestgehend nur beobachtenden Aufsicht unterstellt wurden.[19]

---

[10] Vgl. Szagunn/Haug/Ergenzinger, Einleitung, S. 58; Möschel, Heinsius-FS, S. 575.

[11] Schuster, S. 38.

[12] Diese wurden von 1769 an in Preußen als Institute zur Kapitalbeschaffung für den durch den Siebenjährigen Krieg verarmten adligen Grundbesitz gegründet.

[13] So wurde z.B. 1765 die Braunschweigische Staatsbank und 1772 die Preußische Staatsbank errichtet.

[14] Büschgen, Bankbetriebslehre, S. 173.

[15] Vgl. Szagunn/Haug/Ergenzinger, Einleitung, S. 58; Möschel, Heinsius-FS, S. 583.

[16] Vgl. Schulte-Mattler/Traber, S. 5.

[17] Verordnung des Reichspräsidenten über Aktienrecht, Bankenaufsicht und über eine Steueramnestie vom 19.9.1931 (RGBl. I 493,501).

[18] Vgl. Kümpel, Rdnr. 19.2: „Die Bankenkrise wurde durch die Insolvenz der Darmstädter Nationalbank (Danatbank) infolge des Zusammenbruchs ihres größten Schuldners ausgelöst. Dies führte zum Abzug ausländischer Gelder aus dem deutschen Bankensystem. Der Reichspräsident sah sich dadurch veranlaßt, der Danatbank durch Verordnung ein Moratorium zu gewähren und die Rückzahlung der bei ihr unterhaltenen Einlagen zu garantieren. Der Ansturm auf andere Kreditinstitute wurde dadurch aufgefangen, daß mehrere Bankfeiertage angeordnet wurden, die eine Schließung der Bankschalter ermöglichten. Eine Unter-

Auf dem Bericht des Untersuchungsausschusses für das Bankwesen, der Bank-Enquete von 1933/34, baute dann das Reichsgesetz über das Kreditwesen vom 5.12.1934[20] auf, das als Vorläufer des Kreditwesengesetzes gilt.[21] Hierin wurde die allgemeine Erlaubnispflicht für das Betreiben von Bankgeschäften, deren Kriterienkatalog auch noch heute Gültigkeit besitzt, sowie Struktur- und Risikonormen für das Kreditgeschäft verankert und zudem die Gründung eines Aufsichtsamtes für das Kreditwesen bei der Reichsbank als oberste Stelle für alle Fragen der Bankenaufsicht und die Berufung eines Reichskommissars für das Kreditwesen als Exekutivorgan.[22] In den folgenden Jahren wurde dieses Gesetz wiederholt geändert und durch Durchführungs- und Ergänzungsverordnungen ergänzt, bis durch die Änderungsverordnung vom 15.9.1939[23] das Aufsichtsamt aufgelöst wurde und seine Aufgaben auf den Reichswirtschaftsminister übergingen, während die Funktionen des Reichskommissars auf ein dem Reichswirtschaftsminister sachlich und dienstaufsichtsrechtlich unterstelltem Reichsaufsichtsamt für das Kreditwesen übertragen wurden.[24] Das Gesetz wurde unter dem 25.9.1939 als „Gesetz über das Kreditwesen" neu bekannt gemacht.[25] Das Reichsaufsichtsamt wurde durch Verordnung vom 18.9.1944[26] aufgelöst und seine Aufgaben gingen teils auf den Reichswirtschaftsminister und teils auf das Reichsbankdirektorium über.

Nach Ende des Zweiten Weltkrieges 1945 wurden von den Militärregierungen in den westlichen Besatzungszonen die Aufgaben und Befugnisse der Bankenaufsicht auf die Finanzminister der neu geschaffenen Länder übertragen, die die materiellen bankaufsichtlichen Vorschriften des Reichskreditwesengesetzes weiter anwendeten.[27] Die Koordination der Bankenaufsicht in Westdeutschland zwischen den Bankenaufsichtsbehörden der Länder und den Landeszentralbanken erfolgte im „Sonderausschuß Bankenaufsicht" um eine Auseinanderentwicklung innerhalb der Bundesrepublik zu vermeiden.[28] Nachdem die 1949/50

---

suchung dieser Krise führte zu der Forderung nach einer staatlichen Überwachung der Banken.

Näher zu den Ursachen der Bankenkrise von 1931 Pontzen, ZfgKw 1999, S. 77 ff.

19 Szagunn/Haug/Ergenzinger, Einleitung, S. 60; Schulte-Mattler/Traber, S. 6.

20 RGBl. I 1203.

21 Kümpel, Rdnr. 19.1; Bähre/Schneider, Einleitung, S. 50.

22 Büschgen, Bankbetriebslehre, S. 174; Panowitz/Jung, Einführung, S. XIII.

23 RGBL. I 1953.

24 Panowitz/Jung, Einführung, S. XIII; Möschel, Das Wirtschaftsrecht der Banken, S. 219.

25 RGBL. I 1955.

26 RGBL. I 211.

27 Schulte-Mattler/Traber, S. 7; Bähre/Schneider, Einleitung, S. 51.

28 Reischauer/Kleinhans, Einleitung, S. 3 f; Büschgen, Bankbetriebslehre, S. 174.

vorgelegten Gesetzesentwürfe der Bank deutscher Länder, des hessischen Finanzministeriums und der Arbeitsgemeinschaft der Verbände des privaten Bankgewerbes durch die Bundesregierung abgelehnt wurden[29], legte sie im Mai 1959 die Regierungsvorlage eines Gesetzes über das Kreditwesen vor, der nach einer Auseinandersetzung zwischen Bundestag und Bundesrat im März 1961 vom Bundestag als Gesetz verabschiedet und im Bundesgesetzblatt Teil I Nr. 49 verkündet wurde.[30] Das Gesetz trat bestimmungsgemäß (§ 65 KWG) am 1. Januar 1962 in Kraft.
Mit dem Kreditwesengesetz hat der Gesetzgeber eine Grundordnung für die Kreditwirtschaft in Gestalt von Struktur- und Ordnungsvorschriften geschaffen.[31]

Das jetzige Kreditwesengesetz ist seit seinem Inkrafttreten mehrfach durch Verordnungen, Mitteilungen und Anordnungen ergänzt und präzisiert sowie mehrfach novelliert worden.[32] Die bedeutenden Novellierungen haben jedoch zu keiner grundlegenden Neukonzeption des Kreditwesengesetzes geführt, sondern dienten nur der Ausmerzung von aufgetretenen Schwachstellen und der Harmonisierung des Aufsichtsrechts auf europäischer Ebene.[33]
Die erste bedeutende Änderung des Kreditwesengesetzes erfolgte durch die sogenannte Sofort-Novelle von 1976[34], die in engem Zusammenhang mit dem Zusammenbruch des Bankhauses I. D. Herstatt im Gefolge von Devisenspekulationen stand.[35] Schwerpunkt der Novelle waren u. a. eine Verschärfung der Strukturnormen für Großkredite, die Einführung des Vieraugenprinzips in der Geschäftsleitung und eine Erweiterung der Prüfungsbefugnisse des Bundesauf-

---

[29] Die Bundesbank erklärte nämlich die Gesetzgebung zur Errichtung einer Währungs- und Notenbank gem. Art. 88 GG für vordringlich.

[30] Näheres zur Entstehungsgeschichte: Szagunn/Haug/Ergenzinger, Einleitung, S. 62 f; Bähre/Schneider, Einleitung, S. 52-57.

[31] BGH WM 1979, S. 482,483.

[32] Vgl. dazu Kuntze, Entwicklung des Kreditwesengesetzes aus der Sicht der Bankenaufsicht, S. 11-25.

[33] Vgl. Büschgen, Bankbetriebslehre, S. 174; Gaddum, Die aufsichtsrechtlichen Rahmenbedingungen des internationalen Bankgeschäfts, S. 49.

[34] BGBl. I 1121.

[35] Während teilweise der Zusammenbruch des Bankhauses Herstatt als Auslöser für die Novelle angesehen wird - so z.B. Schulte-Mattler/Traber, S. 7 - wird andererseits betont, daß diese Reform nicht durch den Herstatt-Fall ausgelöst wurde, sondern Ergebnis intensiver Erörterungen zwischen dem Bundesaufsichtsamt für das Kreditwesen und der Deutschen Bundesbank war und durch den Zusammenbruch des Bankhauses Herstatt lediglich beschleunigt wurde, so z.B. Bähre/Schneider, Einleitung, S. 61.

sichtsamtes durch Einführung von Routineprüfungen. Zudem dürfen seit dieser Zeit Kreditinstitute nicht mehr in der Form des Einzelkaufmanns gegründet werden.
Die Dritte Novelle des Kreditwesengesetzes von 1984[36] führte im wesentlichen zur Herabsetzung der Höchstgrenze für Großkredite, der Anerkennung von Genußrechtskapital als haftendes Eigenkapital und zur bankenaufsichtsrechtlichen Konsolidierung, nach der auch Kreditinstitutsgruppen einer Aufsicht unterliegen.[37]
Die weiteren Novellierungen dienten hauptsächlich der Harmonisierung der Bankenaufsicht auf europäischer Ebene.[38] So wurde durch die Vierte Novelle des Kreditwesengesetzes von 1992[39] die Zweite Bankrechtskoordinierungsrichtlinie[40], die Eigenmittelrichtlinie[41] und die Solvabilitätskoeffizientenrichtlinie[42] in deutsches Recht umgesetzt. Im Rahmen der Fünften Novelle des Kreditwesengesetzes von 1994[43] wurden dann die Zweite Konsolidierungsrichtlinie[44] und die Großkreditrichtlinie[45] umgesetzt. Im Vordergrund der Sechsten Novelle des Kreditwesengesetzes von 1997[46] stand die Umsetzung der Wertpapierdienstleistungsrichtlinie[47] und der Kapitaladäquanzrichtlinie[48].

Es fällt auf, daß die Novellierungen des Kreditwesengesetzes in immer kürzeren Abständen erfolgt sind. Währen bis zur Zweiten Novelle fünfzehn Jahre und zur Dritten und Vierten Novelle immerhin noch jeweils acht Jahre vergingen, folgten die Fünfte und Sechste Novelle schon im Abstand von nur noch jeweils zwei Jahren. Und auch über weitere Novellen, durch die u.a. die Einlagensiche-

---

[36] BGBl. I 1693.
[37] Durch das Prinzip der Konsolidierung wurde die Erste Konsolidierungsrichtlinie - Richtlinie 83/850/EWG Abl. Nr. L 193 v. 18.07.1983, S. 18-20 - umgesetzt.
[38] Siehe zur Harmonisierung der Bankenaufsicht auf europäischer Ebene unten, Teil I, C.
[39] BGBl. I 2211.
[40] Richtlinie 89/646/EWG Abl. Nr. L 386 v. 30.12.1989, S. 1-13.
[41] Richtlinie 89/299/EWG Abl. Nr. L 124 v. 05.05.1989, S. 16-20.
[42] Richtlinie 89/647/EWG Abl. Nr. L 386 v. 30.12.1989, S. 14-22.
[43] BGBl. I 2735.
[44] Richtlinie 92/30/EWG Abl. Nr. L 110 v. 28.04.1992, S. 52-58.
[45] Richtlinie 93/121/EWG Abl. Nr. L 29 v. 05.02.1993, S. 1-8.
[46] BGBL. I 2518.
[47] Richtlinie 93/22/EWG Abl. Nr. L 141 v. 11.06.1993, S. 27-46.
[48] Richtlinie 93/6/EWG Abl. Nr. L 141 v. 11.06.1993, S. 1-26.

rungsrichtlinie[49] sowie Regeln über die Beaufsichtigung von Finanzkonglomeraten umgesetzt werden sollen, wird bereits diskutiert.[50]
Dies ist zum einen auf den durch den Strukturwandel[51] begründeten verschärften Bankenwettbewerb und zum anderen auf die Internationalisierung des Bankgeschäfts allgemein und die Bankrechtsharmonisierung der EG speziell zurückzuführen. Man kann also sagen, daß sich in den Aufsichtsnormen die dynamische Entwicklung der Märkte und die rasch fortschreitende internationale Harmonisierung des Bankenaufsichtsrechts widerspiegelt.

Die häufigen Anpassungen der gesetzlichen Rahmenbedingungen, die zudem immer vielfältiger und detaillierter werden, verursachen aber nicht unerhebliche Kosten und administrative Belastungen bei den Kreditinstituten und benachteiligen sie im internationalen Wettbewerb. [52] Als Kosten fallen zum Beispiel die Erstellung und Umsetzung von Fachkonzepten, die Entwicklung neuer Software und EDV, die Mitarbeiterschulung und die Kundenberatung an. Desweiteren wird kritisiert, daß qualifizierte Kräfte in den Instituten und Rechenzentren, deren Kreativität für die Anpassung an neue Anforderungen der Kunden benötigt wird, blockiert sind, so daß sie für ihre eigentliche Tätigkeit nicht mehr zur Verfügung stehen, weil sie hochspezialisierte Neuregelungen oder Regelungsänderungen umsetzen und handhabbar machen müssen.[53] Aus diesem Grunde wird teilweise ein absoluter Regulierungsstop für die deutsche Kreditwirtschaft, bzw. ein Einwirken der Bundesregierung bei der EG gefordert, nicht dauernd neue, in nationales Recht umzusetzende Richtlinien zu erlassen.[54] Denn es ist evident, daß die Komplexität der Bankenaufsicht aufgrund der Vorgaben der EG-

---

[49] Richtlinie 94/19/EG Abl. Nr. L 135 v. 30.05.1994, S. 5 ff.

[50] Vgl. Huber, ZBB 1998, S. 199; Mielk, WM 1997, S. 2244; Karg/Lindemann, Sparkasse 1997, S. 132. Gröschel, Sparkasse 1993, S. 229.

[51] Vgl. zu diesem Begriff Schulte-Mattler, ZBB 1994, S. 333: *„Der Strukturwandel ist gekennzeichnet durch die gegenseitige Durchdringung der Finanzmärkte in Richtung auf einen weltumspannenden, globalen Finanzmarkt (Globalization), die mit niedrigen Transaktionskosten und einer erhöhten Markttransparenz einherging. Auch nimmt in den meisten Ländern die Bedeutung der klassischen Form des Bankkredits zugunsten wertpapiermäßiger Finanzierungen (Securitization) zunehmend ab. ...Es kam zu einem bemerkenswerten Aufschwung der Preissicherungs- sowie Arbitrage-Instrumente (Futurization)"*. Ausführlich zum Strukturwandel an den Finanzmärkten Kremer, S. 128 ff.

[52] Vgl. Schröder, ZfgKw 1997, S. 1173; Lehnhoff, ZfgKw 1997, S. 1167; Krumnow, ZfgKw 1997, S. 1160.

[53] Berndt, Sparkasse 1996, S. 573; Schröder, ZfgKw 1997, S. 1173.

[54] So Lehnhoff, Handelsblatt vom 22.05.1997, S. B9, B11; Berndt, Sparkasse 1996, S. 574.

Richtlinien zugenommen hat und sowohl die Kreditinstitute als auch die Aufsichtsbehörde in steigendem Maß belastet.[55]

Es sollte aber nicht übersehen werden, daß in Teilbereichen die europäische Bankrechtsharmonisierung auch von den deutschen Kreditinstituten gefordert und beschleunigt wurde.[56] Durch die dynamische Entwicklung der Finanzmärkte, die von den Kreditinstituten in den letzten Jahren forciert wurde, ist es zu einem verschärften Wettbewerb und zu einer Verflechtung von Kreditinstituten mit anderen Finanzdienstleistern gekommen. Die Kreditinstitute haben durch ihre Aktivitäten daher selbst zum zusätzlichen Regulierungsbedarf beigetragen. Sie sind nicht lediglich Opfer der Entwicklung, sondern haben sie auch zum Teil verursacht.[57]

III. Begriff der Bankenaufsicht

Obwohl vom KWG nicht nur Banken, sondern allgemein Kreditinstitute erfaßt werden (vgl. § 1 Abs. 1 KWG), wird die Aufsicht über das Kreditwesen mit dem Begriff „Bankenaufsicht“ bezeichnet.[58] Ein Grund dafür ist, daß die Aufsicht über die Geschäftsbanken den größten Anteil an der Aufsicht über das Kreditwesen hat, sowohl was die Anzahl der beaufsichtigten Institute als auch was das Geschäftsvolumen betrifft.[59] Eine weitere Erklärung ist, daß das KWG die Kreditinstitute nach ihrer Geschäftstätigkeit der Aufsicht unterstellt, nämlich dem Betreiben von Bankgeschäften.

Der Begriff der Bankenaufsicht kann in verschiedener Weise verstanden werden. So werden teilweise mit diesem Begriff die Bankaufsichtsorgane bezeichnet.[60] Desweiteren wird zwischen der allgemeinen Aufsicht über das Bankge-

---

[55] Vgl. Schiller/Wiedemeier, ZfgKw 1998, S. 757; Obst/Hinter, S. 196.
[56] So wurde z.B. die Verabschiedung der Kapitaladäquanzrichtlinie von der deutschen Kreditwirtschaft gefordert, um Wettbewerbsnachteile gegenüber den Wertpapierhäusern zu beseitigen.
[57] Vgl. Krumnow, ZfgKw 1997, S. 1160; Bader, Die EG-Bankrechtsharmonisierung, Stand und Ausblick, S. 174.
[58] Zum Beispiel: Fischer, in Schimansky/Bunte/Lwowski, § 125 Rdnr. 1; Stober, § 51 I.1.
[59] Vgl. Humm, S. 35.
[60] Vgl. Humm, S. 35.

werbe und der Bankenaufsicht im engeren Sinne bzw. institutsbezogenen Aufsicht unterschieden.[61]

1) Allgemeine Aufsicht

Die allgemeine Aufsicht erfaßt als Objekt der Aufsicht nicht das einzelne Kreditinstitut, sondern das Bankgewerbe als Ganzes.[62] In diesem Rahmen hat die Aufsichtsbehörde „*Mißständen im Kreditwesen entgegenzuwirken, die die Sicherheit der den Kreditinstituten anvertrauten Vermögenswerte gefährden, die ordnungsgemäße Durchführung der Bankgeschäfte beeinträchtigen oder erhebliche Nachteile für die Gesamtwirtschaft herbeiführen können*“ (§ 6 Abs. 2 KWG). Sie erfüllt in diesem Bereich notwendige Anliegen der Wirtschafts-, Kredit- und Bankpolitik.[63] Früher standen dem Aufsichtsamt im Rahmen der allgemeinen Bankenaufsicht wegen fehlender Konkretisierung keine unmittelbaren hoheitlichen Befugnisse gegenüber den einzelnen Kreditinstituten zu. Sie konnte aufgrund des § 6 Abs. 2 KWG lediglich Maßnahmen des informellen Verwaltungshandelns treffen.[64] Der durch die Sechste KWG-Novelle eingeführte § 6 Abs. 3 KWG gibt dem Bundesaufsichtsamt aber nunmehr eine Generalermächtigung zum Erlaß belastender Verwaltungsakte und stärkt somit seine Position.

2) Institutsbezogene Aufsicht

Die Bankenaufsicht im engeren Sinne bezeichnet die eigentliche Überwachung der Kreditinstitute von ihrer Zulassung über die Geschäftsführung bis zur Einstellung des Geschäftsbetriebes. Das Wort Aufsicht leitet sich hierbei von der Tätigkeit des Beaufsichtigens ab, wobei das beaufsichtigte Objekt als Gesamtheit überschaubar sein muß.[65] Dazu muß noch das Recht kommen, in die Abläufe einzugreifen. Die Aufsicht setzt sich also aus dem Beobachten (formelle Bankenaufsicht) und einem eventuellen Einwirken (materielle Bankenaufsicht)

---

[61] Vgl. Kümpel, Rdnr. 19.176.
[62] So Kümpel, Rdnr. 19.180; Ehlers in Achterberg/Püttner, Rdnr. 468.
[63] BGH WM 1979, S. 482,483.
[64] Vgl. Möschel, Das Wirtschaftsrecht der Banken, S. 99 f.
[65] So Schuster, S. 39.

zusammen.[66] Bankenaufsicht im engeren Sinne läßt sich also definieren als *„das Recht und die Pflicht des Aufsichtsträgers, Kreditinstitute laufend zu beobachten und auf sie einzuwirken, um die Durchführung von Gesetzen, Rechtsgrundsätzen oder sonstigen Vorschriften zu sichern"*.[67] Die institutsbezogene Aufsicht dient der Durchsetzung der Struktur- und Ordnungsvorschriften des Kreditwesengesetzes und seiner Durchführungsbestimmungen und dem Schutz der Gläubiger des einzelnen Kreditinstitutes vor Verlusten.[68]

Für die vorliegende Arbeit ist primär die institutsbezogene Aufsicht relevant, da auch für die Bankrechtskoordinierung in Europa grundsätzlich ein institutioneller Ansatz statt eines funktionellen Ansatzes[69] gewählt wurde.[70]
Beim institutionellen Ansatz konzentriert sich die Bankenaufsicht hauptsächlich auf die Zulassungsbedingungen für die zu beaufsichtigenden Unternehmen.[71] Maßgeblich ist also, ob das Unternehmen als ein solches der zu beaufsichtigenden Objekte eingeordnet wird; es wird damit an der institutionellen Organisationsform des Unternehmens angeknüpft. Ist das der Fall, so beschränkt sich die Aufsicht auf das solide Geschäftsgebaren und die finanzielle Stabilität der Institute. Beurteilt wird der Status des „Produzenten" von Finanzdienstleistungen.
Bei einer Bankenaufsicht nach funktionalen Kriterien unterliegen gleichartige Finanzgeschäfte den gleichen bankaufsichtlichen Vorschriften, unabhängig davon, in welcher Rechtsform das Unternehmen, das dieses Geschäftstätigkeit ausführt, betrieben wird.[72] Neben einer bestandssichernden Solvenzaufsicht wird eine Kundengeschäftsaufsicht betrieben.
Der funktionelle Ansatz folgt also dem Grundsatz: „gleiches Geschäft, gleiches Risiko, gleiche aufsichtliche Behandlung".

---

[66] Zu den Begriffen der formellen und materiellen Bankenaufsicht vgl. Niethammer, S. 23, der darauf hinweist, daß diese Begriffe in der Literatur zum Teil mit anderem Inhalt verwendet werden.

[67] Riedl, S. 27; ähnlich auch Niethammer, S. 23 m.w.N.

[68] So BGH WM 1973, S. 482,483.

[69] Vgl. Weber/Nägele, ZfgKw 1998, S. 753 f; Krumnow, ZfgKw 1997, S. 1165; Gleske, ZfgKw 1997, S. 260; Troberg, WM 1991, S. 1747; Grundmann, S. 5; Bader, B.Bl. 1988, S. 475.

[70] Zum Begriff des institutionellen und funktionellen Ansatzes siehe Miletzki, ZfgKw 2000, S. 174; Huang, S. 103; Schneider/Troberg, WM 1990, S. 165; Troberg, in Rehm (Hrsg.), S. 64 f.

[71] Vgl. Gruner-Schenk, S. 42; Kuntze, Die bankaufsichtlichen Perspektiven des europäischen Binnenmarktes, S. 6; Schneider/Troberg, WM 1990, S. 165.

[72] Vgl. Huang, S. 103; Pecchioli, S. 42.

Ausgangspunkt für die europäische Harmonisierung waren aufsichts- und zulassungsrechtliche Maßnahmen sowie Regeln über die Eigenmittelausstattung. Durch die Solidität und Solvenz der anbietenden Kreditinstitute soll die Qualität der Finanzprodukte gewährleistet werden. Dagegen wurde auf eine „Normung des Angebots", das heißt die gleichwertige Ausgestaltung der Finanzdienstleistungen - wie zum Beispiel beim Warenverkehr, bei dem der Verbraucherschutz und die Qualitätskontrolle beim Produkt ansetzt - bewußt verzichtet, da im Finanzbereich das „Standing" des Anbieters eine größere Relevanz für den Nachfrager entfaltet als die Qualität des verkauften Produkts.[73]
So hat im Fall des Konkurses des Anbieters einer Ware der Käufer diese nach Übergabe immer noch in seinem Vermögen und muß lediglich eventuell auf Schadensersatzansprüche verzichten, während der Kunde eines Finanzdienstleisters im Falle dessen Zahlungsunfähigkeit den Verlust seiner Forderung zu beklagen hat.

Der institutionelle Ansatz bringt aber auch gewichtige Probleme mit sich, denn teilweise fallen Unternehmen, die zwar in einigen Bereichen die gleichen Finanzdienstleistungen erbringen wie beaufsichtigte Unternehmen, nicht unter die Institutsdefinitionen der einschlägigen Richtlinien und unterliegen somit auch keiner Aufsicht.[74] Dies führt zu Wettbewerbsnachteilen der beaufsichtigten Institute, da eine Beaufsichtigung auch immer nicht unerhebliche Kosten mit sich bringt und möglicherweise auch zu einer Gefahr für das bestehende und zwingend notwendige Vertrauen in die Finanzmärkte. Es besteht die Gefahr einer Regulierungsarbitrage, d.h. einer Konzentration der Geschäftstätigkeit auf Regionen, Branchen und Institutionen, die weniger stark reguliert sind.[75]

Deshalb wurde in jüngerer Zeit bei der Harmonisierung des europäischen Bankenaufsichtsrechts dem funktionellen Regulierungsansatz ein größeres Gewicht eingeräumt.[76] So wurden die Universalbanken der Solvabilitätsrichtlinie und mit den Risiken aus dem Handelsbuch zusätzlich der Kapitaladäquanzrichtlinie unterworfen, während für die Wertpapierhäuser allein die Kapitaladäquanzrichtlinie relevant ist, es sei denn, sie übernehmen zusätzliche Risiken, die nicht in der

[73] Vgl. Krumnow, ZfgKw 1997, S. 1165; Schneider/Troberg, WM 1990, S. 166.
[74] Vgl. Zimmermann, Sparkasse 1994, S. 23 ff, der die Problematik der Entstehung neuer Finanzintermediäre, insbesondere der sog. „In-house-Banken" darstellt; Pecchioli, S. 42.
[75] So Burghof/ Rudolph, S. 170.
[76] Vgl. Weber/Nägele, ZfgKw 1998, S. 753; Schulte-Mattler, ZBB 1994, S. 334.

Kapitaladäquanzrichtlinie geregelt sind. Diese werden dann durch die Bestimmungen der Solvabilitätsrichtlinie begrenzt.
Allerdings birgt der funktionelle Regulierungsansatz die Gefahr, daß bestimmte Anforderungen nicht auf den Finanzsektor beschränkt bleiben, sondern für alle Transakteure, wie z.B. Industrieunternehmen, gelten.[77] Ob dies wünschenswert ist, erscheint fraglich, da die Zielsetzungen des Gläubigerschutzes und der Funktionsfähigkeit des Finanzsystems durch die Beaufsichtigung von Finanztransaktionen durch Industrieunternehmen historisch betrachtet grundsätzlich nicht in dem gleichen Maße betroffen ist wie bei Finanztransaktionen von Kreditinstituten. Durch das zunehmende Auftreten von Unternehmen am Kapitalmarkt ohne Einschaltung eines Finanzintermediärs und durch die immer häufigere Betätigungsweise in Bereichen, die einst den klassischen Finanzintermediären vorbehalten waren, werden allerdings auch immer mehr Belange des Gläubigerschutzes und vor allen Dingen der Funktionsfähigkeit des Finanzsystems betroffen.[78] So treten zum Beispiel immer mehr Unternehmen als Emittenten von Inhaberschuldverschreibungen oder anderen Anleihen direkt am Finanzmarkt auf. Die Ausgabe von Inhaberschuldverschreibungen wird gemäß § 1 Abs. 1 S. 1 Nr. 1 KWG aber gerade nicht als Bankgeschäft angesehen und die Emittenten fallen daher auch nicht unter die Bankenaufsicht. Die Rolle des Kreditinstitutes oder der Investmentbank beschränkt sich auf die Beratung des Unternehmens im Vorfeld der Emission und der Plazierung der Anleihe am Markt. Eine Finanzierungs- oder Kreditfunktion wird insofern nicht mehr wahrgenommen. Durch das immer massivere Auftreten der Unternehmen am Kapitalmarkt[79] wird das gesamte Zinsniveau des Marktes beeinflußt und somit besteht die Gefahr, daß andere Unternehmen sich nur noch zu wesentlich ungünstigeren Konditionen mit Kapital versorgen können. Dies kann unter volkswirtschaftlichen Gesichtspunkten unerwünscht sein, so daß von einer Störung der Funktionsfähigkeit des Finanzsystems gesprochen werden kann. Kommt es zur Insolvenz eines Groß-Emittenten, so wird dies in der Regel auch eine Vielzahl von Kleinanlegern treffen, die durch die besondere Beaufsichtigung der Kreditinstitute gerade geschützt werden sollen. Werden die Unternehmen also in ei-

---

[77] Vgl. Rudolph, ZBB 1994, S. 128.

[78] Vgl. Padoa-Schioppa/Meister, zitiert nach F.A.Z. vom 10.2.1999, S. 25; Leadem, Handelsblatt vom 22.5.1997, S. B 7. Zur Frage, inwiefern zum Beispiel Asset Backed Securities zur Beeinträchtigung der Funktionsfähigkeit des Finanzwesens führen können, vgl. Willburger, S. 89 ff.; Schneider/Eichholz/Ohl, ZIP 1992 S. 1455 ff.

nem vergleichbaren Bereich wie die Kreditinstitute tätig, unterfallen aber nicht der Bankenaufsicht, so wird der angestrebte Gläubigerschutz ausgehöhlt. Somit erscheint im Ergebnis die Ausdehnung der Aufsicht auf Unternehmen, die in ähnlicher Weise wie Kreditinstitute am Kapitalmarkt tätig sind, zumindest einer Überlegung wert.

IV. Notwendigkeit und Ziele der Bankenaufsicht

1) Notwendigkeit einer Bankenaufsicht

Wie in den meisten Ländern der Welt auch gehört der Bankensektor in der Bundesrepublik Deutschland heute zu den am stärksten vom Staat regulierten Wirtschaftsbereichen.[80] Die Bankenaufsicht stellt einen Teilbereich der Wirtschaftsaufsicht durch den Staat dar.[81] Bei der Programmierung der Wirtschaftsaufsicht ist der Gesetzgeber an eine öffentliche Zielsetzung gebunden, die sich rechtsdogmatisch aus den Grundrechten und dem Rechtsstaatsprinzip ergibt. Der Staat darf die Aufsicht daher nur pflichtgebunden ausüben.[82] Da die staatliche Bankenaufsicht eine Eingriff in die allgemeine Gewerbefreiheit bzw. Berufsfreiheit und damit tragender Prinzipien unserer marktwirtschaftlichen Ordnung darstellt[83], muß der Eingriff also durch eine öffentliche Zielsetzung gedeckt sein. Diese Zielsetzung kann in einem gesamtwirtschaftlichen Allgemeininteresse begründet sein[84], wenn also schutzwürdige und schutzbedürftige Bedürfnisse im Rahmen der Verhältnismäßigkeit vertreten werden. Diese müssen Priorität vor dem Interesse der Erhaltung der Gewerbefreiheit haben.[85] Als

---

79 Besonders deutlich wird diese Thematik anhand der Telekommunikationsunternehmen, die zur Finanzierung der UMTS-Lizenzen Kapital in Höhe von mehreren Milliarden Euro am Kapitalmarkt in Form von Anleihen aufnehmen mußten.

80 Vgl. Waschbusch, S. 8; Kolbeck, Zur Entwicklung der Bankenaufsicht in der Bundesrepublik Deutschland, S. 994; Baltensperger, WiSt 1988, S. 53.

81 Vgl. Mösbauer, Staatsaufsicht über die Wirtschaft, S. 243, Fn. 1.

82 Vgl. Ehlers, Ziele der Wirtschaftsaufsicht, S. 16 f.

83 Vgl. Schröder, ZfgKw 1997, S. 1172; Bähre/Schneider, Einleitung, S. 47.

84 Vgl. Büschgen, Bankbetriebslehre, S. 181; Betge, S. 124.

85 Vgl. Regnery, S. 6; Möschel, Das Wirtschaftsrecht der Banken, S. 266.
Teilweise wird die Notwendigkeit der Bankenaufsicht nicht mit den Schutzzielen begründet, sondern die Begründung setzt beim Marktversagen (market failure) als Regulierungsmotiv an. Marktversagen bedeutet, daß ein Markt seine Funktionen nur unzureichend oder gar nicht erfüllen kann und sich die Marktteilnehmer zur Befriedigung ihrer Bedürfnisse

schutzbedürftige Bedürfnisse kommen in erster Linie der Gläubigerschutz und das öffentliche Interesse an der Funktionsfähigkeit des Finanzmarktes in Betracht. Die Funktionen der Bankenaufsicht sind den Aufgaben der Polizei und der Ordnungsbehörden im Rahmen der allgemeinen Gefahrenabwehr vergleichbar und begründen für das Kreditwesen im Zusammenhang mit der gesamten Volkswirtschaft eine Sonderstellung in gewerbepolizeilicher Hinsicht.[86] Die Sonderstellung der Bankenaufsicht resultiert dabei aus der Sonderstellung des Kreditwesens in der Volkswirtschaft, denn ein funktionierender Geldkreislauf ist Basis für ein intaktes Wirtschaftssystem.[87]

Der Wirtschaftsausschuß des Deutschen Bundestages hat diese Sonderstellung bei Erlaß des Kreditwesengesetzes folgendermaßen begründet und damit die offizielle ordnungspolitische Begründung für die Notwendigkeit staatlichen Eingriffs in das Kreditwesen in der Form der Bankenaufsicht gegeben: *„Da alle wesentlichen Zweige der Volkswirtschaft auf das Kreditgewerbe als Kreditgeber und Geldsammelstelle angewiesen sind, greifen Störungen in diesem Wirtschaftszweig leicht auf die gesamte Volkswirtschaft über. Müßten z. B. die Kreditinstitute wegen unvorsichtiger Liquiditätspolitik ihre Kredite in großem Umfang vorzeitig zurückrufen, so könnte dies zu erheblichen Funktionsstörungen in der kreditnehmenden Wirtschaft führen. Da Kreditinstitute vorwiegend mit*

---

anderen Institutionen zuwenden müssen. Kommt es dabei zu einem wohlfahrtsökonomisch nicht erwünschten Ergebnis, dann erscheint ein staatliches Eingreifen in den Markt prozeßökonomisch gerechtfertigt. Dieser Ansatz führt für die vorliegende Arbeit jedoch zu keinen anderen Ergebnissen, da auch er zu dem Ergebnis der Notwendigkeit einer staatlichen Bankenaufsicht kommt. Daher wird hier nicht näher darauf eingegangen. Eingehender zum Begriff des Marktversagens: Burghof/Rudolph, S. 29 ff; Büsselmann, S. 32 ff.

86 So BGH WM 1979, S. 482,484; Stellungnahme des Bundesrates BT-Drucksache III/1114, II. 2. zu a), zu b), zu e), zu g); Hafke, LdRW, A II; Bading/Holzer/Wirsching, Anm. 1 zu § 6; Kümpel, Bank- und Kapitalmarktrecht, Rdnr. 19.180; Schulte-Mattler/Traber, S. 9; Müller, Bankenaufsicht und Gläubigerschutz, S. 17; a.A. Regnery, S. 7 mit der Begründung, daß die Ansicht lediglich eine Begründung für die Bekämpfung akuter Gefahren unter Verzicht auf Präventivmaßnahmen liefern. Regnery übersieht jedoch, daß der Begriff der Gefahrenabwehr in der heutigen Zeit auch ein präventives Element, das in Gefahrvermeidung übergehen kann - vgl. dazu Ossenbühl, NVwZ 1986, S. 162 - umfaßt, da der Staat sich bemühen muß, bereits der Entstehung von Krisen langfristig vorzubeugen; vgl. Friauf in von Münch/Schmidt-Aßmann, 2. Abschnitt Rdnr. 3. Aus diesem Grund erfaßt die Begründung der von Regnery kritisierten Ansicht auch präventive Maßnahmen der Bankenaufsicht, auch ohne daß diese explizit erwähnt werden. Schulte-Mattler/Traber erwähnen auf S. 14 sogar ausdrücklich den präventiven Charakter bankaufsichtlicher Regelungen, obwohl sie eine gewerbepolizeiliche Sonderstellung der Bankenaufsicht annehmen; in diesem Sinne auch Horn, ZfgKw 2000, S. 16, Mayer, S. 41. Daher überzeugt die Kritik von Regnery nicht.

87 Adrian/Heidorn, S. 590; Obst/Hinter, S. 259.

fremden Geldern arbeiten, treffen Schwierigkeiten bei ihnen auf einen viel größeren Gläubigerkreis, als wenn ein anderes Wirtschaftsunternehmen illiquide wird.“[88] Dabei ergeben sich nicht nur Nachteile für die Wirtschaftssubjekte, die bei der Insolvenz eines Kreditinstitutes ihre Einlagen verlieren. Vielmehr können Funktionsstörungen im Bankensystem hohe soziale Kosten zur Folge haben.[89] So führt der Rückruf von Krediten durch Kreditinstitute, die in Schwierigkeiten geraten sind, zu Finanzierunsengpässen der betroffenen Unternehmen. Daraus resultiert wiederum ein Rückgang der gesamtwirtschaftlichen Produktion und somit ein Verlust von Arbeitsplätzen. Die daraus entstehenden Kosten müssen vom Staat und der Gesellschaft getragen werden. Ausdruck findet der Grundgedanke, daß die Kreditinstitute wegen ihrer Sonderstellung in der Volkswirtschaft einer staatlichen Aufsicht bedürfen darin, daß die Bankenaufsicht nicht den Einzelinteressen der Gläubiger dient, sondern im öffentlichen Interesse wahrgenommen wird, was seit der sechsten KWG-Novelle nun auch explizit in § 6 Abs. 4 KWG niedergelegt ist. Demgegenüber stellt zum Beispiel die Versicherungsaufsicht nach dem VAG die Einzelinteressen der Versicherten in den Vordergrund, § 81 Abs. 1 S. 2 VAG.

Zum Schutz vor weitreichenden und irreparablen Schäden für die Volkswirtschaft und zur Vermeidung hoher Kosten für die Volkswirtschaft und die Gesellschaft ist also ein Eingriff in die Gewerbefreiheit der Banken erlaubt und sogar geboten. Daran haben sich auch die Ziele der Bankenaufsicht zu orientieren.

Dies folgt auch aus der grundrechtlichen Schutzpflicht des Staates. Der Staat ist verpflichtet, die durch das Grundgesetz geschützten Rechtsgüter der Bürger gegenüber rechtswidrigen Eingriffen Dritter zu bewahren.[90] Daher muß der Staat die Wirtschaftsaufsicht – und damit auch die Bankenaufsicht – dermaßen gestalten, daß auch private Wirtschaftstreibende diese Rechte nicht verletzen.[91] Die

---

[88] BT-Drucksache III, zu Drucksache 2563, S.2.

[89] Vgl. Kolbeck, Zur Entwicklung der Bankenaufsicht in der Bundesrepublik Deutschland, S. 995; Richter, S. 345; auch Krumnow, ZfgKw 1997, S. 1161 und Baltensperger, WiSt 1988, S. 56, die in diesem Zusammenhang aber von „*gesellschaftlichen*“ bzw. „*volkswirtschaftlichen*“ Kosten sprechen.

[90] Siehe zur Lehre von den grundrechtlichen Schutzpflichten des Staates Klein, NJW 1989, S. 1633. Unter die geschützten Rechtsgüter fallen alle grundrechtlich geschützten Freiheitsrechte einschließlich der Eigentumsgewährleistung.

[91] Vgl. Ehlers, Ziele der Wirtschaftsaufsicht, S. 20 ff.; Mösbauer, Staatsaufsicht über die Wirtschaft, S. 253 f., S. 268.

Bankenaufsicht stellt damit eine Art Verbraucherschutz im Bereich des Bankgewerbes dar.

2) Ziele der Bankenaufsicht

Die allgemeinen Ziele der Bankenaufsicht in Deutschland sind in der Begründung zum Regierungsentwurf des Kreditwesengesetzes von 1961[92] niedergelegt.

Ziel des Gesetzes ist es hiernach, *„die Funktionsfähigkeit des Kreditapparates zu wahren und die Gläubiger der Kreditinstitute nach Möglichkeit vor Verlusten zu schützen. ...Die gesetzliche Regelung soll die Ordnung im Kreditwesen sichern, dazu beitragen, die Krisenanfälligkeit der Kreditinstitute zu vermindern, und insbesondere die Gefahren ausschließen, die sich aus einer Verletzung der gesetzlich verankerten allgemeingültigen Bankregeln ergeben können“*. Diese Ziele finden sich auch in der Formulierung des § 6 Abs. 2 Kreditwesengesetz wieder.

a) Sicherung der Funktionsfähigkeit

Unter dem Begriff der „Sicherung der Funktionsfähigkeit des Kreditgewerbes“ werden sowohl die Ziele *„ordnungsgemäße Durchführung von Bankgeschäften“* als auch *„Vermeidung von Nachteilen für die Gesamtwirtschaft“* zusammengefaßt.[93]

Nachteile für die Gesamtwirtschaft können durch den Zusammenbruch von Kreditinstituten entstehen, da alle wesentlichen Zweige der Volkswirtschaft auf das Kreditgewerbe als Kreditgeber und Geldsammelstelle angewiesen sind.[94] Kann das Kreditgewerbe aufgrund von Störungen die ausreichende Finanzierung der Haushalte und Unternehmen nicht mehr gewährleisten oder muß sogar teilweise die Kredite zurückfordern, so wird dadurch die Funktionsfähigkeit der

---

[92] BT-Drucksache III 1114, S. 20.

[93] Vgl. Schulte-Mattler/Traber, S. 9 f; Niethammer, S. 33.

[94] Vgl. BT-DS III/1114, S. 19 f; Otto, ZfgKw 1997, S. 1144; Bähre/Schneider, Einleitung, S. 50 f.

gesamten Wirtschaft bedroht.[95] Es verringert sich dann nämlich das Kreditvolumen und der Realwirtschaft wird im wahrsten Sinne des Wortes der „*Geldhahn zugedreht*“.[96] Störungen im Kreditgewerbe strahlen also leicht auf die gesamte Volkswirtschaft aus und können damit das wirtschaftspolitische Wohlstandsziel in nicht unbeträchtlichem Maße beeinträchtigen.

Außerdem wird der Einleger bei Problemen seines Kreditinstitutes und dem damit einhergehenden Vertrauensverlust meist mit dem sofortigen und vollständigen Abzug seiner Einlagen reagieren. Solch ein Vertrauensverlust bleibt erfahrungsgemäß jedoch nicht auf ein Kreditinstitut beschränkt, sondern vernichtet vielmehr auch das Vertrauen in alle anderen Kreditinstitute. Das führt dann zu einem massiven Einlagenabzug bei allen Kreditinstituten, dem gefürchteten allgemeinen Run auf die Bankschalter, man spricht auch von einer Bankenpanik.[97] Aufgrund der komplexen Verflechtungen der Bankwirtschaft mit den übrigen Bereichen der Wirtschaft, insbesondere beim Einlagen-, Zahlungsverkehrs- und Kreditgeschäft, können dadurch im Extremfall ganze Volkswirtschaften zusammenbrechen.[98] Solchen Entwicklungen muß der Staat durch die Beaufsichtigung der Kreditinstitute schon in ihrer Entstehung entgegenwirken.[99]

Damit auf Dauer der Bedarf an spezifisch bankwirtschaftlichen Leistungen in der Volkswirtschaft gedeckt werden kann, muß die Organisation des technischen Systems des Zahlungs-, Kredit- und Kapitalverkehrs gewährleistet sein. Ein ordnungspolitisch unerwünschter ruinöser Wettbewerb könnte die Versorgung der Volkswirtschaft mit den angeführten Leistungen der Kreditinstitute beeinträchtigen.[100] Daher sollte eine staatliche Aufsicht diese Versorgung sicher stellen.

---

[95] Vgl. Vollmer, Funktionen und Organisation der Bankenwirtschaft, S. 26; Müller, Bankenaufsicht und Gläubigerschutz, S. 22.

[96] Vgl. Kaufmann/Schier, Berliner Zeitung vom 1.11.1999, zitiert nach: Auszüge aus Presseartikeln, Nr. 70 vom 5.11.1999, S. 7.

[97] Vgl. Vollmer, Funktionen und Organisation der Bankenwirtschaft, S. 50; Krumnow, ZfgKw 1997, S. 1161.

[98] Vgl. Schröder, ZfgKw 1997, S. 1173; Fischer/Klanten, Rdnr. 2.4; Humm, S. 48.

[99] Vgl. BT-Drucksache III, zu 2563, S. 2; Burghof/Rudolph, S. 20 ff.

[100] Vgl. Hartmann, S. 71; Krümmel, KuK 1975, S. 524.

b) Gläubigerschutz

Hauptargument für das Ziel des Gläubigerschutzes ist das im Vergleich zu anderen Branchen relativ geringe Eigenkapital der Kreditinstitute.[101] Daher tritt schon dann eine Vermögensgefährdung der Einleger ein, wenn das Kreditinstitut lediglich vergleichsweise geringe Anteile seiner Aktiva verliert.

Zudem ist es den Gläubigern von Kreditinstituten in der Regel nicht möglich, sich ausreichend Informationen über die Sicherheit ihrer Einlagen zu verschaffen, auf jeden Fall nicht zu angemessenen Kosten.[102] Eine staatliche Bankenaufsicht kann die Informationen nicht nur beschaffen, sondern diese als zentrale Informationsstelle sogar aus Rationalitätsgesichtspunkten billiger erwerben und die Informationen neutral auswerten, ehe sie den Marktteilnehmern die Informationen zur Verfügung stellt.[103] Und nur wenige Gläubiger sind in einer solchen Verhandlungsposition gegenüber den Kreditinstituten, daß sie hinsichtlich ihre Kapitalüberlassung besondere risikoreduzierende Vertragsbedingungen stellen können.[104] Durch eine staatliche Bankenaufsicht in Verbindung mit einem Einlagensicherungssystem entfällt also für den Einleger die Notwendigkeit der Informationsbeschaffung und erspart ihm somit Informationskosten.

Somit ist der Gläubigerschutz ein wichtiges Anliegen der Bankenaufsicht.[105]

---

101 Vgl. Niethammer, S. 93; Müller, Bankenaufsicht und Gläubigerschutz, S. 19.

102 Vgl. Reifner, JZ 1993, S. 281; Müller, Bankenaufsicht und Gläubigerschutz, S. 20 f.

103 Vgl. Regnery, S. 10; Rudolph, WISU 1991, S. 597. Kritisch dazu aber Reifner, JZ 1993, S. 281f., der dem Bundesaufsichtsamt für das Kreditwesen diese Eignung abspricht. Er hält das Bundesaufsichtsamt für das Kreditwesen schon „strukturell nicht geeignet, die fehlende öffentliche Kontrolle zu ersetzen"; ähnlich auch Wenger, FOCUS 1997, S. 306.

104 Vgl. Waschbusch, S. 13; Baltensperger, WiSt 1988, S. 56; Humm, S. 48; Müller, Bankenaufsicht und Gläubigerschutz, S. 18.

105 Das Ziel des Gläubigerschutzes ist allgemein anerkannt. Es besteht lediglich Uneinigkeit darüber, ob der Gläubigerschutz „vordringliches Ziel staatlicher Bankenaufsicht" ist – so z. B. Adrian/Heidorn, S. 591; Betge, S. 111; Gruner-Schenk, S. 52; Koppensteiner, S. 1; Bauer, S.37 – oder lediglich gewollte Folgewirkung der Sicherung der Funktionsfähigkeit des Kreditwesens, so die inzwischen wohl überwiegende bankwissenschaftliche Literatur, vgl. Weber/Nägele, ZfgKw 1998, S. 753; Burghof/Rudolph, S. 18; Büsselmann, S. 30.

c) Sicherung der Währung

Ein weiterer Zweck, der mit der Bankenaufsicht verfolgt wird, ist die Sicherung der Währung. So besteht die Gefahr, daß durch den Zusammenbruch von Kreditinstituten aufgrund von ausufernder Kreditgewährung gleichzeitig die Stabilität der Währung beeinträchtigt wird und dadurch schwerwiegende Nachteile für das Bankwesen und die gesamte Volkswirtschaft resultieren.[106]

d) Fazit

Zum Schutz der Funktionsfähigkeit des Kreditwesens und wegen der Schutzbedürftigkeit der großen Mehrheit der Bankengläubiger, die keine Selbstschutzmöglichkeiten gegen die Auswirkungen von Funktionsstörungen im Kreditgewerbe haben, sowie zum Schutz der Währung ist der Einsatz von Regulierungs- und Aufsichtsmaßnahmen zulässig und erforderlich.[107] Dies entspricht auch dem Sozialstaatsauftrag des Grundgesetzes.[108]

3) Schranken

Aufgabe der Bankenaufsicht ist es allerdings nicht, Bankenzusammenbrüche vollkommen auszuschließen und damit die Auslesefunktion des Wettbewerbs zu verhindern. Es ist nicht unerwünscht, daß schwache Kreditinstitute über marktwirtschaftliche Kontroll- und Sanktionsmechanismen gelegentlich den

---

[106] Vgl. BVerfgE 14,197,218; Beck/Samm, § 7 Anm. I.1; Gaddum, Die aufsichtsrechtlichen Rahmenbedingungen im internationalen Bankgeschäft, S. 48; Möschel, Stimpel-FS, S. 1066 ff.

[107] Allgemeine Meinung; vgl. z.B. Kümpel, Rdnr. 19.8; Otto, ZfgKw 1997, S. 1144; Bieg, ZfgKw 1997, S. 59; Adrian/Heidorn, S. 590; Hellenthal, S. 24; Hoffmann, S. 15; Humm, S. 55; Mayer, S. 37.
Selbst Vertreter der Ansicht, daß Bereiche von besonderer Bedeutung für die Volkswirtschaft besser durch den Marktmechanismus als durch staatliche Eingriffe reguliert werden können, um die Effizienz dieser wichtigen wirtschaftlichen Sektoren zu steigern, halten die schon geringe Wahrscheinlichkeit eines allgemeinen Runs auf die Bankschalter und die damit verbundene Gefahr für die gesamte Volkswirtschaft für so gravierend, um weitreichende Maßnahmen und staatliche Eingriffe in das Kreditwesen zu rechtfertigen, vgl. Burghof/Rudolph, S. 17 f., 22.

[108] Vgl. Kohlhaussen, ZfgkW 1996, S. 1187; Müller, Bankenaufsicht und Gläubigerschutz, S. 24; Stein, S. 19.

Markt verlassen müssen.[109] Es soll keinen Bestandsschutz für Kreditinstitute durch den Staat geben. Dies wäre nur durch so starke Eingriffe in die Freiheit der Kreditinstitute möglich, daß die private Initiative in diesem Wirtschaftszweig aufgegeben werden müßte. Das würde aber unserer auf marktwirtschaftlichen Prinzipien beruhenden Wirtschaftsordnung widersprechen. Zudem bestände die Gefahr, daß durch die latente Staatsgarantie die Risikobereitschaft im Management der Kreditinstitute gefördert würde.[110] Deswegen versucht das Kreditwesengesetz lediglich durch hauptsächlich quantitativ ausgerichtete Normen den Eintritt von Schwierigkeiten bei Kreditinstituten zu verhindern sowie die Auswirkungen von eingetretenen Schwierigkeiten zu minimieren, um so den Bestand eines funktionsfähigen Finanzwesens insgesamt zu sichern.[111]

Den Zielkonflikt, in dem der Staat sich damit befindet, einerseits Wahrung der gesamtwirtschaftlichen Interessen, andererseits Wettbewerb und damit Verwirklichung des marktwirtschaftlichen Prinzips soll durch das Kreditwesengesetz in der Weise gelöst werden, die *„der Freiheit zur geschäftlichen Betätigung den größtmöglichen Spielraum läßt und darauf verzichtet, auf die geschäftspolitischen Entschließungen der Kreditinstitute und auf die Gestaltung des einzelnen Bankgeschäfts Einfluß zu nehmen“.*[112]

Problematisch erscheint in diesem Zusammenhang aber der immer weiter fortschreitende Konzentrationsprozess, der in der Kreditwirtschaft – und natürlich auch in den anderen Bereichen der Wirtschaft – zu beobachten ist.[113] Durch Fusionen und Zusammenschlüsse erreichen immer mehr Kreditinstitute eine solche Größe, daß ein Zusammenbruch verheerende Konsequenzen für die Volkswirtschaft und die Stabilität des Bankensystems hätte. Der Staat stünde in einem solchen Fall vor der Alternative, das Institut fallieren zu lassen oder es durch finanzielle Zuwendungen bzw. Garantien zu stützen. Je größer das Institut ist,

---

109 Vgl. Meister, zitiert nach F.A.Z. vom 2.2.1999, S. 18; o.V., Wissenschaftler fordern Konzept zu Bankenkrisen, F.A.Z. vom 25.6.1998, S. 26; Krumnow, ZfgKw 1997, S. 1161; Cartellieri, Die Bank 1990, S. 366.

110 Hafke, LdRW, B 20 A II; Adrian/Heidorn, S. 591; Obst/Hinter, S. 261; Gaddum, Bankhistorisches Archiv (Beiheft 17), S. 45.

111 Vgl.BT-DS III/1114, S. 20.

112 So die Begründung zum KWG,BT-DS III/1114, S. 20.

113 So ist die Zahl der Banken in der EG zwischen 1994 und 1997 von 10.080 auf 9.109 zurückgegangen, in Deutschland ist die Zahl der Unternehmen im Bankwesen im gleichen Zeitraum um 7,6 Prozent auf 3872 gefallen, vgl. o.V., Weniger Banken, mehr Geschäftsstellen, F.A.Z. vom 18.1.2000, S. 24.

destso eher dürfte die Abwägung zugunsten einer Unterstützung ausfallen um so die volkswirtschaftlichen Kosequenzen abzuwenden. Dies wird als „Too-big-to-fail"-Problematik bezeichnet.[114] De facto besteht damit ein Bestandsschutz für solche Institute, die als too big to fail angesehen werden. Die Anzahl dieser Institute ist in jüngster Zeit bereits angestiegen und wird wegen der zu erwartenden weiteren Fusionen und Zusammenschlüsse noch steigen.[115]
Dadurch wird der Spielraum der Bankenaufsichtsbehörde zur Wahrung des marktwirtschaftlichen Prinzips beschränkt. Als Alternative käme nur in Betracht, Fusionen oder Zusammenschlüsse zu verhindern. Aber auch das würde einen sehr starken Eingriff in die Marktwirtschaft darstellen. Zudem wären die Kreditinstitute im internationalen Vergleich ohne eine entsprechende Betriebsgröße nicht wettbewerbsfähig.[116] Dem Staat bleibt somit nur die Möglichkeit, die Bankenaufsicht so umfassend und genau zu betreiben, daß es gar nicht zu einem Zusammenbruch eines Institutes, das too big to fail ist, kommt. Dafür sind strenge Vorschriften, gerade was das Eigenkapital anbetrifft, erforderlich.

V. Organisation der Bankenaufsicht

Die Aufgaben und Instrumente der Bankenaufsicht sind primär im „Gesetz über das Kreditwesen", für das der Bund die Gesetzgebungskompetenz nach Art. 74 Nr. 11 GG inne hat, normiert.

Die Bankenaufsicht wird gem. § 7 KWG vom Bundesaufsichtsamt für das Kreditwesen im Zusammenhang mit der Deutschen Bundesbank ausgeführt. Außerdem sind noch weitere Behörden kooperativ in das Aufsichtssystem eingeschaltet.

1) Bundesaufsichtsamt für das Kreditwesen

Wie sich aus § 6 KWG ergibt, ist das Bundesaufsichtsamt für das Kreditwesen (BAKred) das zentrale Organ der Bankenaufsicht in Deutschland. Es hat gem. §

114 Vgl. Meister, zitiert nach F.A.Z. vom 2.2.1999, S. 18; Krumnow, ZfgKw 1997, S. 1161.
115 Vgl. Meister, Auszüge aus Presseartikeln, Nr. 9 vom 11. Februar 1999, S. 2.
116 Vgl. Böer, F.A.Z. vom 7.6.1999, S. 35; Löwe, F.A.Z. vom 7.8.1998, S. 27.

5 Abs. 1 S. 2 KWG seinen Sitz in Bonn.[117] Das BAKred ist gem. § 5 Abs. 1 KWG eine selbständige Bundesbehörde i.S.v. Art. 87 Abs. 3 S. 1 GG, das heißt, es ist unmittelbar einer obersten Bundesbehörde - nämlich dem Bundesministerium der Finanzen (bis 1972 dem Wirtschaftsministerium) - unterstellt. Das BAKred ist weisungsabhängig. Das Bundesministerium der Finanzen, das die Dienstaufsicht führt, hat bisher jedoch weitgehend auf Weisungen gegenüber dem Amt verzichtet.[118] Da das BAKred keine eigenen Außenstellen unterhält, kann es unmittelbar nur mit Aufgaben betraut werden, die es zentral für das gesamte Bundesgebiet erledigen kann und für die es die Verwaltungsbehörden der Bundesländer nicht dauerhaft in Anspruch nehmen muß.[119]

a) Aufgaben

Das BAKred übt allgemein die Aufsicht über die Kreditinstitute nach den Vorschriften des Kreditwesengesetzes aus. Insbesondere § 6 Abs. KWG legt die Hauptaufgabe des BAKred fest. Abs. 1 weist dem BAKred die Aufgabe zu, die Ordnungsvorschriften des Kreditwesengesetzes gegenüber jedem einzelnen Institut durchzusetzen. Im Vordergrund steht dabei das einzelne Institut, nicht die Finanz- und Kredítwirtschaft als Gesamtheit. Es handelt sich insofern um eine Gewerbeaufsicht, die eine vorbeugende Überwachung einschließt.[120] Nach Abs. 2 hat das Aufsichtsamt „*Mißständen im Kredit- und Finanzdienstleistungswesenwesen entgegenzuwirken, die die Sicherheit der den Instituten anvertrauten Vermögenswerte gefährden, die ordnungsgemäße Durchführung der Bankgeschäfte oder Finanzdienstleistungen beeinträchtigen oder erhebliche Nachteile für die Gesamtwirtschaft herbeiführen können, soweit nicht das Bundesaufsichtsamt für den Wertpapierhandel nach dem Wertpapierhandelsgesetz zuständig ist*“.

---

117 Zuvor hatte das BAKred seinen Sitz in Berlin. § 5 Abs. 1 S. 2 KWG wurde durch § 7 Abs. 1 lit. e) des Berlin/Bonn-Gesetzes vom 26.4.1994 (BGBl. I, 918) geändert. Durch den Umzug des BAKred von Berlin nach Bonn im Sommer 2000 wird aber eine Schwächung erwartet, da eine größere Anzahl von Mitarbeitern nicht nach Bonn wollte und daher das BAKred verlassen hat, vgl. Meister, zitiert nach F.A.Z. vom 13.3.2000; S. 19; Jakobs, Handelsblatt vom 19.8.1999.

118 Vgl. Fischer, in Schimansky/Bunte/Lwowski, § 126 Rdnr. 1.

119 Vgl. BVerfGE 14,197,211; Schulte-Mattler/Traber, S. 11.

120 Vgl. Fülbier in Boos/Fischer/Schulte-Mattler, § 6 Rdnr. 2; Beck/Samm, Band 1, § 6 Rdnr. 21.

b) Befugnisse

Zur Erfüllung der genannten Aufgaben gibt das Kreditwesengesetz dem BAKred verschiedene Befugnisse, die sich in drei Gruppen einteilen lassen:[121]

- Organisatorische Befugnisse,
- Befugnisse zur laufenden Überwachung,
- Eingriffs- und Anordnungsbefugnisse in besonderen Fällen.

Seit der Sechsten KWG-Novelle gibt § 6 Abs. 3 KWG dem BAKred eine Generalermächtigung zum Erlaß belastender Verwaltungsakte, die geeignet und erforderlich sein müssen, Mißstände in einem Institut zu verhindern oder zu beseitigen, die die Sicherheit der dem Institut anvertrauten Vermögenswerte gefährden können oder die ordnungsgemäße Durchführung der Bankgeschäfte beeinträchtigen. Damit soll die unbefriedigende Situation beseitigt werden, daß das BAKred sich bisher damit begnügen mußte, informellen Druck auf die verantwortlichen Geschäftsleiter auszuüben oder deren Abberufung in Aussicht zu stellen.[122]

Die Befugnisse des BAKred bestehen dabei ganz oder teilweise auch gegenüber solchen Kreditinstituten, die einer anderen staatlichen Aufsicht unterliegen.

2) Bundesaufsichtsamt für den Wertpapierhandel

Seit dem Inkrafttreten des Gesetzes über den Wertpapierhandel ist das Bundesaufsichtsamt für den Wertpapierhandel (BAWe) neben dem BAKred für die Beaufsichtigung von Kreditinstituten zuständig, soweit diese Wertpapierdienstleistungen erbringen. Der Arbeitsteilung zwischen den beiden Aufsichtsbehörden liegt ein funktionaler Ansatz zugrunde, nach dem das BAWe die Marktaufsicht über die Wertpapierdienstleistungen durchführt, während das BAKred für die Zulassung und Solvenzaufsicht zuständig ist.[123]

---

[121] Vgl. näher dazu Büschgen, Bankbetriebslehre, S. 182; Szagunn/Haug/Ergenzinger, § 6 Rdnr. 3.

[122] Vgl. BR-DS 963/96, S. 74.

[123] Vgl. BR-DS 963/96, S. 60.

Das BAWe ist ebenfalls eine Bundesoberbehörde und dem Geschäftsbereich des Bundesministeriums für Finanzen zugeordnet, § 3 Abs. 1 WpHG. Der Sitz des BAWe ist gesetzlich nicht festgelegt. Aufgrund der Aufgabenstellung kam allerdings nur Frankfurt am Main, das Zentrum des Wertpapierhandels in Deutschland, in Betracht.[124] Gem. § 4 Abs. 1 WpHG hat das BAWe im Rahmen der ihm zugewiesenen Aufgaben Mißständen entgegenzuwirken, die die ordnungsgemäße Durchführung des Wertpapierhandels, von Wertpapierdienstleistungen oder Wertpapiernebendienstleistungen beeinträchtigen oder erhebliche Nachteile für den Wertpapiermarkt bewirken können. Die Befugnisse, die dem BAWe dafür eingeräumt werden, entsprechen denen des BAKred. Es stehen ihm organisatorische Befugnisse, Befugnisse zur laufenden Überwachung und Eingriffs- und Anordnungsbefugnisse in besonderen Fällen zur Seite.

3) Deutsche Bundesbank

Neben dem Bundesaufsichtsamt nimmt die Deutsche Bundesbank Aufgaben der laufenden Bankenaufsicht wahr. Bundesaufsichtsamt und Bundesbank tauschen dabei bedeutsame Erkenntnisse aus ihrer jeweiligen Tätigkeit aus. Die Mitwirkung der Bundesbank ist außerdem unersetzlich, da erst durch ihren organisatorischen Apparat mit den Hauptverwaltungen (Landeszentralbanken) und Zweigstellen die Möglichkeit besteht, die aufgrund der Melde- und Informationsvorschriften eingehenden massenweise Informationen (z.B. Großkreditanzeigen nach § 13 KWG oder Millionenkreditmeldungen nach § 14 KWG) zu sammeln und auszuwerten.[125] Sie unterrichtet dann laufend das Bundseaufsichtsamt, das die erforderlichen Maßnahmen trifft.[126] Die Bundesbank fungiert somit als *„Filter, durch den nur die bankenaufsichtlich bedeutsamen Fällle an die Aufsichtsbehörde gelangen“*.[127]

Die Zusammenarbeit mit der Bundesbank steigert also die Wirksamkeit der Bankenaufsicht, da sie neben der erforderlichen Beschaffung der für das BAKred notwendigen Informationen auch eine teilweise Auswertung dieser In-

---

124 Vgl. Assmann/Schneider, § 3 Rdnr. 6.

125 Vgl. Fischer, in Schimansky/Bunte/Lwowski, § 126 Rdnr. 3; Klügel, S. 60; Obst/Hinter, S. 261.

126 Vgl. Reischauer/Kleinhans, § 7 Anm. 5; Bähre/Schneider, § 7 Anm. 2.

127 So die amtliche Begründung, BT-DS 3/1114, S. 23.

formationen vornimmt. Dadurch kann sich das BaKred auf die wichtigen Fälle konzentrieren.[128]

Zusätzlich bestehen auch noch persönliche Verflechtungen zwischen Bundesaufsichtsamt und der Bundesbank.
So ist gemäß § 5 Abs. 2 KWG die Deutsche Bundesbank vor der Ernennung des Präsidenten des Bundesaufsichtsamtes für das Kreditwesen anzuhören und gemäß § 7 Abs. 2 KWG hat der Präsident des Bundesaufsichtsamtes das Recht, an Beratungen des Zentralbankrates der Deutschen Bundesbank teilzunehmen, soweit bei diesen Gegenstände seines Aufgabenbereichs behandelt werden.

4) Bundesregierung

Neben den genannten Institutionen sind auch die Bundesregierung im allgemeinen und das Bundesministerium der Finanzen im besonderen an der Durchführung der im Kreditwesengesetz vorgesehenen Maßnahmen beteiligt.[129]

Gemäß §§ 47,48 KWG kann die Bundesregierung Rechtsverordnungen erlassen, wenn wirtschaftliche Schwierigkeiten bei Kreditinstituten zu befürchten sind, die schwerwiegende Gefahren für die Gesamtwirtschaft, insbesondere den geordneten Ablauf des allgemeinen Zahlungsverkehrs erwarten lassen. In einer solchen Situation muß ein schnelles und wirksames Instrumentarium zur Wahrung oder Wiederherstellung des wirtschafts- und geldpolitischen Gleichgewichts einer Volkswirtschaft zur Verfügung stehen.[130] Wegen der erheblichen politischen Relevanz und weil diese Maßnahmen erhebliche wirtschaftliche Konsequenzen für die betroffenen Kreditinstitute haben[131], sind sie der Bundesregierung vorbehalten, da gegebenenfalls ein rasches Eingreifen des Staates erforderlich ist, das auf dem ordentlichen Gesetzgebungsweg nicht durchführbar

---

128 Neuerdings werden aber Forderungen laut, die Bankenaufsicht allein auf die Deutsche Bundesbank zu übertragen, da der größte Teil der Aufsichtsarbeit ohnehin von der Bundesbank einschließlich der Landeszentralbanken geleistet werde. Durch eine weitere Prüfung des Bundesaufsichtsamtes komme es zu Doppelarbeit und Zeitverzögerungen, vgl. Meister, zitiert nach F.A.Z. vom 17.3.2000, S. 15.

129 Vgl. zu diesem Abschnitt Büschgen, Bankenbetriebslehre, S. 184; Schulte-Mattler/Traber, S. 13.

130 Vgl, Waschbusch, S. 131; Bähre/Schneider, § 6 Anm. 2.

131 Siehe dazu den Katalog des § 47 Abs.1 Nr.1-3 KWG.

ist.[132] Demgegenüber erläßt der Bundesminister für Finanzen Rechtsverordnungen, die der allgemeinen Ordnung des Bankwesens dienen, z. B. Bezeichnung weiterer Unternehmen als Finanzunternehmen (§ 1 Abs. 3 S. 3 KWG) oder Bestimmungen über ergänzende Vorschriften zur Konsolidierung (§ 10a Abs. 3 KWG).
Zudem spielt das Finanzministerium im Gesetzgebungsprozeß eine wichtige Rolle, vor allen Dingen bei der Entwicklung und Umsetzung von EG-Richtlinien[133] und führt die Fachaufsicht über das BAKred durch. Das BAKred ist also an gesetzmäßige Weisungen, die ihm der Bundesminister für Finanzen im allgemeinen oder im Einzelfall erteilt gebunden und der Bundesminister für Finanzen ist Dienstvorgesetzter des Präsidenten des BAKred und oberste Dienstbehörde für die Beamten des BAKred.

5) Sonderaufsichten

Teilweise bestehen neben der allgemeinen Aufsicht nach dem Kreditwesengesetz noch Sonderaufsichten für bestimmte Spezialinstitute. So unterliegen Sparkassen und Landesbanken der Anstaltsaufsicht der betreffenden Bundesländer. Ihre Grundlage findet sich in den jeweiligen Sparkassengesetzen. Realkreditinstitute, Kapitalanlagegesellschaften und Bausparkasssen unterliegen neben dem KWG noch weiteren spezialgesetzlichen Vorschriften und für Spezialbanken des Bundes und der Länder - z. B. Kreditanstalt für Wiederaufbau, Deutsche Ausgleichsbank - wurden eigene Gesetze mit besonderen Aufsichten geschaffen.

6) Bewertung

Diese Zersplitterung der Bankenaufsicht und damit der Zuständigkeiten wird teilweise kritisch gesehen. So wird bemängelt, daß eine Zersplitterung der Zuständigkeiten auch zu einer Zersplitterung der Vorschriften und zu einer Dupli-

---

132 Vgl. Szagunn/Haug/Ergenzinger, Einleitung, S. 72.

133 Vgl. Burghof/Rudolph, S. 69, die auch darauf hinweisen, daß die gesetzgeberischen Maßnahmen auf Ebene des einzelnen Staates durch den internationalen Harmonisierungsprozeß zunehmend an Bedeutung verlieren.

zierung von Vorschriften führe, die nun von den Kreditinstituten kumulativ zu beachten seien.[134]

Eine Möglichkeit, diese Zersplitterung der Aufsicht zu beseitigen, könnte in einer zumindest teilweisen Zusammenlegung von aufsichtsrechtlichen Tätigkeiten liegen, wie es zum Beispiel in Großbritannien der Fall ist. Dort sind alle Aufsichtsbehörden in der Form der Financial Services Authority zusammengefaßt. Fraglich ist, ob eine solche Konzentration auch in der Bundesrepublik Deutschland durchsetzbar ist. Zwar hat Bundesfinanzminister Hans Eichel die Schaffung einer Superbehörde, einer „Bundesanstalt für Finanzmarktaufsicht", vorgeschlagen, unter deren Dach alle derzeitigen sektoralen Aufsichtsbehörden für das Kreditwesen, den Wertpapierhandel und die Versicherungen zusammengefasst werden sollen, da die Entwicklung von Allfinanzstrategien und –produkten zunimmt.[135] Dies würde auch bedeuten, daß der Bundesbank ihre Mitwirkung an der Bankenaufsicht entzogen würde. Jedoch regt sich gegen diesen Vorschlag starker Widerstand[136], da z.B. aufgrund der unterschiedlichen Zielsetzungen der drei Aufsichtsbehörden Abstimmungsschwierigkeiten befürchtet werden und eine solche Allfinanzaufsicht als zu schwerfällig angesehen wird. Auch wird die Suspendierung der Bundesbank von der Bankenaufsicht teilweise als verfassungswidrig angesehen, da die Bankenaufsicht ein zentrales Element der Währungssicherung sei, die gemäß Art. 88 i.V.m. Art. 73 Nr. 4 GG eine Aufgabe der Bundesbank ist. [137]Zudem ist fraglich, ob dadurch eine wesentliche Verbesserung eintreten würde, da die Zusammenarbeit von Bundesbank (mit den Landeszentralbanken) und Bundesaufsichtsamt für das Kreditwesen einerseits und Bundesaufsichtsamt für das Kreditwesen und Bundesaufsichtsamt für den Wertpapierhandel andererseits sehr gut funktioniert und sich bewährt hat.[138] Die Duplizierung der Vorschriften beruht nicht darauf, daß mehrere Aufsichtsbehörden existieren, sondern vielmehr auf dem von der EG gewählten Ansatz im Trennbankensystem aufgrund des engen Kreditinstitutsbegriffes.[139]

---

[134] Vgl. Engel, zitiert nach F.A.Z. vom 22.12.1999, S. 33.

[135] Vgl. o.V., Börsen-Zeitung vom 26.01.2001, S. 21.

[136] Vgl. Heinke, zitiert nach F.A.Z. vom 6.2.2001, S. 19; Zentralbankrat der Deutschen Bundesbank, zitiert nach Börsen-Zeitung vom 26. Januar 2001, S. 20.

[137] Vgl. Stern, zitiert nach F.A.Z. vom 2.3.2001, S. 13; a.A. aber wohl Herdegen, WM 2000, S. 2124.

[138] Vgl. Meister, zitiert nach F.A.Z. vom 13.3.2000, S. 17; Assmann/Schneider, § 6 Rdnr. 8 zur Zusammenarbeit BAKred/BAWe.

[139] Siehe dazu unten, Teil II, A. I.

Eine andere Möglichkeit könnte darin bestehen, das Modell der Vereinigten Staaten von Amerika zu übernehmen, bei dem das Bankenaufsichtsrecht nicht in der Komplexität geregelt ist wie in Deutschland. Es werden dort wesentlich mehr Einzelvereinbarungen und allgemeinen Absprachen zwischen Aufsichtsbehörden und den einzelnen Instituten getroffen.[140] Dabei ist aber zu berücksichtigen, daß die strikte Fassung des Bankenaufsichtsrechts in Deutschland zu einem nicht unwesentlichen Anteil durch die Umsetzung von europarechtlichen Richtlinien bedingt ist, so daß für die deutschen Bankenaufsichtsbehörden schon allein aus diesem Grunde kein Raum für eine individuellere Gestaltung des Aufsichtsrechts besteht. Es besteht also kein dringender Bedarf, die Struktur der Bankenaufsicht in Deutschland zu ändern.

Im Gegensatz zu der gut funktionierenden Aufsicht durch mehrere Aufsichtsbehörden in der Bundesrepublik Deutschland erscheint die vielschichtige Struktur der Aufsicht über die internationalen Finanzmärkte für die deutschen Kreditinstitute problematischer.[141] Denn hier besteht ein Nebeneinander von nationalen Behörden, internationalen Finanzinstitutionen, internationalen Regierungsstellen und Zentralbankgremien. Durch diese Institutionen ist der Standard der finanziellen Solidität und des Risikobewußtseins in den Finanzsystemen unzweifelhaft angehoben worden. Jedoch führt die Vielschichtigkeit der Institutionen – zu nennen wären hier vor allem der Internationale Währungsfonds (IWF), die Internationale Bank für Wiederaufbau und Entwicklung (Weltbank), die Bank für Internationalen Zahlungsausgleich (BIZ), die Organisation für Wirtschaftliche Zusammenarbeit und Entwicklung (OECD) und die Internationale Vereinigung der Wertpapieraufseher – auch dazu, daß unterschiedliche internationale Bestimmungen und Regelungen für die gleiche Gruppe von Finanzinstituten gelten und somit einen erhöhten Aufwand für die Finanzinstitute zur Folge haben.

Es bleibt also festzuhalten, daß die Zersplitterung der Aufsicht im internationalen Finanzsystem, und nicht die zersplitterte Aufsicht in Deutschland, in einem Prozeß der zunehmenden Integration der Märkte den Wettbewerb behindert.

---

[140] Vgl. o.V., Gerangel um die richtige Eigenkapitalunterlegung, ZfgKw 1999, S. 161.

[141] Vgl. Tietmeyer, in: Deutschen Bundesbank (Hrsg.), Monatsbericht Mai 1999, S. 8.

VI. Instrumente der Bankenaufsicht

Um die angeführten allgemeinen Ziele der Bankenaufsicht zu verwirklichen, stehen dem BAKred verschiedene Befugnisse zu, die grundsätzlich präventiven Charakter haben.[142] Diese lassen sich in drei Gruppen einteilen[143]:

1. Organisatorische Befugnisse
Hierunter fallen z.B. die Erlaubniserteilung für den Betrieb von Bankgeschäften (§ 32 KWG), die Aufhebung der Erlaubnis (§ 35 KWG), die Abberufung von Geschäftsleitern (§ 36 KWG) und die Entgegennahme von Anzeigen über organisatorische Veränderungen bei Kreditinstituten (§ 24 KWG).

2. Befugnisse der laufenden Überwachung
Damit das BAKred einen ausreichenden Einblick in die Struktur und die laufende Geschäftstätigkeit der Kreditinstitute erlangt, sind die Kreditinstitute verpflichtet, Meldungen über Groß-, Millionen- und Organkredite (§§ 13-16 KWG) zu erstatten und Monatsausweise und Jahresabschlüsse in Verbindung mit den Prüfungsvorschriften (§§ 25-29 Abs. 1 KWG) vorzulegen. Das BAKred kann sich des weiteren noch durch Anforderung zusätzlicher Auskünfte und durch besondere Prüfungen weitere Unterlagen für seine Tätigkeit verschaffen (§§ 29 Abs. 2, 44 KWG).

3. Eingriffsbefugnisse
Im Kreditwesengesetz existieren zahlreiche Vorschriften, die bei Zuwiderhandlungen eine bestimmte Sanktion (Aufsichtsmaßnahme) vorsehen. Gibt z.B. die innere Struktur oder die Geschäftsführung eines Kreditinstitutes zu Bedenken Anlaß, so kann das Bundesaufsichtsamt die erforderlichen Gegenmaßnahmen treffen. Hierzu gehören die Befugnisse zur Untersagung des Erwerbs bedeutender Beteiligungen oder der Ausübung des Stimmrechts im Rahmen der Eigentümerüberwachung (§ 2b KWG), das Verbot der Ausschüttung von Gewinnen oder die Anlegung verfügbarer Mittel in bestimmte Aktiva, wenn das Eigenkapital nicht den Erfordernissen der §§ 10, 11 KWG entspricht (§ 45 KWG), die Erteilung von Anweisungen an die Geschäftsführung der Kreditinstitute in Notfällen, das Verbot der Entgegennahme von Einlagen und Gewährung von Kredi-

---

[142] Vgl. Burghof/Rudolph, S. 36; Schulte-Mattler/Traber, S. 14.

[143] Siehe zur Einteilung und zu den Begriffen die Begründung des Regierungsentwurfes zum KWG 1961, A VII (BT-DS III/1114, S. 26); Szagunn/Haug/Ergenzinger, § 6 Rdnr. 3; Panowitz/Jung, § 6 Rdnr. 2.

ten sowie eine Einflußnahme auf Inhaber und Geschäftsleiter des Institutes (§ 46 KWG), vorübergehende Maßnahmen zur Vermeidung des Konkurses und die Bestellung vertretungsbefugter Personen (§ 46a KWG) und die alleinige Befugnis zur Stellung des Antrages auf Eröffnung des Konkurses über das Vermögen eines Kreditinstitutes (§ 46 b KWG) u.a.

Mit der sechsten KWG-Novelle wurde durch § 6 Abs. 3 KWG eine allgemeine Anordnungsbefugnis geschaffen. Diese ermächtigt das Amt jedoch nur, unter den dort genannten Voraussetzungen tätig zu werden. Daneben wird § 6 Abs. 1 KWG als Rechtsgrundlage für den Erlaß von Anordnungen gesehen.[144] Dies ist zwar nicht ausdrücklich in Abs. 1 geregelt, ergibt sich aber daraus, daß die Aufgabenerfüllung des BAKred ohne eine solche Kompetenz nicht möglich wäre. Die Kompetenz soll aber darauf beschränkt sein, bei Verstößen gegen das Kreditwesengesetz Verwaltungsanordnungen zu erlassen. Solche Verfügungen können dann mit den in § 50 KWG genannten Zwangsmitteln durchgesetzt werden. § 6 Abs. 1 KWG gibt dem BAKred aber keine Anordnungskompetenz bei Verstößen gegen andere Gesetze als das Kreditwesengesetz, es sei denn, sie sind in dem anderen Gesetz ausdrücklich genannt.[145]

Die Befugnisse des BAKred zeigen, daß die Kreditinstitute qualitativen Verhaltensregeln unterliegen. Das Kreditwesengesetz setzt den Kreditinstituten aber auch quantitative Strukturnormen.

1) Quantitative Bankenaufsicht

Kernstück der bestehenden Bankenaufsicht sind Normen quantitativen Inhaltes, die bis auf wenige Ausnahmesituationen keine unmittelbaren Eingriffe in die Geschäftspolitik der Banken vorsehen.[146] Die quantitative Ausgestaltung der Bankenaufsicht hat seinen Ursprung in der Erfahrung, daß die Hauptgründe für die Krisen von Kreditinstituten Fehler oder Fehleinschätzungen bei der Kreditgewährung sind, die zu einer unzureichenden Eigenkapitalausstattung und/oder

---

144 Vgl. Schork, § 6 Rdnr. 10; Szagunn/Haug/Ergenzinger, § 6 Rdnr. 7; Bähre/Schneider, § 6 Anmerkung 2.

145 Vgl. Fülbier, in Boos/Fischer/Schulte-Mattler, § 6 Rdnr. 10; Beck/Samm, § 6 Rdnr. 33.

146 Vgl. Adrian/Heidorn, S. 581; Artopoeus, BI 12/96, S. 16; Burghof/Rudolph, S. 36; Trouet, WM 1996, S. 2188.

mangelhafter Liquidität der Kreditinstitute führen[147], so daß dieses Risiko beschränkt werden muß. Es muß also Sorge dafür getragen werden, daß das Verhältnis der eingegangen Risiken zu den Mitteln, die dieses Risiko absichern – also den Eigenmitteln – auf ein wirtschaftlich vertretbares Ausmaß begrenzt bleibt. Ansonsten besteht die Gefahr, daß die Kreditinstitute in einem solchen Umfang Kredite ausreichen (denn dadurch eröffnen sich den Kreditinstituten Verdienstmöglichkeiten), daß durch die Nichtrückzahlung einzelner Kredite die Eigenmittel des Kreditinstitutes in einem solchen Maße betroffen sind, daß Liquiditätsengpässe entstehen können. Die Möglichkeit, Kredite zu vergeben, muß daher in Relation zu der wirtschaftlichen Leistungsfähigkeit der einzelnen Kreditinstitute gesetzt werden. Dies geschieht durch die Festlegung bestimmter Relationen zwischen risikobehafteten Aktiva der Kreditinstitute und deren haftender Eigenmittel, die sich aufgrund ihrer Verlustausgleichsfunktion dafür besonders eignen.[148] In § 10 KWG ist deshalb festgelegt, daß Banken stets angemessene Eigenmittel vorzuhalten haben. Zur Konkretisierung der in § 10 KWG genannten Anforderungen hat das Aufsichtsamt die *„Grundsätze über das Eigenkapital und die Liquidität der Kreditinstitute"* erlassen, von denen der Grundsatz I die Eigenmittel-, die Grundsätze II und III die Liquiditätserfordernisse näher bestimmen.[149]

Ansonsten sind Normen quantitativer Art nur in den Bereichen zu finden, wo es um die Messung und Begrenzung von Geschäftsrisiken in Form von Ausfall-, Markt und Liquiditätsrisiken geht.[150]

2) Qualitative Bankenaufsicht

Allerdings existieren im Bankenaufsichtsrecht neben den Normen quantitativer Art zur Begrenzung der Geschäftsrisiken auch qualitativ wirkende Normen.

---

147 Vgl. Obst/Hinter, S. 268; Gaddum, Bankhistorisches Archiv (Beiheft 17), S. 48; Mayer, S. 41 f.

148 Vgl. Kolbeck, Zur Entwicklung der Bankenaufsicht in der Bundesrepublik Deutschland, S. 997 f.; Schulte-Mattler/Traber, S. 14.

149 Die Grundsätze sind in der jeweils gültigen Fassung jährlich im Anhang über die Bankenaufsicht des Geschäftsberichtes der Deutschen Bundesbank abgedruckt. Der Grundsatz I a ist im Rahmen der 6. KWG-Novelle entfallen und nunmehr mit dem bisherigen Grundsatz I als neuer Grundsatz I zusammengefaßt.

150 Vgl. Burghof/Rudolph, S. 51; Kolbeck, Zur Entwicklung der Bankenaufsicht in der Bundesrepublik Deutschland, S. 997 f.

Auf diese wird zurückgegriffen, wenn sich funktionsgefährdende Tatbestände nicht durch quantitative Parameter erfassen lassen. Das ist der Fall, wenn es sich um die Begrenzung von Ziel- und Organisationsrisiken handelt.[151] Unter Zielrisiken wird die *„asymetrische Informationsverteilung hinsichtlich der eingegangenen und geplanten Risikopositionen einer Bank"* verstanden, während Organisationsrisiken *„aus Informationsdefiziten der Bankleitung und der externen Kapitalgeber im Hinblick auf die sachbezogene Qualität und Ausgestaltung der einzelnen geschäftsbezogenen Entscheidungen resultieren"*.[152]
Eine der wichtigsten qualitativen Anforderungen, die die Banken beim Betreiben ihrer Kreditgeschäfte zu beachten haben, ist in § 18 KWG zu sehen.[153] Danach müssen sich die Kreditinstitute die wirtschaftlichen Verhältnisse ihrer Kreditnehmer offenlegen lassen. Dadurch sollen die Kreditinstitute vor leichtsinnigen Kreditgewährungen bewahrt werden.
Weitere qualitative Regelungen haben die Anforderungen an die Qualifikation von Geschäftsleitern von Kreditinstituten[154], die externen Prüfungen der Bilanz als Ganzes und von Teilen des Geschäfts, oder die Mindestanforderungen für die Organisation, den Handel und die Kontrolle von Wertpapier- und Devisengeschäften zum Gegenstand.

Qualitative Normen haben jedoch den Nachteil, daß sie weitgehend auslegungsbedürftig und -fähig sind, und somit nicht immer mit der gleichen Genauigkeit wie quantitative Normen die Feststellung normgerechten Verhaltens ermöglichen.[155] Sie ermöglichen daher sowohl den Kreditinstituten als auch den Bankenaufsichtsbehörden einen – ungewollten – größeren Entscheidungsspielraum. Eine mehr qualitativ orientierte Aufsicht birgt daher die Gefahr, daß die Aufsicht mehr von subjektiven Elementen geleitet wird und die Aufseher gegenüber den einzelnen Instituten weniger einheitlich und gleichmäßig agieren, als das bei einer Aufsicht nach rein quantitativen Elementen der Fall ist.[156] Andererseits vermögen qualitative Normen das Risikobewußtsein bei den Mitarbeitern zu fördern, da nur so eine Diversifikation über unterschiedliche Risiken

---

151 Vgl. Trouet, WM 1996, S. 2188 f; Oechler, Die Bank 1992, S. 568; Rudolph, WISU 1991, S. 600.
152 Trouet, WM 1996, S. 2188 f.
153 Vgl. Artopoeus, BI 12/96, S. 17; Rudolph, WISU 1991, S. 600.
154 § 33 Abs. 1 Nr. 2 KWG.
155 Vgl. Kolbeck, Zur Entwicklung der Bankenaufsicht in der Bundesrepublik Deutschland, S. 997; Degenhart, S. 63.
156 Vgl. Artopoeus, B.Bl. 1995, S. 533; Meister, Auszüge aus Presseartikeln, Nr. 9 vom 3.2.1995, S. 8..

erfolgen kann und quantitative Normen lediglich durch Computersysteme festgestellt werden können.[157]

a) Interne Risikosteuerungsmodelle

Aus diesem Grund wird zunehmend gefordert, qualitative Aspekte in die Bankenaufsicht einzubringen.[158] Dabei handelt es sich hauptsächlich um die Möglichkeit der Zulassung bankinterner Modelle für die Zwecke der Ermittlung des bankaufsichtlich vorzuhaltenden Eigenkapitals zur Risikomessungmessung und -erfassung von Marktpreisrisiken.[159] Solche Risikosteuerungssysteme werden von den Kreditinstituten teilweise neben den Standardverfahren unterhalten, damit sie in der Lage sind, schnell auf Markt- und Produktveränderungen zu reagieren. Die Notwendigkeit solcher Modelle ergibt sich aus den Risiken[160], die aus der Verschärfung des Wettbewerbs durch die Vernetzung der Finanzmärkte und der damit einhergehenden Verringerung der Margen resultieren.[161] Die Qualität der Risikosteuerungssysteme ist dadurch zu einem entscheidenden Wettbewerbsfaktor geworden und insbesondere für die großen Kreditinstitute, die sog. „global players"[162], unerläßlich.[163]

---

157 Vgl. Meister, Auszüge aus Presseartikeln, Nr. 9 vom 11.2.1999, S. 2; Burghof/Rudolph, S. 54; Kolbeck, Zur Entwicklung der Bankenaufsicht in der Bundesrepublik Deutschland, S. 997.

158 So Artopoeus, ZfgKW 1997, S. 1154 f.; Otto, ZfgKW 1997, S. 1145; Flesch, ZfgKW 1996, S. 1047; Krumnow, zitiert nach Börsen-Zeitung vom 28.9.1994, S. 3: „*Wo immer sinnvoll, sollte künftig im Sinne einer qualitativen Aufsicht enger mit den Bankenaufsichtsbehörden zusammengearbeitet werden.*".

159 Darunter fallen Fremdwährungs-, Aktienkurs-, Zinsänderungs-, Rohwarenpreis- sowie Optionsrisiken aus Bankgeschäften.

160 Als Risiken der Kreditinstitute sind neben den Ausfall-, Marktpreis- und Kreditrisiken zunehmend auch Managementrisiken bzw. operationale Risiken, d.h. Risiken der Computersysteme und Personalrisiken, wie sie z.B. bei der Übernahme von Bankers Trust durch die Deutsche Bank AG in Form von Abwanderungen ganzer Teams zu Tage getreten sind, zu nennen. Vgl. Meister, zitiert nach F.A.Z. vom 25.11.1998, S. 17; o.V., F.A.Z. vom 20.10.1998.

161 Vgl. Horn/Küchle, ZfgKw 2000, S. 244; Meister, Auszüge aus Presseartikeln, Nr. 9 vom 11.2. 1999, S. 1; Crowder, F.A.Z. vom 28.1.1999, S. 33; Artopoeus, BI 12/96, S. 16.

162 Das sind solche Kreditinstitute, die nicht nur auf dem Heimatmarkt, sondern länderübergreifend und sogar weltweit tätig sind.

163 Vgl. Flesch, ZfgKw 1996, S. 1047: „*Nicht das Aufsichtsrecht, sondern primär der Wettbewerb erzwingt daher Investitionen in Risikosteuerungssysteme.*"; in diesem Sinne auch Deutsche Bundesbank, Monatsbericht Oktober 1998, S. 70; Burghof/Rudolph, S. 112.

Mit der Neufassung des Eigenkapitalgrundsatzes I im Rahmen der Sechsten KWG-Novelle ist jetzt erstmalig in Deutschland die Zulassung solcher bankinterner Risikosteuerungsmodelle erfolgt.[164] Sie werden im Grundsatz I als *„zeitbezogene stochastische Darstellungen der Veränderungen von Marktkursen, -preisen oder Zinssätzen und ihre Auswirkungen auf den Marktwert einzelner Finanzinstrumente oder Gruppen von Finanzinstrumenten (potentielle Risikobeträge) auf der Basis der Empfindlichkeit (Sensivität) dieser Finanzinstrumente oder Finanzinstrumentengruppen gegenüber Veränderungen der für sie maßgeblichen risikobestimmenden Faktoren"* definiert.[165] Die Kreditinstitute müssen auch für das aufgrund der internen Modelle errechneten Risikovolumen das bankaufsichtlich vorgegebene Eigenkapital unterhalten. Insoweit sind die quantitativen Normen nach wie vor von entscheidender Relevanz. Die Kreditinstitute können jedoch innerhalb bestimmter Vorgaben die Bewertung der Risiken selber vornehmen.[166]
Voraussetzung dafür ist, daß das zur Eigenkapitalberechnung zugelassene Risikosteuerungsmodell nicht ausschließlich für die bankaufsichtlich erforderliche Eigenkapitalberechnung verwendet wird, sondern Bestandteil der täglichen Planung, Überwachung und Steuerung der Marktrisiken ist.[167]

Allerdings sind bis jetzt nur Modelle zur Steuerung der Marktpreisrisiken zugelassen. Interne Modelle zur Ermittlung der Kreditrisiken sind dagegen aufsichtsrechtlich noch nicht akzeptiert, obwohl grundsätzlich sowohl von Seiten der Kreditwirtschaft[168] die Forderung als auch von Seiten der Bankenaufsicht die Bereitschaft besteht, solche Modelle aufsichtsrechtlich zuzulassen.[169] Denn mit Hilfe funktionsfähiger Kreditrisikomodelle können die Kreditinstitute die mit ihren Geschäften verbundenen Kreditrisiken genauer erfassen, steuern und kontrollieren als bisher und damit ihr Risikomanagement verbessern, was dem gesamten Finanzsystem zugute kommt.[170] Das setzt jedoch voraus, daß sich die Kreditrisikomodelle als hinreichend zuverlässig erweisen. Dies ist (noch) nicht

---

164 Vgl. §§ 32 - 37 des Grundsatzes I.
165 § 32 Abs. 2 S. 1 Grundsatz I.
166 Näher zu den Meßverfahren nach den internen Risikosteuerungsmodellen: C&L Deutsche Revision, S. 424 ff.; Schulte-Mattler, WM 1998, S. 1960 f.
167 Vgl. Johanning, ZBB 1996, S. 293.
168 Vgl. Krumnow, ZfgKw 1999, S. 124.
169 Vgl. Artopoeus, ZfgKw 1999, S. 146.
170 Vgl. Horn/Müller, F.A.Z. vom 14.2.2000, S. 32.

der Fall. Kreditrisikomodelle sind weitaus komplexer als Marktpreismodelle.[171] Sie stellen besonders hohe Ansprüche an die Datenbasis und an ihre organisatorische Umsetzung. Die Datenbasis für Kreditausfälle ist aber viel unvollständiger als im Marktrisikobereich. Zudem sind nur wenige Informationen über den Einfluß von Faktoren wie Konjunktur, geographische Lage, Industriezweig oder die Fristigkeit des Kredits auf den Kreditausfall und die Wiedergewinnungsraten vorhanden.[172]
Daher bleibt abzuwarten, wann solche Kreditrisikomodelle aufsichtsrechtlich zugelassen werden.

b) Bewertung

Durch die Zulassung bankinterner Risikosteuerungssysteme wird die Genauigkeit der Risikoerfassung verbessert, da die individuellen Risikopositionen der einzelnen Kreditinstitute dadurch wesentlich genauer beurteilt werden können. Demgegenüber erscheint die Anwendung der Standardmeßverfahren als zu „*grobschlächtig und mechanistisch*“[173] um die immer schwieriger zu bewertenden Risiken des heutigen Bankgeschäfts wirklichkeitsgetreu ermitteln zu können und damit eine angemessene Kontrolle über die Kreditinstitute zu ermöglichen. Zudem kann der Gesetzgeber durch die Anwendung von quantitativ wirkenden Normen auf die sich durch den Wettbewerb ergebenden raschen Veränderungen im Bankgeschäft nur reagieren und bleibt somit immer einen Schritt hinter dieser Entwicklung zurück. Durch die Anerkennung interner Risikosteuerungssysteme kann die Bankenaufsicht dagegen wesentlich flexibler auf die raschen Veränderungen in dem Bereich des Finanzmarktes reagieren, da durch die internen Risikosteuerungssysteme Schwachstellen, aus denen sich Gefahrenpotentiale entwickeln können, frühzeitig aufgedeckt und durch entsprechendes Einwirken der Aufsichtsinstanzen auf die betreffenden Kreditinstitute zügig beseitigt werden.[174]

---

171 Vgl. Artopoeus, ZfgKw 1999, S. 146; Tietmeyer, ZfgKw 1999, S. 110; Everling, Auszüge aus Presseartikeln, Nr. 30 vom 6.5.1999, S. 16.

172 Vgl. Rudolph, ZfgKw 1999, S. 116, wo auch noch weitere Gründe aufgeführt sind, wieso Kreditrisikomodelle noch nicht im Rahmen der Aufsicht eingesetzt werden.

173 So Artopoeus, ZfgKw 1997, S. 1154.

Die Anerkennung bankinterner Risikosteuerungssysteme senkt bei den Kreditinstituten auch Kosten, da sie nicht mehr gezwungen sind, neben den sowieso unterhaltenen internen Verfahren auch noch die gesetzlich vorgeschriebenen Verfahren zu betreiben, die letzlich demselben Zweck dienen. Es wird also eine Doppelrechnung der Kreditinstitute vermieden.[175] Zudem bietet die Anerkennung interner Modelle den Kreditinstituten auch den Anreiz, diese Modelle weiterzuentwickeln, da bei Anwendung interner Risikosteuerungsmodelle die Eigenkapitalanforderungen geringer ausfallen als bei den bankaufsichtlichen Standardmethoden.[176] Eine Weiterentwicklung und damit Verbesserung bedeutet zugleich auch einen besseren Schutz der Einleger, da die Gefahr eines Bankenzusammenbruchs dadurch vermindert wird.

Zweifel bestehen allerdings daran, ob die Bankenaufsicht über genügend ausreichend qualifiziertes Personal verfügt, um die Einhaltung der von ihr aufgestellten quantitativen Normen zu prüfen, da die Aufsicht über die Kreditinstitute nicht schematisch sondern flexibel und individuell abgestimmt auf die einzelnen Institute erfolgen muß.[177] Die Bankenaufsichtsbehörde müßte daher hochqualifizierte Finanzwirtschaftler und –mathematiker einstellen, da die Überprüfung und Beurteilung der Zuverlässigkeit der bankinternen Geschäftsabläufe, Kontrollsysteme und Modelle ein ähnliches, wenn nicht sogar ein über das Verständnis des jeweiligen Modells hinausgehendes Know-how, wie es in den Kreditinstituten bei der Anwendung der Modelle benötigt wird, erfordert. Eine Möglichkeit, dieses Problem zu lösen könnte darin bestehen, ehemalige Mitarbeiter aus den Risikocontrollingabteilungen der Kreditinstitute für das Bundesaufsichtsamt für das Kreditwesen zu gewinnen. Allerdings besteht insoweit das Hindernis, daß das Tarifgefüge des Bundesaufsichtsamtes als einer öffentlichen Behörde nicht mit den Lohnzahlungen in der privaten Kreditwirtschaft konkur-

---

174 Vgl. Artopoeus, Aktuelle Entwicklungen in der Bankenaufsicht, Vortrag bei der Jahresversammlung des Hessischen Bankenverbandes am 4.3.1999; Meister, Auszüge aus Presseartikeln, Nr. 9 vom 3.2.1995, S. 8.

175 Vgl. Tietmeyer, ZfgKw 1999, S. 110; Trouet, WM 1996, S. 2191; Rudolph, ifo Studien 1995, S. 109.

176 Vgl. Deutsche Bundesbank, Monatsbericht Oktober 1998, S. 69 ff.; damit sind die Erwartungen widerlegt worden, daß der Einsatz interner Modelle zu Eigenkapitalanforderungen führt, die über denen nach den Standardverfahren liegen; vgl. Flesch, ZfgKw 1996, S. 1051; Trouet, WM 1996, S. 2191.

177 Vgl. Schulte-Mattler, WM 1998, S. 1962; Krumnow, ZfgKw 1997, S. 1165; Trouet, WM 1996, S. 2191.

rieren kann.[178] Es besteht daher die Gefahr, daß die Qualität der Aufsicht nicht mit der Qualität der internen Risikosteuerungsmodelle Schritt halten und es somit zu einer Schwächung der Aufsicht kommen kann, da sich dann im Ergebnis die zu kontrollierenden Institute nur noch selbst kontollieren.

Ein weiteres Problem stellt die Kostenintensität der internen Risikosteuerungsmodelle sowohl hinsichtlich der Entwicklung und Einführung als auch hinsichtlich der fortlaufenden Arbeit mit diesen Modellen dar. Das führt dazu, daß die Entwicklung eigener Risikomodelle für kleinere Kreditinstitute unrentabel ist.[179] Kreditinstitute mit bestehenden internen Risikomodellen werden diese aber ihren Konkurrenten nicht zugänglich machen wollen.[180] Als Konsequenz für die kleineren Kreditinstitute, die sich nicht interner Risikosteuerungsmodelle bedienen, könnten sich somit Wettbewerbsnachteile ergeben.

Insgesamt gesehen ist die Einführung der qualitativen Aufsicht positiv zu bewerten, da das Risiko des Zusammenbruchs eines Kreditinstitutes gesenkt wird. Der Wettbewerb um das zuverlässigste interne Risikomodell wird deren Leistungsfähigkeit langfristig steigern. Die Nachteile der kleineren Kreditinstitute können durch die Zusammenarbeit bei der Entwicklung und Anwendung interner Risikosteuerungsmodelle vermieden werden. Eine Kostensteigerung auf dem Gebiet der Bankenaufsicht läßt sich ohnehin nicht verhindern, da die Geschäfte der Kreditinstitute immer umfangreicher und komplizierter werden. Die einzige Alternative zur Einführung der qualitativen Bankenaufsicht wäre eine weitere Verkomplizierung des Kreditwesengesetzes, um den sich ändernden Bedingungen am Bankenmarkt gerecht zu werden. Eben dies soll aber nach einhelliger Ansicht, sowohl der Banken als auch der Aufsichtsbehörden, vermieden werden.

---

178 Vgl. Jakobs, Handelsblatt vom 19.8.1999; o.V., Gerangel um die richtige Eigenkapitalunterlegung, ZfgKw 1999, S. 161; Büschgen, Bankbetriebslehre, S. 262; Trouet, WM 1996, S. 2191.Vielmehr ist in der Praxis der umgekehrte Weg, daß also jemand von den Aufsichtsbehörden zu den Kreditinstituten oder zu großen Kanzleien wechselt, wesentlich häufiger Realität.

179 So haben bis Oktober 1998 lediglich 14 Kreditinstitute interne Risikosteuerungsmodelle bei der Bankenaufsicht angemeldet, vgl. Deutsche Bundesbank, Monatsbericht Oktober 1998, S. 69 ff.; Eine Befragung des Bundesaufsichtsamts für das Kreditwesen hat ergeben, daß von 170 befragten Kreditinstituten nur 35 Institute den zumindest partiellen Einsatz der internen Modelle beabsichtigen, vgl. C&L Deutsche Revision, S. 430.

180 Vgl. Burghof/Rudolph, S. 112; Trouet, WM 1996, S. 2191.

Durch die Anerkennung interner Risikosteuerungsmodelle bietet sich somit die Möglichkeit der geforderten und erwünschten Deregulierung der Bankenaufsicht.

C. Bankenaufsichtsrecht der Europäischen Union

Das europäische Bankenaufsichtsrecht bildet den Hintergrund für zahlreiche Vorschriften des deutschen Bankenaufsichtsrechts, da eine Reihe von europäischen Richtlinien in deutsches Recht umgesetzt wurden. Anlaß für die Verabschiedung dieser Richtlinien war das Bestreben, die Bankenaufsichtsrechte der einzelnen Mitgliedstaaten der Europäischen Union zu harmonisieren.[1]

I. Rechtliche Grundlage

Ausgangspunkt und somit auch Rechtsgrundlage für die Harmonisierung des europäischen Bankenaufsichtsrechts ist der EWG-Vertrag vom 25.März 1957.[2] (Inzwischen wurde der EWG-Vertrag, also der Vertrag von Rom vom 25.März 1957 zur Gründung der Europäischen Wirtschaftsgemeinschaft insbesondere durch den Vertrag von Maastricht vom 7.Februar 1992 über die Europäische Union umgestaltet und ergänzt, und hieß dann „EG-Vertrag". Deswegen wird im weiteren Verlauf dieser Arbeit auch von EG-Vertrag gesprochen. Durch den Vertrag von Amsterdam, der zum 1.5.1999 in Kraft trat, erfolgte eine Umnummerierung der Artikel. In dieser Arbeit werden die Vorschriften nach der Amsterdamer Fassung mit der Abkürzung „EG" zitiert. Soweit auf einen Artikel des EG-Vertrages in seiner vor dem 1.5.1999 geltenden Fassung Bezug genommen wird, erhält dieser Artikel einen Klammerzusatz, in dem auf die entsprechende Bestimmung dieses Vertrages in der nach dem 1.5.1999 geltenden Fassung verwiesen wird.)

Gem. Artikel 2 EG-Vertrag (nach Änderung Art. 2 EG) *„ist es Aufgabe der Gemeinschaft, durch die Errichtung eines Gemeinsamen Marktes ... eine harmonische Entwicklung des Wirtschaftslebens innerhalb der Gemeinschaft, ein beständiges, nicht inflationäres und umweltverträgliches Wachstum, einen hohen Grad an Konvergenz der Wirtschaftsleistungen, ein hohes Beschäftigungsniveau, ein hohes Maß an sozialem Schutz, die Hebung der Lebenshaltung und*

---

[1] Vgl. Schork, Einleitung, S. 20 f., 27; Troberg, in Schimansky/Bunte/Lwowski, § 134 Rdnr. 1; Szagunn/Haug/Ergenzinger, Einleitung, S. 64; Claussen, § 3 Rdnr. 24; Zantis, EuZW 1993, S. 32; Voss, S. 101.

[2] Vgl. Hellenthal, S. 33; Krumnow, Die Bedeutung des Europäischen Gemeinschaftsrechts für die Reform des Kreditwesengesetzes, S. 2.

der Lebensqualität, den wirtschaftlichen und sozialen Zusammenhalt und die Solidarität zwischen den Mitgliedstaaten zu fördern".

Die so geforderte Errichtung eines funktionsfähigen europäischen Binnenmarktes konnte aber ohne die Schaffung eines gemeinsamen europäischen Bankenmarktes nicht verwirklicht werden, da die Banken in der modernen Marktwirtschaft und in der internationalen wirtschaftlichen Zusammenarbeit eine zentrale Stellung innehaben.[3] So begleiten sie die Unternehmen bei der Erschließung neuer Märkte und sind Partner der Privatverbraucher und der internationalen Anleger. Ohne einen freien Fluß von Geld, Kapital und Finanzdiensten hätten alle Binnenmarktbestrebungen nicht zu dem gewünschten Erfolg führen können.[4]

Um den europäischen Binnenmarkt zu verwirklichen wurde durch die „Einheitliche Europäische Akte" von 1986[5] (in Kraft getreten 1987) das Binnenmarktziel in den EG-Vertrag als Art. 8a eingefügt (nach dem Vertrag von Maastricht wurde der bisherige Art. 8a beibehalten, zählt danach aber als Art. 7a und seit dem Vertrag von Amsterdam als Art. 14). Danach umfaßt der Europäische Binnenmarkt einen *„Raum ohne Binnengrenzen, in dem der freie Verkehr von Waren, Personen, Dienstleistungen und Kapital gemäß den Bestimmungen dieses Vertrages gewährleistet ist"*. Durch diese Vorschrift wird Art. 3 lit. c EG-Vertrag (unverändert Art. 3 lit. c EG), der lediglich eine allgemeine Zielbestimmung enthält, präzisiert.[6]

Der Begriff Binnenmarkt ist dabei weit definiert und beinhaltet auch den Bankenmarkt und damit das Bankenaufsichtsrecht.[7] Daher gelten auch in einem gemeinsamen europäischen Bankenmarkt die konstitutiven Elemente des Binnenmarktes, also die Grundfreiheiten des EG-Vertrages.[8] Dies bedeutet, daß die Regelungen über das Niederlassungsrecht, Art. 43 ff. EG, über den freien

---

3 Vgl. Herdegen, § 11 Rdnr. 23; Horn, ZBB 1999, S. 2; Möschel, Das Wirtschaftsrecht der Banken, S. 483.

4 Vgl. Follak, ÖBA 1990, S. 151; Horn, ZBB 1989, S. 108; Duwendag, S. 17.

5 BGBl. 1986 II, S. 1102,1104.

6 Pohl, S. 3.

7 Vgl. Lanzke, WM 1994, S. 2001; Beutler/Bieber/Pipkorn/Streil, S. 33 f.; Emmerich, FLF 1988, S. 179; Wagner-Wieduwilt, WM 1988, S. 603; Gaddum, Harmonisierung der Bankenaufsicht in der EG, S. 118.

8 Vgl. Troberg, in Schimansky/Bunte/Lwowski, § 134 Rdnr. 13; Hoffmann, S. 23 ff.; Römer, S. 36.

Dienstleistungsverkehr, Art. 49 ff. EG, über den Kapital- und über den Zahlungsverkehr Art. 56 – 60 EG Anwendung finden müssen.

1) Niederlassungsfreiheit

Die Bestimmungen über das Niederlassungsrecht sind in den Art. 43-48 EG normiert. Geregelt wird durch die Niederlassungsfreiheit die Freizügigkeit der selbständig Erwerbstätigen. Ausgenommen sind gem. Art. 52 Abs. 2 EG Tätigkeiten im Rahmen des Kapitalverkehrs.

Gem. Art. 43 Abs. 2 EG umfaßt die Niederlassungsfreiheit die Aufnahme und Ausübung selbständiger, nicht weisungsgebundener Erwerbstätigkeiten sowie die Gründung und Leitung von Unternehmen nach den Bestimmungen des Aufnahmestaates für seine eigenen Angehörigen. Sie umfaßt gem. Art. 43 Abs. 1, Satz 2 EG auch die sogenannte sekundäre Niederlassung, d.h. die Gründung von Agenturen, Zweigniederlassungen und Tochtergesellschaften.

Zentraler Begriff der Niederlassungsfreiheit ist der der „Niederlassung". Im EG-Vertrag läßt sich für diesen Begriff keine Definition finden. Auch Art. 43 Abs. 2 EG gibt keine vollständige Definition her, da dadurch lediglich der Kern des Niederlassungsvorgangs, nämlich das „Fußfassen" in dem anderen Land, erweitert wird ohne diesen genau anzusprechen.[9]
Unter Niederlassung wird *„die Errichtung eines ständigen gewerblichen oder beruflichen Mittelpunktes durch Staatsangehörige eines Mitgliedstaates oder Gesellschaften außerhalb des Heimatlandes im Staatsgebiet eines anderen Mitgliedstaates entweder in Form der vollständigen Übersiedlung oder in der Form der Gründung von Agenturen, Zweigniederlassungen oder Tochtergesellschaften mit dem Ziel der Aufnahme und Ausübung selbständiger Erwerbstätigkeiten verstanden"*.[10]
Die Niederlassungsfreiheit findet also vor allem Anwendung, wenn ein EG-Bürger sich in einem anderen Staat niederläßt und dort bei der Aufnahme oder Ausübung einer selbständigen Berufstätigkeit im Vergleich zu Inländern be-

---

[9] Vgl. Troberg, in Groeben/Thiesing/Ehlermann, Art. 52 Rdnr. 1.
[10] Bleckmann, Rdnr. 1592.

nachteiligt wird, da sie offene und versteckte Diskriminierungen[11] aus Gründen der Staatsangehörigkeit oder Ansässigkeit verbietet.[12] Die Niederlassungsfreiheit schützt die Aufnahme selbständiger Erwerbstätigkeiten aber nicht nur gegen niederlassungsbeschränkende Maßnamen des Aufnahmestaates, sondern auch gegenüber Maßnahmen des Herkunftsstaates, wie zum Beispiel gegen Behinderungen bei der Verlegung einer Gesellschaft ins Ausland.[13] Fraglich ist, ob die Niederlassungsfreiheit lediglich ein konkretisiertes Diskriminierungsverbot oder auch ein darüber hinausgehendes Beschränkungsverbot enthält, das eine Rechtfertigung von unterschiedslos auf Inländer und EG-Ausländer anwendbare Vorschriften erfordert.[14]

Bis Mitte der achtziger Jahre war die Rechtsprechung des EuGH von dem engen Verständnis der Niederlassungsfreiheit als reinem Diskriminierungsverbot beherrscht.[15] Dagegen wurde in der neueren Rechtsprechung ein Schritt von einem reinen Diskriminierungsverbot zu einem Beschränkungsverbot vollzogen.[16] Während die Frage, ob die Niederlassungsfreiheit über das Diskriminierungsverbot hinaus auch ein Beschränkungsverbot enthält, in der Literatur bis zum Wandel der Rechtsprechung des EuGH umstritten war[17], geht die Literatur nunmehr – soweit ersichtlich – zunehmend davon aus, daß der EuGH die Frage zugunsten eines weiten Verständnisses der Niederlassungsfreiheit im Sinne eines Beschränkungsverbotes entschieden habe.[18] Für dieses Verständnis spricht auch die in Art. 43 EG vorgenommene Neuformulierung des Art. 52 EG-Vertrag.[19] Danach sollen Beschränkungen der Niederlassungsfreiheit nicht nur aufgehoben werden, sondern sind allgemein verboten. Einschränkungen der

---

[11] Versteckte Diskriminierungen sind solche Regelungen, die nicht an die Staatsangehörigkeit anknüpfen, sich aber typischerweise nur auf die Staatsangehörigen anderer Mitgliedsländer auswirken. Vgl. dazu EuGH, Rs. C 107/94, Slg. 1996, I-3089; Rs. 71/76, Slg. 1977, 765.

[12] Vgl. Schweitzer/Hummer, Rdnr. 1172; Jarass, RIW 1993, S. 2.

[13] So EuGH, Rs. 81/87 (Daily Mail), Slg. 1988, 5483/5510 f.
Dies gilt allerdings nur unter dem Vorbehalt, daß nicht die Freiheit des Waren- oder des Dienstleistungsverkehrs zum Tragen kommt, vgl. Jarass, RIW 1993, S. 2.

[14] Vgl. ausführlich zu dieser Frage Lackhoff, S. 210 ff.

[15] Vgl. z.B. EuGH, Rs. 221/85 (Laboratorien), Slg. 1987, 719/737 ff.

[16] Vgl. zusammenfassend EuGH, Rs. C-55/94 (Gebhard), Slg. 1995-I, 4165/4197. Siehe auch EuGH, Rs. C-53/95 (Inasti), Slg. 1996-I, 703,709; Rs. C-19/92 (Kraus), Slg. 1993-I, 1663,1697; Rs. C-340/89 (Vlassopoulou), Slg. 1993-I, 2357/2383.

[17] Eine Zusammenfassung des Streitstandes findet sich bei Everling, Der Gegenstand des Niederlassungsrechts in der Europäischen Gemeinschaft, S. 19 ff. m.w.N.

[18] Vgl. Bröhmer, in Calliess/Ruffert, Art. 43 Rdnr. 28; Royla, S. 33; Eberhartinger, EWS 1997, S. 48; Ehlers/Lackhoff, JZ 1996, S. 468.

Niederlassungsfreiheit bedürfen demzufolge einer besonderen Rechtfertigung, d.h. Einschränkungen dürfen nur innerhalb der Schranken, die für die Niederlassungsfreiheit bestehen, vorgenommen werden. Dabei lassen sich drei verschiedene Arten von Grenzen und Schranken unterscheiden:

Erstens grenzt der Vorbehalt des Art. 45 EG Tätigkeiten, die in einem Mitgliedstaat dauernd oder zeitweise mit der Ausübung öffentlicher Gewalt verbunden sind aus dem Anwendungsbereich der Niederlassungsfreiheit aus.

Zweitens rechtfertigt Art. 46 EG mitgliedstaatliche Eingriffe in die Niederlassungsfreiheit aus Gründen der öffentlichen Ordnung, Sicherheit oder Gesundheit.

Drittens verweist der EuGH zur Rechtfertigung von Eingriffen in die Niederlassungsfreiheit auf die zwingenden Gründe des Allgemeininteresses sowie die Beachtung des Grundsatzes der Verhältnismäßigkeit[20] und damit auf einen Satz der allgemeinen Grundfreiheitendogmatik. Danach müssen nationale Maßnahmen, die *"die Ausübung der durch den Vertrag garantierten grundlegenden Freiheiten behindern oder weniger attraktiv machen"* können folgende Voraussetzungen erfüllen:

- Anwendung in nicht diskriminierender Weise;
- Rechtfertigung aus zwingenden Gründen des Allgemeininteresses[21];
- Geeignetheit, die Verwirklichung des mit ihnen verfolgten Ziels zu gewährleisten und
- kein Hinausgehen über das, was zur Erreichung dieses Zieles erforderlich ist (Verhältnismäßigkeit).

Gem. Art. 48 EG gilt die Niederlassungsfreiheit auch für Unternehmen, und damit auch für Kreditinstitute, die ihren Sitz, ihre Hauptverwaltung oder ihre Hauptniederlassung innerhalb der Gemeinschaft haben.

---

19 Vgl. Bröhmer, in Calliess/Ruffert, Art. 43 Rdnr. 28.

20 Vgl. EuGH, Rs. C-55/94 (Gebhard), a.a.O., 4197.

21 Zu dem, was unter den Begriff „Allgemeininteresse" zu fassen ist, vgl. Troberg, in Schimansky/Bunte/Lwowski, § 134 Rdnr. 36: dazu gehören unter anderem „*die öffentliche Sicherheit und Ordnung, die Gesundheit der Bürger, der Verbraucherschutz, die Integrität des Steuersystems und kulturelle Interessen*"; siehe auch Bader, 1992 – und was dann?, S. 107 f.

2) Dienstleistungsfreiheit

Die Dienstleistungsfreiheit für die EU ist in den Art. 49-55 EG verankert. Ziel von Art. 49 ff EG ist die Freiheit des grenzüberschreitenden Dienstleistungsverkehrs zwischen den Mitgliedstaaten. Dabei garantieren die Art. 49 ff. EG nicht nur die Freiheit des Dienstleistenden zur Erbringung der Dienstleistung sondern auch die Freiheit des Dienstleistungsempfängers zur Entgegennahme der Dienstleistung.[22]

Der Begriff der Dienstleistung im EG-Vertrag ist nicht vergleichbar mit dem der §§ 611 ff. BGB und auch nicht mit dem volkswirtschaftlichen Dienstleistungsbegriff, der den gesamten tertiären Sektor einer Volkswirtschaft umfaßt[23], sondern ist ein gemeinschaftsrechtlicher Begriff, der aus den Art. 49 ff. EG zu erschließen ist.[24]
Der Begriff der Dienstleistung ist in den Art. 49 ff. EG nicht positiv definiert. Art. 50 Abs. 1 und 2 EG liefert jedoch eine Negativdefinition des Dienstleistungsbegriffs, nach dem Dienstleistungen im Sinne des EG-Vertrages solche Leistungen sind, die in der Regel gegen Entgelt erbracht werden, soweit sie nicht den Vorschriften über den freien Waren- und Kapitalverkehr und über die Freizügigkeit der Personen unterliegen, insbesondere gewerbliche, kaufmännische, handwerkliche und freiberufliche Tätigkeiten.
Bei der Dienstleistung handelt es sich um ein Erzeugnis unternehmerischer Tätigkeit (wobei diese im weitesten Sinne verstanden wird), das im Gegensatz zur Ware im Sinne des Art. 23 Abs. 2 EG eine geldwerte nichtkörperliche Leistung oder einen Leistungserfolg zum Gegenstand hat und das durch Gebietsfremde angenommen wird. Der Dienstleistende verkauft sein „Know-how“, d.h. er bietet gewisse Fertigkeiten, Fähigkeiten, Techniken und Ideen an. Dieses Angebot muß nach Art. 49 EG notwendigerweise grenzüberschreitenden Charakter haben, ohne daß eine Verlagerung des Betriebsstandortes des anbietenden Unternehmers erforderlich ist.[25] Demgegenüber würde eine dauerhafte Tätigkeit des Dienstleistungserbringers in dem Staat, in dem der Empfänger ansässig ist, unter die Niederlassungsfreiheit und nicht unter die Dienstleistungsfreiheit zu sub-

---

22 Vgl. Kort, JZ 1996, S. 133; Troberg in: Groeben/Thiesing/Ehlermann, Art. 59 Rdnr. 47.
23 Vgl. Schöne, WM 1989, S. 873; Römer, S. 40.
24 Vgl. Schöne, WM 1989, S. 873.
25 Vgl. zum Begriff der Dienstleistung und der Dienstleistungsfreiheit Geiger, Art. 59 Rdnr. 1 ff ; Hailbronner/Nachbaur, EuZW 1992, S. 105 ff.; Troberg in Groeben/Thiesing/Ehlermann, Art. 59 Rdnr. 1 ff.; Schöne, WM 1989, S. 873 ff.; Römer, S. 39.

sumieren sein.[26] Neben der Dauer der Leistung ist auf die Häufigkeit, die regelmäßige Wiederkehr oder die Kontinuität abzustellen.[27]

Der grenzüberschreitende Charakter der von Art. 49 ff EG erfaßten Dienstleistungen kann grundsätzlich auf vier Arten erfolgen[28] :

- Der Leistungserbringer begibt sich zum Leistungsempfänger in dessen Mitgliedstaat
- Der Leistungsempfänger begibt sich zum Leistungserbringer in dessen Mitgliedstaat
- Die Leistung wird ohne Ortsveränderung einer der Partner transferiert
- Die Leistung wird im EG-Ausland erbracht, obwohl Leistungserbringer und Leistungsempfänger in demselben Mitgliedstaat ansässig sind.

Kreditinstitute werden im volkswirtschaftlichen Sinne als Dienstleistungsunternehmen bezeichnet. Jedoch fallen die von den Kreditinstituten erbrachten Dienstleistungen nicht unbedingt unter den Begriff der Dienstleistungsfreiheit der Art. 49 ff EG, da durch die Negativdefinition des Art. 50 EG Einschränkungen im Anwendungsbereich gemacht werden.[29] Da die von den Kreditinstituten erbrachten Dienstleistungen in mehr oder minderem Ausmaß mit Kapitalbewegungen verbunden sind, hängt die Frage, ob die grenzüberschreitend ausgeübten Bankentätigkeiten als Dienstleistungen im Sinne der Art. 49 ff EG anzusehen sind, primär von der Abgrenzung der Dienstleistungsfreiheit zur Kapitalverkehrsfreiheit ab.[30]

Dem Dienstleistungsbegriff der Art. 49 ff EG unterfallen nur die sog. reinen Dienstleistungen, also solche, die nicht direkt Kapitalbewegungen zum Inhalt haben.[31] Dies sind jedoch nur wenige, meist atypische Bankdienstleistungen, wie z.B. die Vermietung von Schließfächern an Gebietsfremde, die Erstellung

---

[26] Vgl. Ehlers/Lackhoff, JZ 1996, S. 469.
[27] Vgl. EuGH, Rs. C-55/94 (Gebhard), Slg. 1995-I, 4165,4197.
[28] So Kort, JZ 1996, S. 133; Hailbronner/Nachbaur, EuZW 1992, S. 352; Römer, S. 39.
[29] Vgl. Schöne, WM 1989, S. 874.
[30] Auf eine Einschränkung durch die Vorschriften über den freien Warenverkehr und über die Freizügigkeit der Person wird hier nicht eingegangen, da diese offensichtlich für die Dienstleistungen der Kreditinstitute keine Relevanz besitzen.
[31] Vgl. Hellenthal, S. 35; Bopp, S. 24; Römer, S. 40.

von Marktstudien oder die Vermittlung von Beteiligungen an Gebietsfremde und auch die Analyse von ausländischen Wertpapieren.
Häufig sind bei Kreditinstituten Dienstleistungen und Kapitalbewegungen in ein und demselben Vorgang verbunden. Unter der Voraussetzung, daß die Dienstleistungs- und Kapitalverkehrselemente in engem Zusammenhang stehen, ihre Verbindung nicht rein zufällig ist und sie sich gegenseitig bedingen oder zumindest ergänzen spricht man von verbundenen Dienstleistungen der Kreditinstitute im Sinne von Art. 51 Abs. 2 EG.[32] Die mit dem Kapitalverkehr verbundenen Dienstleistungen lassen sich aus dem Anhang der „Richtlinie des Rates zur Aufhebung der Beschränkungen der Niederlassungsfreiheit und des freien Dienstleistungsverkehrs für selbständige Tätigkeiten der Kreditinstitute und anderer finanzieller Einrichtungen“[33] entnehmen, der eine abschließende[34] Aufzählung enthält.

Gem. Art. 51 Abs. 2 EG wird die Liberalisierung der verbundenen Dienstleistungen im Einklang mit der schrittweisen Liberalisierung des Kapitalverkehrs durchgeführt. Dies galt aber nur für die Übergangszeit von 1958-1970, so daß der in Art. 51 Abs. 2 EG enthaltene Vorbehalt, daß Finanzdienstleistungen nicht liberalisiert werden, solange der entsprechende Kapitalverkehr nicht liberalisiert ist, seitdem gegenstandslos ist.[35] Daher sind die mit Kapitalverkehr verbundene Dienstleistungen nicht eingeschränkt und die Art. 49 ff. EG sind auf sie direkt anwendbar.
Somit war nur noch die Abgrenzung zwischen (reinen oder verbundenen) Dienstleistungen und Kapitalbewegungen relevant, da das Gebrauchmachen der Dienstleistungsfreiheit über die Grenzen zumeist auf der Gegenleistungsseite einen grenzüberschreitenden Kapitaltransfer nach sich zieht, die Kapitalverkehrsfreiheit aber nicht im gleichen Maße liberalisiert war wie die Dienstleistungsfreiheit.[36]. Kapitalverkehr liegt nicht allein deshalb vor, weil eine Kapitalbewegung über die Grenzen erfolgt. Die Bewegung von Geldkapital unterfällt dann nicht den Regeln des Kapitalverkehrs, wenn diese Kapitalbewegung einer Zahlungsverpflichtung entspringt, die sich aus einer Transaktion auf dem Ge-

---

[32] Vgl. Hellenthal, S. 35; Schöne, WM 1989, S. 874; Bopp, S. 60.
[33] Richtlinie 73/183/EWG Abl. Nr. L 194 v. 16.07.1973, S. 1 ff.
[34] So Bopp, S. 60; Römer, S. 46.
[35] Vgl. Troberg in Groeben/Thiesing/Ehlermann, Art. 61 Rdnr. 4; Schöne, WM 1989, S. 874f. Hakenberg in Lenz, Art. 61 Rdnr. 5 und Hoffmann, S. 28 gehen allerdings davon aus, daß Art. 61 Abs. 2 EG-Vertrag erst seit dem Inkrafttreten der KapitalverkehrsRichtlinie 88/361/EWG keine Bedeutung mehr für verbundene Dienstleistungen hat.

biet des Dienstleistungsverkehrs ergibt.[37] Vielmehr ist auf den Zweck der Kapitalbewegung abzustellen. Kapitalverkehr liegt vor bei Geschäften, *"bei denen es in erster Linie um die Anlage und die Investition des betreffenden Kapitals geht und nicht um die Vergütung einer Dienstleistung"*.[38] Da Kapitalverkehrsgeschäfte und Dienstleistungen eng miteinander verbunden sind, stellt sich die Frage, ob die Vorschriften über den Kapitalverkehr und der Dienstleistungsfreiheit gemeinsam zur Anwendung kommen.[39] Der EuGH folgert aus der Vorschrift des Art. 51 Abs. 2 EG, daß die Dienstleistungsfreiheit nicht zulässigen Beschränkungen des Kapitalverkehrs entgegengehalten werden darf.[40] Daraus folge, daß die Vorschriften über den Dienstleistungsverkehr dann nicht zur Anwendung gelangen können, wenn es um eine mit dem Gemeinschaftsrecht in Einklang stehende Beschränkung des freien Kapitalverkehrs gehe. Aber auch die Abgrenzung zwischen reinen oder verbundenen Dienstleistungen auf der einen Seite und Kapitalbewegungen auf der anderen Seite ist inzwischen durch die Neufassung des Vertragskapitels über den Kapitalverkehr durch den Maastrichter Vertrag weitgehend ohne Bedeutung, denn dadurch gelten fast identische Freiheitsrechte für Kapitalbewegungen wie für Dienstleistungen.[41] Lediglich bei Sachverhalten aus der Zeit vor dem Inkrafttreten der Art. 73a ff. a.F. am 1.1.1994 ist zu prüfen, ob eine Beschränkung des Kapitalverkehrs überhaupt vorliegt und ob diese vertragskonform ausgestaltet ist. Ist dies der Fall, so ist ein Rückgriff auf die Dienstleistungsfreiheit ausgeschlossen.

Die Dienstleistungsfreiheit ist für Kreditinstitute von erheblicher Bedeutung. Es muß daher sichergestellt werden, daß die Dienstleistungen (Finanzprodukte) überall in der Europäischen Union angeboten werden können. Die Dienstleistungsfreiheit gemäß Art. 49 ff. EG enthält, wie auch die Niederlassungsfreiheit, ein Diskriminierungsverbot, sowie noch deutlicher als andere Grundfreiheiten, ein Beschränkungsverbot.[42] Dementsprechend sind auf der Rechtfertigungsebe-

---

36 Vgl. Bröhmer, in Calliess/Ruffert, Art.56 Rdnr. 11.

37 Vgl. EuGH, Verb. Rs. 163/94, 165/94 und 250/94 (Sanz de Lera u.a.), Slg. 1995-I, 4821 ff.; Verb. Rs. 286/82 und 26/83 (Luisi und Carbone), Slg. 1984, 377 ff.

38 EuGH, Verb. Rs. 286/82 und 26/83, a.a.O.

39 Vgl. Bröhmer, in Calliess/Ruffert, Art. 56 Rdnr. 13.

40 EuGH, Rs. C-222/95 (Parodi), Slg. 1997-I, 3899.

41 Vgl. Troberg in Groeben/Thiesing/Ehlermann, Art. 61 Rdnr. 10.

42 Ständige Rechtsprechung seit EuGH, Rs. 33/74 (van Binsbergen), Slg. 1974, 837 ff.; vgl. aus jüngerer Zeit EuGH, Rs. C-3/95 (Reisebüro Broede), Slg. 1996-I, 6511 ff.

ne bei Engriffen in die Dienstleistungsfreiheit dieselben Kriterien wie bei der Niederlassungsfreiheit anzuwenden.[43]

Wegen der besonderen Bedeutung der Dienstleistungsfreiheit für Kreditinstitute war ihre vollständige Gewährleistung von besonderer Bedeutung für die Koordinierung des Bankenaufsichtsrechts, denn dadurch wird das „ob" und „wie" des Erbringens von Dienstleistungen über die Grenze hinweg geregelt.
Zudem wird durch die Gewährung der Dienstleistungsfreiheit für Kreditinstitute auch eine Erleichterung für Unternehmen bei ihrer Tätigkeit im Ausland geschaffen, da der Weg zur Geschäftstätigkeit im Ausland für viele Unternehmen davon abhängig ist, daß ihr heimisches Kreditinstitut sie bei diesem Vorhaben unterstützt.[44] Daher ist die Dienstleistungsfreiheit auch unter diesem Gesichtspunkt ein unverzichtbarer Bestandteil der europäischen Integration.

3) Kapitalverkehrsfreiheit

Die Vorschriften über den Kapitalverkehr wurden durch den Vertrag von Maastricht mit Wirkung vom 1. Januar 1994 an in den Art. 73b - 73g EG-Vertrag (jetzt Art. 56 – 60 EG) niedergelegt.

Die Relevanz der Liberalisierung des Kapitalverkehrs für die Errichtung des Binnenmarktes besteht darin, daß nur durch die weitestgehende Mobilität des Produktionsfaktors Kapital eine optimale Allokation desselben gewährleistet wird, d.h. daß das Kapital dort dem Wirtschaftsprozeß zugeführt wird, wo die höchste Rendite und die besten Erträge zu erzielen sind.[45]
Die Kapitalverkehrsfreiheit ist für das Bankwesen von sehr großer Bedeutung, da Kapitalverkehrsschranken eines der wichtigsten Hemmnisse für ein grenzüberschreitendes Bankgeschäft sind. Denn einerseits sind die Kreditinstitute selbst Objekt der privaten Kapitalanlage und andererseits sind sie in zahlreiche kapitalmarktrelevante Vorgänge eingebunden. Dabei übernehmen sie Aufgaben als Unternehmensfinanziers, als Anbieter zahlreicher Finanzdienstleistungen, als Emissionsbegleiter und als Kapitalmarktintermediäre in Form von Anlageberatung, -vermittlung, -verwaltung und -finanzierung. Zudem bieten sie in er-

---

[43] EuGH, Rs. 205/84 (Kommission/Bundesrepublik Deutschland), Slg. 1986, 3755; Rs. 279/80 (Webb), Slg. 1981, 3305 ff.
[44] Vgl. Leister, S. 277.
[45] Vgl. Ress/Ukrow in Grabitz/Hilf, Art. 73b Rdnr. 2; Schweitzer/Hummer, Rdnr. 1210.

heblichem Maße die Infrastruktur zur Anbahnung und Ausführung unterschiedlichster Kapital- und Finanztransaktionen an.[46]

Weder im EG-Vertrag noch in den vom Rat bisher auf der Grundlage der Art. 69 und 70 Abs. 1 EWGV erlassenen Richtlinien wird eine allgemeine Definition des Begriffes des Kapitalverkehrs gegeben. Diese Richtlinien haben zwar zum 1. Januar 1994 ihre Gültigkeit verloren, da Art. 69 EWGV als Kompetenznorm, auf deren Grundlage die Gemeinschaft die Richtlinien erlassen hat durch den Vertrag von Maastricht aufgehoben wurde. Trotzdem kann die „Richtlinie des Rates zur Durchführung von Artikel 67 des Vertrages – Liberalisierung des Kapitalverkehrs"[47] (= 4. Kapitalverkehrsrichtlinie) als Auslegungshilfe genutzt werden, da deren Anhang I eine (nicht abschließende) Nomenklatur von Kapitalverkehrsgeschäften mit 13 Unterpositionen enthält, so daß sich der Begriff des Kapitalverkehrs folgendermaßen definieren läßt: Kapitalverkehr ist die einseitige, d.h. nicht direkt durch den Waren- oder Dienstleistungsverkehr bedingte Werteübertragung in Form von Sachkapital (z.B. Direktinvestitionen und Immobilien) oder Geldkapital aus einem Mitgliedstaat in einen anderen, die zugleich regelmäßig eine Vermögensanlage darstellt.[48]
Art. 56 EG bestimmt, daß alle Beschränkungen des Kapitalverkehrs zwischen den Mitgliedstaaten sowie zwischen den Mitgliedstaaten und dritten Ländern verboten sind. Der EuGH hat anerkannt, daß Eingriffe in das Beschränkungsverbot der Kapitalverkehrsfreiheit analog der Grundsätze der allgemeinen Grundfreiheiten entweder auf der Grundlage ausdrücklicher Ausnahmen oder auf der Grundlage der ungeschriebenen allgemeinen Erfordernisse möglich sind. [49] Art. 56 EG ist zweifellos, wie bisher schon die Freiheit der Niederlassung und des Dienstleistungsverkehrs, direkt anwendbar, so daß sich der einzelne auf ihn berufen kann.[50] Lediglich Art. 58 Abs. 1 lit. b) EG schafft eine Reihe von Gegenmaßnahmen, die dem Vorbehalt für Maßnahmen des Allgemeinwohls im Rahmen von Art. 49 EG in etwa entsprechen.

---

[46] So Assmann/Buck, EWS 1990, S. 190.
[47] Richtlinie 88/631/EWG Abl. Nr. L 178 v. 08.07.1988.
[48] Vgl. Eckhoff in Bleckmann, Rdnr. 1702; Weber in Lenz, Art. 73b Rdnr. 4; Kiemel in Groeben/Thiesing/Ehlermann, Art. 73b Rdnr. 1.
[49] EuGH, Rs. C-148/91 (Veronica), Slg. 1993, 487, 518 ff. Siehe dazu auch Royla, S. 36; Bröhmer, in Callies/Ruffert, Art. 56 Rdnr. 19.
[50] Vgl. Troberg, in Schimansky/Bunte/Lwowski, § 134 Rdnr. 40; Kiemel in Groeben/Thiesing/Ehlermann, Art. 73b Rdnr. 19.

Als Folge der Liberalisierung des Kapitalverkehrs durch Art. 56 ff. EG könnten sich Kreditinstitute aus anderen EU-Staaten, wenn sie von einem Mitgliedstaat im Gebrauch ihrer Dienstleistungsfreiheit beschränkt werden, nicht nur auf Art. 49 EG in Verbindung mit der zweiten Bankrechtskoordinierungsrichtlinie, sondern auch auf Art. 56 EG berufen.

4) Freiheit des Zahlungsverkehrs

Seit dem 1. Januar 1994 regeln die Art. 73b - 73g EG-Vertrag (jetzt Art. 56 – 60 EG) neben dem Bereich des Kapitalverkehrs auch den Zahlungsverkehr.
Erstmalig werden Kapital- und Zahlungsverkehr in einem Kapitel zusammengefaßt und können nun als eine einheitliche, aufeinanderbezogene Regelung betrachtet werden. Wegen der gleichlautenden Regelung in Art. 56 Abs. 1 und 2 EG kann davon ausgegangen werden, daß das, was für den Kapitalverkehr gilt, im Zweifel auch für den Zahlungsverkehr gilt und umgekehrt.[51]
Der Freiheit des Zahlungsverkehrs kommt hinsichtlich der Verwirklichung der in Art. 3 lit. c EG genannten Grundfreiheiten eine große Bedeutung zu.[52] Ohne die Garantie der Freiheit des Zahlungsverkehrs wären alle Schritte zur Liberalisierung des grenzüberschreitenden Verkehrs ohne praktische Bedeutung, denn weder der Waren-, noch der Dienstleistungs- oder der Personenverkehr könnten wirklich frei sein, wenn das Entgelt für die jeweils entsprechende Gegenleistung die Grenze nicht, oder nur unter Inkaufnahme von Behinderungen passieren dürfte.[53] Daher wird die Freiheit des Zahlungsverkehrs auch als die *„fünfte Freiheit des gemeinsamen Marktes“* bezeichnet.[54]

Ebenso wie die bisherigen Vertragsbestimmungen über den Zahlungsverkehr enthalten auch die neuen Art. 56 ff. EG keine Definition des Zahlungsverkehrs. Unter dem Begriff des Zahlungsverkehrs wird der frei grenzüberschreitende Fluß (Ein- und Ausfuhr) von Zahlungsmitteln verstanden. Darunter fallen sowohl Zahlungen, also die rechtsgeschäftliche Erfüllung einer Schuld durch Geldmittel, die in der Regel durch einen Vorgang des Waren-, Dienstleistungs- oder Kapitalverkehrs begründet wird, als auch der Transfer, d.h. das tatsächli-

---

51 Vgl. Ress/Ukrow in Grabitz/Hilf, Art. 73b Rdnr. 1.
52 Vgl. Pohl, S. 10; Hoffmann, S. 23.
53 Vgl. Eckhoff in Bleckmann, Rdnr. 1703; Schweitzer/Hummer, Rdnr. 1210.
54 So zuerst Börner in Ophüls-FS, S. 19. Vgl. auch Kiemel in Groeben/Thiesing/Ehlermann, Vorbemerkungen zu den Art. 67 bis 73h, Rdnr. 2; Hoffmann, S. 23.

che Verbringen von Geld oder sonstigen Zahlungsmitteln wie Schecks, Wechsel, Überweisungen oder Wertpapiere im weitesten Sinne. Dabei werden alle Zahlungsweisen und -arten vom freien Zahlungsverkehr erfaßt.[55]

Zwar bestehen für Kreditinstitute zahlreiche Möglichkeiten, sich am Zahlungsverkehr zu beteiligen. Jedoch wird die Tätigkeit der Kreditinstitute erschwert und eingeschränkt, wenn selbst zur Abwicklung des Zahlungsverkehrs im Raum der EU behördliche Genehmigungen eingeholt werden müssen oder dies wenigstens für Transaktionen von einem bestimmten Betrag ab gilt. Erst durch die Garantie des freien Zahlungsverkehrs innerhalb des Binnenmarktes ist es den Kreditinstituten möglich, ihre ureigenste Aufgabe, die Abwicklungen von Zahlungen zu ermöglichen, den Regeln eines keine Grenzen kennenden einheitlichen Marktes zu unterstellen und ihren Geschäftsbetrieb nach solchen Regeln zu gestalten.[56]

II. Instrumente zur Harmonisierung der Europäischen Bankenaufsicht

Die Angleichung der innerstaatlichen Rechtsvorschriften ist in Art. 3 lit. h EG ausdrücklich als eine Aufgabe der Gemeinschaft festgelegt. Die Rechtsangleichungskompetenz der EG ist allgemein in den Art. 94 bis 97 EG geregelt. Der Vertrag enthält daneben noch zahlreiche besondere Kompetenzen zur Rechtsangleichung. Zur Verwirklichung dieses im EG-Vertrag angegebenen Zieles, also auch zur Harmonisierung des Bankenaufsichtsrechts, standen und stehen dem Rat der Europäischen Union und der Kommission mehrere Möglichkeiten offen. Zur Erfüllung ihrer Aufgaben haben sie die Möglichkeit der

- Verordnung
- Entscheidung
- Richtlinie
- Empfehlung und Stellungnahme.[57]

Dieses Instrumentarium wird als das sekundäre Gemeinschaftsrecht bezeichnet[58], und unterscheidet sich nach Rechtsqualität und Rechtswirkung.[59]

---

[55] Vgl. Ress/Ukrow in Grabitz/Hilf, Art. 73b Rdnr. 71; Weber in Lenz, Art. 73b Rdnr. 6; Kiemel in Groeben/Thiesing/Ehlermann, Art. 73b Rdnr. 1.

[56] Vgl. Hoffmann, S. 31 f.

[57] Vgl. Art. 189 Abs. 1 EG-Vertrag.

Dabei soll aber kein Einheitsrecht geschaffen werden, also kein einheitlicher Bankenmarkt mit einem identischen Bankenaufsichtsrecht. Vielmehr soll lediglich eine Rechtsangleichung stattfinden, durch die ein Mindeststandard gesichert wird.[60]

1) Verordnung

Die Verordnung hat allgemeine Geltung.[61] Sie ist in all ihren Teilen verbindlich und gilt unmittelbar in jedem Mitgliedstaat. Sie läßt den Mitgliedstaaten keinen Ausgestaltungsspielraum. Da sie unmittelbar gilt, bedarf sie keiner Umsetzung in nationales Recht, sondern bildet mit ihrem Inkrafttreten verbindliches Recht in den Mitgliedstaaten.

2) Entscheidung

Die Entscheidung ist in allen ihren Teilen für diejenigen verbindlich, die sie bezeichnet.[62] Sie unterscheidet sich von der Verordnung also dadurch, daß sie nur an einen bestimmten Adressatenkreis gerichtet ist.

3) Richtlinie

Die Richtlinie ist für jeden Mitgliedstaat, an den sie gerichtet wird, hinsichtlich des zu erreichenden Ziels verbindlich, überläßt jedoch den innerstaatlichen Stellen die Wahl der Form und der Mittel.[63]

---

58 Von sekundärem Gemeinschaftsrecht wird bei Rechtsakten und Maßnahmen gesprochen, die von einem oder mehreren Gemeinschaftsorganen erlassen wurden, und die auf einer Kompetenzzuweisung des primären Gemeinschaftsrechts beruhen. Vgl. Emmert, § 12 Rdnr. 2; Kilian, Rdnr. 92; Schweitzer/Hummer, Rdnr. 18.

59 Vgl. Böshagen, in Schwappach, § 2 Rdnr. 1.

60 Vgl. zum allgemeinen Grundsatz Art. 3b EG-Vertrag; Weißbuch der Kommission an den Europäischen Rat zur Vollendung des Binnenmarktes, Kommission der Europäischen Gemeinschaften, KOM (85) 310 endg. vom 14.06.1985, S. 6 Rdnr. 13. Für das Bankenaufsichtsrecht siehe nur z.B. Kapitaladäquanzrichtlinie, Präambel Abs. 3; 2. BRKR, Präambel Abs. 8; Eigenmittelrichtlinie, Präambel Abs. 5 und 6. Siehe auch dazu: Oehlert, JuS 1997, S. 317; Lanzke, WM 1994, S. 2001; Schneider, Europäischer und globaler Wettbewerb der Bankensysteme, S. 740.

61 Vgl. Art. 189 Abs. 2 EG-Vertrag.

62 Vgl. Art. 189 Abs. 4 EG-Vertrag.

Die Richtlinie entfaltet im Gegensatz zur Verordnung grundsätzlich keine unmittelbare Wirkung für oder gegen den einzelnen. Zur Wirksamkeit bedarf es eines Umsetzungsaktes des jeweiligen Mitgliedstaates, damit die Richtlinie in seinem Hoheitsgebiet wirksam wird. Lediglich im Falle der nicht frist- oder ordnungsgemäßen Umsetzung können Richtlinien unmittelbare Wirkung entfalten. Dies gilt nach der Rechtsprechung des EuGH, wenn die Richtlinie nicht, oder nicht ordnungsgemäß innerhalb einer bestimmten Frist umgesetzt worden ist, die Richtlinie inhaltlich unbedingt sowie hinreichend bestimmt ist. Zudem darf die Richtlinie keine Verpflichtung des einzelnen begründen.[64] Mit der Richtlinie findet also ein zweistufiges Gesetzgebungsverfahren statt.[65] Dadurch können die Mitgliedstaaten das Einheitsrecht in der Form in ihr nationales Recht einbringen, wie es der jeweiligen Rechtssystematik am besten entspricht. Die Rechtsetzung in den Mitgliedstaaten erfolgt damit *„gemeinschaftlich in der Substanz und national in der Form (Subsidiaritätsprinzip)"*[66]. Die nationale Freiheit der Form und der Mittel der Umsetzung der Richtlinie findet jedoch dort ihre Grenze, wo die praktische Wirksamkeit der Richtlinie gesichert sein muß. Aus diesem Grund muß eine Umsetzung der Richtlinie durch Rechtsvorschriften erfolgen, die zwar keine Gesetze im formellen Sinne sein müssen, aber über Verwaltungsvorschriften hinausgehen müssen.[67]
Zu beachten ist allerdings, daß die bestehende Freiheit der Mitgliedstaaten, Einzelheiten zu regeln, um so begrenzter ist, je mehr die Richtlinie ins Detail geht.[68] Diese Tendenz ist in jüngster Zeit immer öfter zu beobachten.[69]

4) Empfehlung und Stellungnahme

Empfehlungen und Stellungnahmen sind nicht verbindlich.[70] Aber auch ohne Verbindlichkeit entfalten sie gewisse psychologische und politische Wirkungen. Die Kommission kündigt damit an, welche Regelungen erstrebt werden, so daß

---

63 Vgl. Art. 189 Abs. 3 EG-Vertrag.
64 Vgl. EuGH, Rs. 80/86, Amtl. Slg. 1987, S. 3969; EuGH, Rs. 7/70, Amtl. Slg. 1970, S. 825.
65 Vgl. Oehlert, JuS 1997, S. 317; Bleckmann, § 7 Rdnr. 416; Jarass, Grundfragen der internationalen Bedeutung des EG-Rechts, S. 51.
66 Böshagen, in Schwappach, § 2 Rdnr. 3.
67 Vgl. Jarass, Grundfragen der innerstaatlichen Bedeutung des EG-Rechts, S. 53; Troberg, Europäische Aufsicht über das Kreditwesen, S. 55.
68 Vgl. Hoffmann, S. 18.
69 Vgl. Folz, ZfgKw 1996, S. 1181; Hoffmann, ZfgKw 1990, S. 180.
70 Vgl. § 189 Abs. 5 EG-Vertrag.

die Mitgliedstaaten diese Ziele bei ihrer eigenen Rechtsetzung bereits berücksichtigen können.[71] Zudem hat die Kommission bei den Beratungen zur Harmonisierung des Bankenaufrechts betont, daß bei Nichtbeachtung der Empfehlungen diese in entsprechende Richtlinienvorschläge umgewandelt würden.[72]

5) Bisherige Vorgehensweise in der EU

Die Harmonisierung des Bankenaufsichtsrechts in der EU wurde und wird hauptsächlich durch Richtlinien vollzogen[73], da Empfehlungen für die Mitgliedstaaten nicht bindend sind und deshalb nicht in nationales Recht umgesetzt würden.[74] Allerdings gabe es auch Empfehlungen für die Koordinierung des Bankrechts, nämlich die Empfehlung zur Überwachung und Kontrolle von Großkrediten[75] und die Empfehlung zur Einlagensicherung[76]. Das Instrument der Empfehlung wurde in diesem Falle gewählt, da das zu diesem Zeitpunkt noch geltende Gebot der Einstimmigkeit der Beschlußfassung (dieses galt bis zum Inkrafttreten der EEA am 01.07.1987) die Verabschiedung weiterer Richtlinien angesichts der unterschiedlichen Auffassungen in den Mitgliedstaaten nahezu unmöglich gemacht hatte.[77] Inzwischen wurden die Empfehlungen aber auch durch Richtlinien ersetzt.

Die Abkehr vom Prinzip der Einstimmigkeit hat insofern die Koordinierung und Harmonisierung des Bankenaufsichtsrechts erleichtert und somit die Schaffung eines einheitlichen europäischen Binenmarktes ermöglicht.[78]

---

[71] Vgl. Schweitzer/Hummer, Rdnr. 382.
[72] Vgl. Hellenthal, S. 38; Gaddum, Harmonisierung der Bankenaufsicht in der EG, S. 117.
[73] Vgl. Troberg, in Kolbeck, S. 14; Gaddum, Harmonisierung des Bankenaufsichtsrechts in der EG, S. 113.
[74] Vgl. Folz, ZfgKw 1996, S. 1184.
[75] Abl. Nr. L 33 v. 04.02.1987.
[76] Abl. Nr. L 33 v. 04.02.1987.
[77] Vgl. Gruner-Schenk, S. 34; Gaddum, Harmonisierung der Bankenaufsicht in der EG, S. 116 f.
[78] Vgl. Tietmeyer, in Rehm, S. 16; Lanzke, WM 1988, S. 398.

III. Notwendigkeit und Ziele der Harmonisierung des europäischen Bankenaufsichtsrechts

1) Notwendigkeit der Harmonisierung

Die Struktur der Bankensysteme hat sich in den verschiedenen Ländern unterschiedlich entwickelt, was durch die verschiedenen Ausprägungen des Trenn- und Universalbankensystems gekennzeichnet ist.[79] Dies ist bedingt durch die wirtschaftliche, soziale und politische Entwicklung der einzelnen Länder.[80]
So sind in Luxemburg, den Niederlanden und in der Bundesrepublik Deutschland schon lange primär Institute des Universalbankensystems beheimatet, d.h. die Kreditinstitute bieten in der Regel allen Kundengruppen alle Bankdienstleistungen an, während in anderen Mitgliedstaaten wie Belgien, Großbritannien und Italien das Trennbankensystem vorherrschte.[81] Hierbei waren einerseits das kurz-, mittel- und langfristige Kreditgeschäft und andererseits das Kreditgeschäft und das Wertpapiergeschäft institutionell getrennt. Die institutionelle Trennung des Kredit- und Wertpapiergeschäftes wird wegen seines Ursprungs auch als das angelsächsische „Modell" bezeichnet.[82]

Gemeinsam ist allen Staaten der EU jedoch eine besondere staatliche Aufsicht über die Kreditinstitute wegen der zentralen Bedeutung der Kreditwirtschaft und aus Gründen des Gläubigerschutzes.[83] Allerdings ist diese Aufsicht von

---

79 Vgl. Burghof/Rudolph, S. 187; Obst/Hinter, S. 287; Arnold, Bankenwettbewerb und Bankenaufsicht – Perspektiven der EG-Bankrechtsharmonisierung, S. 1. Die pauschale Unterteilung in Trennbank- und Universalbanksystem wird aber teilweise kritisiert, da gesagt wird, daß dies nur die Extremwerte im Bankensystem seien. Vielmehr existiere weltweit das Universalbanksystem, das sich in den einzelnen Ländern nur durch das unterschiedliche Sortiment der Universalbanken voneinander unterscheide, vgl. Hahn, ÖBA 1995, S. 1 ff. Darauf soll hier aber nicht eingegangen werden, da die Unterteilung in Trennbanken- und Universalbankensystem allgemein anerkannt ist, vgl. nur Hüfner, in Stadler/Völk, S. 115; Schneider, Europäischer und globaler Wettbewerb der Bankensysteme, S. 736 ff; Rümker, in Schimansky/Bunte/Lwowski, § 124 Rdnr. 58 ff.

80 Vgl. Stark, Deutsche und europäische Bankenstrukturen im Wandel, S. 3; Kuntze, Die bankaufsichtlichen Perspektiven des europäischen Binnenmarktes 1993, S. 4.

81 Vgl. Hellenthal, S. 21; Schneider, Die Bankensysteme in den Mitgliedstaaten der Europäischen Gemeinschaften auf dem Weg in den EG-Binnenmarkt, S. 124 f.

82 Vgl. Grottke, EuZW 1993, S. 441.

83 Vgl. Miletzki, ZfgKw 2000, S. 174; Vollmer, Funktionen und Organisation der Bankenwirtschaft, S. 53; Bieg, ZfgKw 1997, S. 59; Groß, JZ 1994, S. 597; Mayer, S. 37; Römer, S. 49 ff.

Land zu Land unterschiedlich ausgestaltet. Das bedeutet, daß ein Kreditinstitut, das sich in den anderen Mitgliedstaaten niederlassen wollte, in jedem Mitgliedstaat auch eine andere Rechtsordnung beachten mußte.[84] Dies führte zu einem hohen Arbeits- und Kostenaufwand bei den Kreditinstituten, so daß allein durch die Niederlassungsfreiheit des Art. 43 EG die Schaffung eines einheitlichen Bankenmarktes nicht möglich war.[85]

Ein gemeinsamer Bankenmarkt ist vielmehr nur durch die weitgehende Harmonisierung der wesentlichen Rahmenbedingungen zu erreichen. Dies resultiert daraus, daß in den Mitgliedstaaten der EU die nationalen Aufsichtsregeln ein unterschiedliches Niveau aufweisen. Aufsichtsregeln verursachen jedoch auch Kosten bei den beaufsichtigten Instituten und schränken zum Teil ihre Tätigkeit ein. Dies führt unweigerlich zu Wettbewerbsnachteilen für international operierende Kreditinstitute, die ihren Sitz in Mitgliedstaaten mit strengeren Anforderungen haben. Die Nachfrage der Kreditnehmer nach der homogenen Ware „Geld“ richtet sich nämlich primär nach den Konditionen, zu denen die Kreditinstitute sie anbieten. Deshalb ist es schon aus Wettbewerbsgründen erforderlich, ein sog. „level playing field“ zu schaffen, d.h. die Funktionsbedingungen für einen einheitlichen, EU-weiten Markt für Finanzdienstleistungen festzulegen.[86]

Es ist nämlich zu erwarten, daß sich die wettbewerbsbedingten Vor- bzw. Nachteile, die auf den auch heute noch bestehenden Regelungsunterschieden beruhen, nach dem Fall der letzten Hindernisse auf den europäischen Finanzdienstleistungsmärkten zunehmend als ein entscheidender Faktor erweisen.[87]

Die Harmonisierung der verschiedenen Aufsichtssysteme der einzelnen Mitgliedstaaten der EU bildet also das notwendige Fundament für den europäischen Bankenmarkt und somit auch für den gesamten Binnenmarkt.

---

[84] Vgl. Troberg, in Schimansky/Bunte/Lwowski, § 134 Rdnr. 4; Schneider, Europäischer und globaler Wettbewerb der Bankensysteme; S. 738. So auch heute noch Breuer, zitiert nach F.A.Z. vom 18.2.2000, S. 14.

[85] Vgl. Schneider, Die Harmonisierung der Bankenaufsicht, S. 246; Emmerich, FLF 1988, S. 179.

[86] Vgl. Krumnow, Die Bedeutung des Europäischen Gemeinschaftsrechts für die Reform des Kreditwesengesetzes, S. 9; Duwendag, << Europa-Banking >> - ein Überblick, S. 26; Gaddum, Auf dem Weg zu einem europäischen Bankenaufsichtsrecht, S. 2; Herrhausen, Bankpolitik auf dem Weg nach Europa, S. 239.

[87] So Artopoeus, ZfgKw 1997, S. 1153.

Eine weitere Notwendigkeit der Harmonisierung der wesentlichen Bankenaufsichtsregeln der Mitgliedstaaten beruht auf der immer weiter fortschreitenden Internationalisierung der Bankaktivitäten, dem Entstehen internationaler Finanzmärkte mit immer komplexeren Leistungsangeboten und der großen Innovationskraft, die sich in der Einführung immer neuer Produkte gerade im Bereich der derivativen Instrumente widerspiegelt.[88]

Kennzeichnen für die Internationalisierung war zum einen, daß international tätige Kreditinstitute vermehrt geschäftliche Aktivitäten auf rechtlich selbständige Tochter- und Beteiligungsinstitute im Ausland verlagerten, und zwar insbesondere in Länder, in denen aufsichtsrechtlich größere Freiräume als im Heimatland bestanden.[89] Trotz der rechtlichen Selbständigkeit dieser Institute ergibt sich aber eine Haftungsbeziehung (rechtlicher oder faktischer Natur), aus der erhebliche Risiken für das Mutterinstitut entstehen können.[90]
Daher besteht bei den Aufsichtsbehörden im Sitzland des Mutterinstitutes das Bedürfnis, Informationen über die Geschäftstätigkeit der Tochter- und Beteiligungsinstitute zu erhalten, um so die Risiken für das Mutterinstitut besser abschätzen zu können. Voraussetzung dafür ist die Harmonisierung der Aufsicht, insbesondere eine länderübergreifende Gestaltung in der EU. Das wurde schon zu Beginn der 80er Jahre gesehen: *„Die Aufsichtsbehörden sind durch juristische Gründe an ihr Staatsgebiet gebunden, müßten aber doch, eben weil die Banken sich internationalisiert haben, die Möglichkeit erhalten, sich auch selber zu internationalisieren, über die Grenzen zu blicken. ... Wir dürfen nicht nur die Banken in einen europäischen Freiraum entlassen, sondern müssen dafür sorgen, daß auch die Aufsicht sich auf europäischer Ebene etablieren kann.“*[91]

Zusätzlich wurde die Internationalisierung der Bankaktivitäten durch eine Verschärfung des internationalen Wettbewerbs, die vor allem durch den Strukturwandel[92] bedingt ist, forciert. Dabei hat sich der internationale Wettbewerb durch die neuen Informationstechnologien, den Fortschritt in der Datenverarbei-

---

[88] Vgl. Büschgen, Bankbetriebslehre, S. 200; Krumnow, ZfgKw 1997, S. 1160; Horn, ZBB 1989, S. 108; zu den Innovationen auf dem Finanzmarkt siehe Pohl, S. 26 ff.
[89] Vgl. Büschgen, Bankbetriebslehre, S. 200; Hellenthal, S. 27.
[90] Vgl. Büschgen, Bankbetriebslehre, S. 200; Hellenthal, S. 27 f.
[91] Troberg, Die Liberalisierung der nationalen Banktätigkeiten und die Schaffung eines einheitlichen Bankenaufsichtsrechts, S. 39.
[92] Siehe zu diesem Begriff oben Teil I, B Fußnote 51.

tung und in der Telekommunikation in zunehmendem Maße beschleunigt.[93] Diese Entwicklung führt immer weiter zu einem einheitlichen europäischen Bankenmarkt. Ohne eine Harmonisierung der staatlichen Rahmenbedingungen kann so ein einheitlicher europäischer Bankenmarkt jedoch nicht funktionieren, denn eine Vertrauenskrise der Anleger, die durch den Zusammenbruch eines bedeutenden europäischen Institutes ausgelöst würde, würde sich nicht auf einen Mitgliedstaat beschränken, sondern Auswirkungen auf Einleger in allen Mitgliedstaaten haben.[94] Daher basiert die Sicherheit des nationalen Bankwesens auf der Stabilität des Bankwesens in der Gemeinschaft, denn der einzelne Staat hat im gemeinsamen Markt keine Möglichkeit, Krisen, die in anderen Mitgliedstaaten entstehen, durch nationale Maßnahmen vom eigenen Markt fernzuhalten.[95] Deshalb ist es erforderlich, daß die Teilmärkte der einzelnen Mitgliedstaaten auf einem festen Fundament stehen, denn dann können sie kaum internationale Störungen hervorrufen.

Da die Qualität der Aufsicht in den einzelnen Mitgliedstaaten aber divergiert, insbesondere was die Organisation und Reichweite betrifft, ist eine Angleichung auf dem Gebiet der Bankenaufsicht geboten.[96] Nur so kann die gute Ordnung im europäischen Finanzwesen, der Schutz der Einleger in den Mitgliedstaaten und ein funktionsfähiger und nicht diskriminierender Wettbewerb im Binnenmarkt gesichert werden.[97]

Zusammengefaßt kann man es mit dem Ausdruck des Präsidenten des Direktoriums der Schweizerischen Nationalbank Lusser auf den Punkt bringen: *„Vernetzte Finanzmärkte erfordern eine vernetzte Aufsicht.“*[98]

---

[93] Vgl. Steltzner, FAZ v. 9.12. 1997, S. 17; Schulte-Mattler, ZBB 1994, S. 334; Lusser, ZBB 1989, S. 102.

[94] Vgl. Hartwig/Thieme, Vorwort; Padoa-Schioppa, zitiert nach F.A.Z. vom 26.2.1999; Artopoeus, zitiert nach F.A.Z. vom 21.9.1999, S. 33; ders., ZfgKw 1997, S. 1152.

[95] Vgl. Artopoeus, ZfgKw 1997, S. 1152; Schneider, Europäische und internationale Rechtsangleichung und ihre Bedeutung für die Kreditwirtschaft; S. 11.

[96] Vgl. Lehnhoff, ZfgKw 1997, S. 1168; Troberg, Europäische Aufsicht über das Kreditwesen, S. 42.

[97] Vgl. Breuer, zitiert nach F.A.Z. vom 18.2.2000, S. 14; Schulte-Mattler/Traber, S. 2; Lusser, ZBB 1989, S. 102.

[98] Lusser, ZBB 1989, S. 103.

2) Ziele der Harmonisierung

Im Gegensatz zum deutschen Kreditwesengesetz wird in den Richtlinien zur Harmonisierung der europäischen Bankenaufsicht der Aufsichtszweck in keiner Rechtsnorm dargestellt. Dies wäre aber für die Auslegung einzelner Bestimmungen von entscheidender Relevanz.[99] Lediglich in den Erwägungsgründen zu den einzelnen Richtlinien finden sich Argumente bezüglich des Aufsichtszwecks.

So heißt es in den Erwägungsgründen zur Solvabilitätskoeffizientenrichtlinie: *„Auf einem gemeinsamen Bankenmarkt werden die Kreditinstitute in direktem Wettbewerb miteinander stehen; durch die Festlegung gemeinsamer Solvabilitätsstandards in Form eines Mindestkoeffizienten werden Wettbewerbsverzerrungen vermieden und das Bankensystem der Gemeinschaft gestärkt."* Die Großkreditrichtlinie dient nach dem Entwurf[100] dazu, *„... das Vertrauen des Publikums zu verbessern, das Bankensystem zu stärken und zu stützen und die Wettbewerbsverzerrungen durch die schrittweise Angleichung der von den Mitgliedstaaten festgesetzten und angewandten Meldeschwellen und Obergrenzen zu verringern".* Zudem sind laut dem Entwurf einer Eigenkapitalrichtlinie und dessen Begründung[101] *„gemeinsame Standards für die Eigenmittel der Kreditinstitute für die Errichtung des Binnenmarktes im Bankensektor von großer Bedeutung, da sie zur Sicherung der Kontinuität der Kreditinstitute, dem Sparerschutz, der Verbesserung der Bankenaufsicht und der Förderung der zukünftigen Koordinierung im Bankwesen dienen.... Die Gewißheit, daß angemessenes Kapital zum Schutz der Einleger vor Verlusten vorhanden ist, wirkt beruhigend und erhöht somit das Vertrauen in die Bank und das Finanzsystem".*

Es läßt sich anhand dieser Erwägungsgründe nicht eindeutig bestimmen, ob die Bankenaufsicht dem Individualrechtsgüterschutz oder dem Funktionsschutz dient. Diese Unklarheit basiert auf dem gewählten Ansatz der Harmonisierung, der keinen einheitlichen Ansatz darstellt, sondern vielmehr pragmatisch Min-

---

[99] So Follak, ÖBA 1990, S. 159.

[100] Empfehlung der Kommission über die Überwachung und Kontrolle von Großkrediten von Kreditinstituten, Abl. Nr. L 33 v. 04.02.1987, S.10.

[101] Erwägungsgründe des Vorschlages für eine Richtlinie des Rates über die Eigenmittel von Kreditinstituten , abgedruckt in ZIP 1986, S. 1625 ff.

destnormen aufstellt, durch die der Prozeß der Vereinheitlichung in Gang gesetzt werden soll.[102]

So steht schon in den Erwägungsgründen zur 1. Bankrechtskoordinierungsrichtlinie: *„Das Endergebnis dieser Entwicklung sollte insbesondere die umfassende Aufsicht über ein in mehreren Mitgliedstaaten tätiges Kreditinstitut durch die zuständigen Behörden des Mitgliedstaats, in dem das Kreditinstitut seinen Sitz hat, im Benehmen mit den zuständigen Behörden der übrigen Mitgliedstaaten erleichtern. ... Jedoch muß man sich zunächst darauf beschränken, bestimmte Mindestanforderungen einzuführen, die von allen Mitgliedstaaten gefordert werden müssen.“*
Ein Musterbeispiel für diesen Ansatz ist die Eigenkapitalrichtlinie, denn darin heißt es: *„Der Eigenkapitalbegriff nach dieser Richtlinie umfaßt eine Höchstzahl von Elementen und Beträgen. Den Mitgliedstaaten wird in einer Anfangsphase ... anheimgestellt, ob sie all diese Elemente verwenden oder niedrigere Obergrenzen festlegen wollen; sie sind jedoch verpflichtet, Maßnahmen zu ergreifen, die auf eine stärkere Konvergenz der gemeinsamen Definitionen der Eigenmittel abzielen.“*

IV. Entwicklung des europäischen Bankenaufsichtsrechts

1) Entwurf einer Richtlinie zur Koordinierung des Bankrechts in der EG von 1972

Bereits im 1967 wurde mit der Bankrechtskoordinierung begonnen.[103] So trat 1967 unter dem Vorsitz von Professor Ulrich Klug die Arbeitsgruppe „Bankrechtskoordinierung“ zusammen, die eine vergleichende Studie der Bankrechte aller damaligen Mitgliedstaaten der EG (zu dem Zeitpunkt bestand die Europäische Gemeinschaft lediglich aus sechs Mitgliedstaaten) erstellte, zusammen. Sie legte im Oktober 1968 der Kommission der EG ein Gutachten vor, aus dem dann nach intensiven Diskussionen mit Regierungsvertretern der Mitgliedstaaten und Vertretern der europäischen Zentralverbände der Kreditwirtschaft 1972

---

[102] Vgl. Follak, ÖBA 1990, S. 159.

[103] Vgl. Hellenthal, S. 39; Troberg, Integrationsprozeß im Bereich der Finanzinstitute, S. 38.

der „Entwurf einer Richtlinie zur Koordinierung der Rechts- und Verwaltungsvorschriften für die Aufnahme und Ausübung der selbständigen Tätigkeiten der Kreditinstitute“[104] hervorging. Dieses Diskussionspapier umfaßte 41 Artikel, in denen die gesamte Bandbreite bankaufsichtsrechtlicher Bestimmungen enthalten waren. Unter anderem sollten Regelungen über die Rechtsform der Kreditinstitute, über die Einlagensicherung, über Beteiligungen, über Eigenkapital, Liquidität und Solvabilität sowie über den Bezeichnungsschutz geschaffen werden. Wegen der umfassenden Regelung der aufsichtsrechtlichen Materie stellte es praktisch den Entwurf eines europäischen Kreditwesengesetzes dar.[105]

Der Richtlinienentwurf, der zunächst im wesentlichen die Zustimmung der Kreditwirtschaft fand, kam aber nicht über das Stadium der Diskussion in den zuständigen Gremien der Regierungen und Verbände hinaus.[106] Er war zu jener Zeit zu ehrgeizig und progressiv und scheiterte insbesondere daran, daß 1973 Großbritannien, Dänemark und Irland als weitere Mitglieder in die Europäische Gemeinschaft eintraten. Denn gerade in Großbritannien sorgte man sich um den Finanzplatz London, der damals unter einer - im Vergleich zu anderen EG-Ländern - weitaus liberaleren Aufsicht stand.[107] Im Anschluß daran erhoben auch andere Mitgliedstaaten Einwände gegen den Richtlinienentwurf. Vor allem wandte man sich dagegen, die Harmonisierung in einem einzigen Schritt zu verwirklichen, also gegen einen Globalentwurf.
Es wurde deutlich, daß Strukturunterschiede in den Bankensystemen der einzelnen Mitgliedstaaten, die sich über eine lange Zeit entwickelt haben, nicht von heute auf morgen per Gesetz beseitigt werden konnten. Hierzu ist ein kontinuierliches Zusammenwachsen im Rahmen eines marktwirtschaftlichen Prozesses erforderlich.[108] Da der Richtlinienentwurf politisch also nicht durchsetzbar war, wurde auf eine formelle Vorlage an den Ministerrat verzichtet.
Obwohl der Entwurf nicht verabschiedet wurde, hat er trotzdem eine gewisse Bedeutung beibehalten, denn er zeigt die grundsätzliche Zielsetzung einer har-

---

104 EG-Kommission, DOK XIV/508/72-D/Juli 1972.
105 So Zantis, EuZW 1993, S. 31; Beham, BI 4/1990, S. 29.
106 Vgl. Bopp, S. 64 f.; Römer, S. 80 f.
107 Vgl. Hellenthal, S. 40; Blaurock, Das Bankwesen im Gemeinsamen Markt, S. 10 f.; Römer, S. 81.
108 Vgl. Gaddum, Implementierung der EG-Richtlinien in das deutsche Kreditwesengesetz, S. 3.

monisierten europäischen Bankenaufsicht und diente als Diskussionsgrundlage für den Erlaß der späteren Richtlinien.[109]

2) Periode der ersten Bankrechtsangleichung und -koordinierung

Nachdem der Versuch, das Bankenaufsichtsrecht auf der Grundlage eines „*europäischen Kreditwesengesetzes*" zu harmonisieren, gescheitert war, stellte sich die Frage, wie die einzelnen nationalen Systeme der Bankenaufsicht in den Mitgliedstaaten soweit koordiniert werden konnten, daß das Ziel eines gemeinsamen Bankenmarktes verwirklicht werden konnte. Hierbei verfolgte die EG-Kommission eine Politik der kleinen Schritte, d.h. die Koordinierung sollte stufenweise erfolgen, indem die wichtigsten grundlegenden Bestimmungen nach und nach angeglichen werden sollten.[110] Es handelte sich hierbei aber nicht um eine Neubestimmung der Ziele, sondern nur um eine formale Änderung der Arbeitsmethode zur Harmonisierung der Bankenaufsicht[111], wobei die Richtlinie (Art. 249 EG) zum wichtigsten Instrument wurde.
Daher besteht das „*Bankrecht der Europäischen Gemeinschaft*" inzwischen aus einer Vielzahl von Einzelrichtlinien.

Der Anfang wurde 1973 durch die Verabschiedung der „Richtlinie des Rates zur Aufhebung der Beschränkung der Niederlassungsfreiheit und des freien Dienstleistungsverkehrs für selbständige Tätigkeiten der Kreditinstitute und anderer finanzieller Einrichtungen"[112] gemacht. Diese Richtlinie war ein erster Schritt zur Erleichterung der Niederlassungsfreiheit und des freien Dienstleistungsverkehrs. Sie hat aber keine besondere Bedeutung erlangt, da der Europäische Gerichtshof bereits 1974 entschieden hat, daß die Vertragsbestimmungen der Art. 52 und 59 EG-Vertrag (jetzt Art. 43 und 49 EG) und der in ihnen enthaltene Gleichbehandlungsgrundsatz seit dem Ende der „*Übergangszeit*" (das Ende der ersten Phase der Errichtung eines gemeinsamen Marktes am

---

109 Vgl. Hellenthal, S. 40; Bopp, S. 65 .

110 Vgl. Bader, Die Entwicklung des europäischen Bankenaufsichtsrechts, S. 21; Troberg, Integrationsprozeß im Bereich der Finanzinstitute, S. 38; Gaddum, Harmonisierung der Bankenaufsicht in der EG, S. 113.

111 Vgl. Kluge, ZfgKw 1990, S. 182; Schneider, Die Harmonisierung der Bankaufsicht, S. 249 f.; Meyer-Horn, Der Langfristige Kredit 1988, S. 170.

112 Richtlinie 73/183/EWG Abl. Nr. L 194 v. 16.07.1973, S. 1 ff.

31.12.1969) direkt anwendbar sind.[113] Daher mußten einzelstaatliche Vorschriften, die zur Diskriminierung führten, auf jeden Fall aufgehoben werden, gleichgültig ob eine Klarstellung durch eine Richtlinie erfolgte oder nicht.
Wesentlich bedeutender war die Verabschiedung der „Ersten Richtlinie zur Koordinierung der Rechts- und Verwaltungsvorschriften über die Aufnahme und Ausübung der Tätigkeit der Kreditinstitute“[114], die auch als Erste Bankrechtskoordinierungsrichtlinie (= 1. BRKR) bezeichnet wird. Darin wurden cinige wesentliche Grundzüge des Bankenaufsichtsrechts in der EG harmonisiert und in den Erwägungsgründen das Endziel der Bankrechtskoordinierung formuliert, nämlich die umfassende Aufsicht über ein in mehreren Mitgliedstaaten tätiges Kreditinstitut durch die zuständigen Behörden des Sitzstaates zu sichern. So wurden durch Art. 3 f. erste Mindestvoraussetzungen für die Zulassung von Kreditinstituten und grenzüberschreitende Zweigniederlassungen festgelegt. Des weiteren wurde die Bedürfnisprüfung für die Errichtung von Kreditinstituten und deren Zweigstellen abgeschafft (Art. 3 Abs. 3 a) und erste Kriterien für die Überwachung der Zahlungsfähigkeit und der Liquidität der Banken aufgestellt indem die Berechnung bilanzieller Koeffizienten eingeführt wurden (Art. 6). Diese dienten anfangs aber lediglich der Beobachtung und stellten keine bindenden Zielgrößen auf.

Außerdem setzte Art. 11 der 1. BRKR den beratenden Bankenausschuß ein, der 1979 seine Arbeit aufnahm und seitdem eine besondere Bedeutung für die Bankrechtskoordinierung im Rahmen der EG entfaltet.[115] Wie der Name schon sagt, hat er die Aufgabe, die Kommission über neue Vorschläge zur weiteren Bankrechtskoordinierung zu beraten und ihm kommt auch eine Regelungsbefugnis zu, d.h. die Kommission kann bestehende Bankenrichtlinien selbst ändern, wenn das in der jeweiligen Richtlinie ausdrücklich vorgesehen ist und der Beratende Bankenausschuß zustimmt.[116]

---

113 EuGH Rs. 2/74, Amtl. Slg. 1974, S. 631 (zum Niederlassungsrecht) und Rs. 33/74, Amtl. Slg. 1974, S. 1299 (zum Dienstleistungsrecht).
114 Richtlinie 77/780/EWG Abl. Nr. L 322 v. 17.12.1977, S. 30 ff.
115 Vgl. Gaddum, Harmonisierung der Bankenaufsicht in der EG, S. 114; Troberg, ZfgKw 1986, S. 608.
116 Siehe dazu Troberg, in Schimansky/Bunte/Lwowski, § 138 Rdnr. 2 f.

Der nächste Schritt war dann 1983 der Erlaß der „Richtlinie des Rates über die Beaufsichtigung der Kreditinstitute auf konsolidierter Basis“[117] (= 1. Konsolidierungsrichtlinie), nach der jedes Kreditinstitut, das direkt oder indirekt eine Beteiligung ab 25 Prozent des Kapitals eines anderen Kreditinstituts oder Finanzinstituts hält, auf der Basis einer Konsolidierung seiner finanziellen Situation mit derjenigen der Institute zu beaufsichtigen, an denen es derartige Beteiligungen hält.[118]

Dadurch sollte verhindert werden, daß Kreditinstitute durch Gründung von Bankentöchtern in anderen Mitgliedstaaten eine Mehrfachnutzung ihres Eigenkapitals erreichen konnten. Dies sollte dadurch verwirklicht werden, daß die Überwachung der ausländischen Tochtergesellschaft über eine Konsolidierung der finanziellen Situation bei der Muttergesellschaft erfolgte (vgl. Art. 4), wobei gem. Art. 3 Abs. 3 die jeweilige Behörde aus dem Herkunftsland der Muttergesellschaft für die Aufsicht zuständig sein sollte.

Somit fand das schon in den Erwägungsgründen der 1. BRKR definierte Ziel der Herkunftslandkontrolle, d.h. Aufsicht über ein in mehreren Mitgliedstaaten tätiges Kreditinstitut durch die Aufsichtsbehörde des Staates, in dem das Mutterinstitut zugelassen ist, erstmalig in einer Richtlinie Anwendung.[119]
Allerdings besitzt die 1. Konsolidierungsrichtlinie heute keine Gültigkeit mehr, da sie inzwischen durch die weiterreichende „Zweite Richtlinie des Rates über die Beaufsichtigung von Kreditinstituten auf konsolidierter Basis“[120] (= 2. Konsolidierungsrichtlinie) ersetzt wurde.[121]

3) Die „Einheitliche Europäische Akte“

Das Vorhaben, einen gemeinsamen Bankenmarkt zu schaffen lag auch nach fast 30 Jahren EWG in weiter Ferne. Aus der Erkenntnis heraus, gegenüber den Hauptkonkurrenten der Gemeinschaft, nämlich den Vereinigten Staaten von Amerika und Japan, immer mehr ins Hintertreffen zu geraten, legte die Kom-

---

117 Richtlinie 83/350/EWG Abl. Nr. L 193 v. 18.07.1983, S. 18 ff.
118 Art. 3 Abs. 1 i.V.m. Art. 1, dritter Gedankenstrich.
119 Vgl. Hellenthal, S. 42; Fitchew, Der Langfristige Kredit 1987, S. 46.
120 Richtlinie 92/30/EWG Abl. Nr. L 110 v. 28.04.1992, S. 53 ff.
121 Siehe dazu unten Teil I, C. IV. 4) d).

mission 1985 ein Weißbuch zur Vollendung des Binnenmarktes[122] vor, das einen Zeitplan für die Schaffung eines einheitlichen Binnenmarktes bis zum Jahr 1992 vorsah.

In diesem Weißbuch sind fast 300 (genau: 279) Harmonisierungsvorschläge enthalten, durch die die physischen, technischen und steuerlichen Schranken beseitigt werden sollten, welche für die Freizügigkeit von Gütern und Dienstleistungen, von Personen und Kapital bestanden.
Die Bankrechtskoordinierung nahm dabei einen besonderen Stellenwert ein, da die Liberalisierung der Finanzdienste einen wesentlichen Schritt zur Erreichung der europäischen Integration und somit für die Vollendung des Binnenmarktes darstellte.[123]

Die Harmonisierungsvorschläge des Weißbuchs wären wahrscheinlich bloße Makulatur gewesen, wenn nicht die sog. Einheitliche Europäische Akte (EEA) vom 28. Februar 1986[124] von den Mitgliedstaaten unterzeichnet und von den verschiedenen Parlamenten ratifiziert worden wäre.[125] Besondere Bedeutung hat Art. 13 der EEA, durch den ein neuer Art. 8a in den EWG-Vertrag eingeführt wurde. Dieser besagt, daß die Gemeinschaft die erforderlichen Maßnahmen trifft, damit der Binnenmarkt bis zum 31. Dezember 1992 Wirklichkeit wird. Die wichtigste Vorschrift für die Bankrechtskoordinierung enthält jedoch Art. 16 der EEA, durch den Art. 57 Abs. 2 S. 2 EWG-Vertrag insofern abgeändert wurde, daß das Erfordernis der Einstimmigkeit für Maßnahmen auf dem Gebiet des Kreditwesens nicht mehr gilt. Für Beschlüsse im Bankenbereich ist seitdem nur noch eine qualifizierte Mehrheit der Stimmen aller Mitgliedstaaten im Europäischen Ministerrat notwendig und nicht mehr Einstimmigkeit. Das heißt, EG-Richtlinien auf dem Gebiet des Kreditwesens können mit 58 der insgesamt 87 Stimmen der 15 Mitgliedstaaten verabschiedet werden. Dadurch wurde die Position der Kommission gegenüber dem Ministerrat erheblich gestärkt, da auch Länder mit bedeutenden Finanzzentren wie Großbritannien oder die Bundesrepublik Deutschland überstimmt werden können.

---

122 Weißbuch der Kommission an den Europäischen Rat zur Vollendung des Binnenmarktes, Kommission der Europäischen Gemeinschaften, KOM (85) 310 endg. vom 14.06.1985.

123 So Weißbuch, S. 26.

124 Einheitliche Europäische Akte vom 28.02.1986, BGBl. II, S. 1102.

125 Vgl. Follak, ÖBA 1990, S. 152; Gaddum, Harmonisierung der Bankenaufsicht in der EG, S. 118.

Das Weißbuch bedeutete eine Abkehr von der langwierigen schrittweisen und umfassenden Harmonisierung der wesentlichen Bereiche der Bankengesetzgebung, die für die Tätigkeit der Kreditinstitute und ihre Beaufsichtigung gelten.[126] Allerdings wurde das Ziel, nämlich die Verwirklichung des gemeinsamen Bankenmarktes, beibehalten und lediglich eine neue Strategie zur Erreichung dieses Ziels verfolgt.[127] Diese Strategie sah eine Beschränkung auf die schrittweise Angleichung der wesentlichsten bankaufsichtlichen Normen unter der Beachtung des Prinzips der gegenseitigen Anerkennung der jeweiligen einzelstaatlichen Vorschriften vor, zusammengefaßt also: *„Gegenseitige Anerkennung der Bankenaufsicht so weit wie möglich - Harmonisierung der nationalen Aufsichtsvorschriften nur soweit wie nötig"*.[128]

Das Vorgehen der Kommission stützte sich auf Entscheidungen des EuGH zum Warenverkehr, insbesondere auf das Urteil „Cassis de Dijon"[129]. Der EuGH hatte in diesem Fall entschieden, daß ein Produkt auch in den anderen Mitgliedstaaten vertrieben werden darf, wenn es in seinem Herkunftsland nach dessen Regeln rechtmäßig hergestellt und in den Verkehr gebracht worden ist, auch wenn es nicht den Vorschriften des Aufnahmelandes für derartige Produkte entspricht. Einschränkungen sollten sich nur aus Art. 36 EG-Vertrag (jetzt Art. 30 EG) ergeben.
Nach Ansicht der Kommission lassen sich die für Produkte aufgestellten Grundsätze auch auf den Austausch der „finanziellen Produkte", also auf Finanzdienstleistungen übertragen.[130]
Die Kommission verzichtete damit auf eine Totalharmonisierung und beschränkte das Gemeinschaftsrecht auf einige grundlegende Erfordernisse, so daß eine Arbeit auf der Grundlage der gegenseitigen Anerkennung der eigenen

---

126 Vgl. Kluge, ZfgKw 1990, S. 182; Bader, B.Bl. 1988, S. 474.

127 Vgl. Kluge, ZfgKw 1990, S. 182; Meyer-Horn, Der Langfristige Kredit 1988, S. 170; Schneider, Die Harmonisierung der Bankaufsicht, S. 249 f.

128 Vgl. Kluge, ZfgKw 1990, S. 182; Bieg, S. 5; Fitchew, Der Langfristige Kredit 1987, S. 45.

129 EuGH Rs. 120/73, Amtl. Slg. 1979, S. 649 ff.

130 Vgl. Weißbuch, S. 27; Fitchew, Der Langfristige Kredit 1987, S. 45; kritisch dazu Lanzke, WM 1988, S. 398, der der Ansicht ist, daß sich Waren und Dienstleistungen nicht ohne weiteres vergleichen lassen. Die Ansicht der Kommission ist aber inzwischen vom EuGH für den Bereich der Finanzdienste in vier Urteilen zum Versicherungssektor bestätigt worden. Vgl. die Urteile des EuGH vom 04.12.1986, Rs. 220/83 (Kommission/Frankreich), Rs. 252/83 (Kommission/Dänemark), Rs. 205/84 (Kommission/Bundesrepublik Deutschland) und Rs. 206/84 (Kommission/Irland), Amtl. Slg. 1986, S. 3663,3713,3755 und 3817.

Normen der Mitgliedstaaten erfolgen konnte. Daher findet die Bankenaufsicht in der Europäischen Gemeinschaft länderübergreifend statt. Zudem kann ein in einem Mitgliedstaat zugelassenes Kreditinstitut in allen anderen Mitgliedstaaten ohne erneute Zulassung tätig werden und dabei seine im Heimatland entwickelten Finanzierungstechniken mitnehmen. Die Kontrolle erfolgt durch die eigene heimatliche Aufsichtsbehörde.[131]

4) Im Anschluß an die EEA ergangene Richtlinien

Die zeitliche Fixierung des Binnenmarktziels in dem Weißbuch der Kommission und die durch die EEA gegebene Möglichkeit, Richtlinien auf dem Gebiet des Kreditwesens mit qualifizierter Mehrheit zu erlassen, haben dem Vorhaben eines gemeinsamen Bankenmarktes eine neue Dynamik gegeben und den Harmonisierungsprozeß deutlich beschleunigt.[132]

So konnten auch drei besonders wichtige Richtlinien im Jahr 1989 verabschiedet werden, die in einem engen inneren Zusammenhang stehen und einen Meilenstein für die Bankrechtskoordinierung darstellen.[133]
Es handelt sich dabei um die „Zweite Richtlinie des Rates vom 15. Dezember 1989 zur Koordinierung der Rechts- und Verwaltungsvorschriften über die Aufnahme und Ausübung der Tätigkeit der Kreditinstitute und zur Änderung der Richtlinie 77/780/EWG“[134] (= Zweite Bankrechtskoordinierungsrichtlinie, 2. BRKR), die „Richtlinie des Rates vom 17. April 1989 über die Eigenmittel von Kreditinstituten“[135] (= Eigenmittelrichtlinie) und die „Richtlinie des Rates vom 18. Dezember 1989 über einen Solvabilitätskoeffizienten für Kreditinstitute“[136] (= Solvabilitätsrichtlinie).

---

131 Vgl. Hellenthal, S. 43 f.; Meyer-Horn, Der Langfristige Kredit 1988, S. 170.
132 Vgl. Lanzke, WM 1994, S. 2001; Cordewener, Sparkasse 1990, S. 507; Emmerich, WM 1990, S. 2.
133 Vgl. Troberg, in Schimansky/Bunte/Lwowski, § 134 Rdnr. 47; Emmerich, WM 1990, S. 2; Gaddum, Harmonisierung der Bankenaufsicht in der EG, S. 121.
134 Richtlinie 89/646/EWG, Abl. Nr. L 386 v. 30.12.1989, S. 1 ff.
135 Richtlinie 89/299/EWG, Abl. Nr. L 124 v. 05.05.1989, S. 16 ff.
136 Richtlinie 89/647/EWG, Abl. Nr. L 386 v. 30.12.1989, S. 14 ff.

a) Zweite Bankrechtskoordinierungsrichtlinie

Die Zweite Bankrechtskoordinierungsrichtlinie schaffte die wesentlichen Grundlagen zur Verwirklichung der Harmonisierung des europäischen Bankenaufsichtsrechts und gilt deshalb als Eckstein der Harmonisierung.[137] Wegen ihrer besonderen Bedeutung wird sie teilweise auch als „EG-Grundgesetz für Banken" bezeichnet.[138]

Sie legt die Niederlassungsfreiheit der Kreditinstitute fest und schafft ergänzende bankaufsichtsrechtliche Voraussetzungen der Dienstleistungsfreiheit. Des weiteren regelt sie die Harmonisierung der Zulassungsbedingungen sowie der Bedingungen für die Ausübung der Tätigkeit der Kreditinstitute im europäischen Binnenmarkt.
Es finden sich also die Vorgaben aus dem Weißbuch von 1985 wieder, und zwar gegenseitige Anerkennung von Bankzulassungen, Herkunftslandkontrolle und minimale Harmonisierung der wesentlichen Bankaufsichtsnormen.[139]

aa) Europäischer Paß

Ein wesentlicher Bestandteil der 2. BRKR ist die Einführung des sog. Europäischen Passes. Das bedeutet, daß Kreditinstitute, die in einem anderen EU-Staat zugelassen sind, für das Betreiben von Geschäften in einem anderen EU-Staat keiner besonderen Genehmigung mehr bedürfen.[140] Sie sind damit berechtigt, alle Geschäfte und Dienstleistungen, die in der Liste im Anhang zur Zweiten Bankrechtskoordinierungsrichtlinie aufgeführt sind, in allen anderen Mitgliedstaaten sowohl über eine Zweigstelle als auch im Rahmen des Dienstleistungsverkehrs anzubieten[141]; insbesondere müssen die Zweigstellen kein gesondertes Dotationskapital aufweisen.[142]

---

137 So Follak ÖBA 1990, S. 154; Kluge, ZfgKW 1990. S. 182.

138 So o.V., Ein EG-„Grundgesetz" für Banken, Börsenzeitung vom 4.8.1989, S. 3; vgl. auch Kilian, Rdnr. 600; Pohl, S. 14; Schneider, Harmonisierung des Bankrechts in der Europäischen Gemeinschaft, S. 13.

139 Vgl. Kluge, ZfgKw 1990, S. 182; siehe auch die Erwägungsgründe zur 2. BRKR.

140 Vgl. Artikel 18 der 2. BRKR; siehe dazu auch ausführlich Royla, S. 48 ff.; Szagunn/Haug/Ergenzinger, § 53b Rdnr. 2; Schulte-Mattler/Traber, S. 8.

141 Vgl. Artikel 18 Abs. 1 und 2 der 2. BRKR.

142 Artikel 6 Abs. 1 der 2. BRKR.

bb) Herkunftslandkontrolle

Als zweite entscheidende Neuerung wurde in Artikel 13 der 2. BRKR der Grundsatz der einheitlichen EU-weiten Kontrolle eines Kreditinstitutes, das in mehreren Mitgliedstaaten der EU über Zweigstellen Geschäfte betreibt, durch die Behörden des Herkunftslandes festgelegt, sog. Herkunftslandkontrolle.
Die Bankenaufsichtsbehörde der Herkunftslandes überwacht also die gesamte Tätigkeit des betreffenden Kreditinstitutes mitsamt seiner Zweigstellen im gemeinsamen Markt.[143]
Lediglich hinsichtlich der Liquiditätskontrolle und der Einhaltung der währungspolitischen Vorschriften[144] und im Hinblick auf Risiken aus Geschäften auf Finanzmärkten anderer Mitgliedstaaten verbleibt der Aufsichtsbehörde des Aufnahmelandes noch eine eigene Aufsichtskompetenz.[145] Ferner verbleibt bei den Aufsichtsbehörden des Aufnahmemitgliedstaates das Recht zur Prüfung vor Ort[146] sowie zur Überwachung der Einhaltung der gesetzlichen Vorschriften, die von dem Aufnahmemitgliedstaat aufgrund der 2. BRKR erlassen wurden oder wenn Gesetzesverstöße durch Maßnahmen der Aufsichtsbehörden des Herkunftslandes nicht geregelt werden.[147]

cc) Mindestharmonisierung

Das im Weißbuch vorgegebene Konzept der Mindestharmonisierung findet sich in der 2. BRKR wieder. So heißt es in den Erwägungsgründen zur 2. BRKR: *„Der gewählte Lösungsweg besteht in der Verwirklichung der wesentlichen Harmonisierung, die notwendig und ausreichend ist, um zur gegenseitigen Anerkennung der Zulassung und der Bankenaufsichtssysteme zu gelangen, und die Anwendung des Grundsatzes der Kontrolle durch den Herkunftsmitgliedstaat erlauben."*

---

143 Vgl. Kuntze, ZfgKw 1993, S. 18; Horn, ZBB 1989, S. 111; Troberg, in Rehm (Hrsg.), S. 49 f.

144 Vgl. Artikel 14 Abs. 2 der 2. BRKR.

145 Vgl. Artikel 14 Abs. 3 der 2. BRKR; näher dazu Gruner-Schenk, S. 71 f.; Arnold/Boos, Die Bank 1991, S. 366.

146 Vgl. Artikel 15 Abs. 3 der 2.BRKR.

147 Vgl. Artikel 21 Abs. 2 und 4 der 2.BRKR.

Die nationalen Aufsichtsrechte sollen weiterhin mit manchen ihrer Besonderheiten erhalten bleiben und lediglich in der Weise harmonisiert werden, daß ein Mindeststandard, also eine Vereinheitlichung der bedeutsamsten Regelungen, erreicht wird.[148] Zu den Zulassungs- und Aufsichtsnormen, die diesen Mindeststandard garantieren sollen, gehört unter anderem, daß die Kreditinstitute grundsätzlich ein Mindestanfangskapital von fünf Millionen ECU benötigen und dies auch permanent aufrechterhalten müssen.[149] Allerdings sind nach Artikel 4 Abs. 2 der 2. BRKR unter eng begrentzen Voraussetzungen auch Ausnahmen möglich.

Ferner muß den zuständigen Aufsichtsbehörden gem. Artikel 5 der 2. BRKR die Identität und der Beteiligungsbetrag von direkten oder indirekten Anteilseignern, die eine qualifizierte Beteiligung an einem Kreditinstitut halten oder beabsichtigen, eine solche Beteiligung zu erwerben (Artikel 11 Abs. 1 der 2. BRKR), mitgeteilt werden.
Des weiteren ist die Beteiligung eines Kreditinstituts an einem Unternehmen im nicht finanziellen Sektor auf maximal 15 % seiner Eigenmittel für eine Einzelbeteiligung und 60 % seiner Eigenmittel als kumulierter Betrag beschränkt.[150]

dd) Gegenseitige Anerkennung

Für die Bereiche des Bankenaufsichtsrechts, die nicht durch die Vorgaben der 2. BRKR geregelt sind, gilt das Prinzip der gegenseitigen Anerkennung der Gleichwertigkeit der Vorschriften, d.h. die unterschiedlichen Standards der nationalen Aufsichtsrechte und die Aufsicht selbst werden durch die nationalen Behörden gegenseitig anerkannt.[151] Es handelt sich dabei um solche Vorschriften, bei denen man davon ausgeht, daß alle Mitgliedstaaten ähnliche Anforderungen stellen, um die Ziele der Bankenaufsicht zu erreichen, die aber nicht eine so überragende Bedeutung besitzen, daß eine Harmonisierung auf europäi-

---

148 Vgl. Schneider, Europäischer und globaler Wettbewerb der Bankensysteme, S. 739; Müller, Auszüge aus Presseartikeln 1989, S. 7.

149 Vgl. Artikel 4 Abs. 1 und Artikel 10 Abs. 1 der 2.BRKR.

150 Vgl. Artikel 12 der 2.BRKR.

151 Vgl. Schneider, Europäische und internationale Rechtsangleichung und ihre Bedeutung für die Kreditwirtschaft, S. 16; Bader, B.Bl. 1988, S. 476; Duwendag, S. 28.

scher Ebene unbedingt notwendig ist.[152] Dies ist Ausdruck des im Weißbuch der Kommission verankerten Prinzip der Subsidiarität. Denn es gibt auch im Bankrecht keine Notwendigkeit einer umfassenden Harmonisierung. *„Uniformität des Rechts ist kein Wert an sich.“*[153]
Als Folge ergibt sich, daß Kreditinstitute in Teilbereichen verschiedenen Anforderungen unterliegen als Konkurrenten, die auf demselben Markt tätig sind. Dies wurde aber bewußt in Kauf genommen, um so eine Deregulierung in Mitgliedsstaaten mit besonders strengen Anforderungen zu erreichen.

ee) Bewertung

Die Einführung des Europäischen Passes stellt den stärksten Einschnitt in die traditionellen Bankenaufsichtsrechte der einzelnen Mitgliedstaaten dar und ist der entscheidende Schritt zur rechtlichen Integration des Bankenmarktes in der Europäischen Union.[154]

Allerdings ist das Prinzip der Mindestharmonisierung nicht unproblematisch, da die Herkunftsmitgliedstaaten für die von ihren eigenen Behörden zugelassenen Institute strengere Vorschriften als die in der 2. BRKR vorgesehenen erlassen können, solange diese nicht diskriminierend für Institute aus anderen Mitgliedstaaten wirken.[155] Das kann jedoch zu einer sog. „umgekehrten Diskriminierung“[156] führen, d.h. heimische Institute werden schlechter gestellt als Institute aus anderen Mitgliedstaaten. Konsequenz daraus ist, daß für Institute, die ihren Sitz in Mitgliedstaaten mit strengeren Anforderungen haben, zwangsläufig Wettbewerbsnachteile entstehen, da die bankaufsichtsrechtlichen Regelungen die Kreditinstitute mit nicht unerheblichen Kosten belasten und somit auch deren Produkte verteuern.

Um solche Wettbewerbsnachteile abzumindern und zur Vermeidung erheblicher Regulierungsgefälle zwischen den Mitgliedstaaten, hat die EG-Kommission ne-

---

[152] Vgl. Schneider, Europäische und internationale Rechtsangleichung und ihre Bedeutung für die Kreditwirtschaft, S. 11; Burgard, WM 1993, S. 1741; Duwendag, S. 27.
[153] Blaurock, in Stark (Hrsg.), S. 91.
[154] Vgl. Horn, ZBB 1994, S. 133.
[155] Vgl. Erwägungsgründe zur 2. BRKR.
[156] Siehe näher dazu Schöne, RIW 1989, S. 450; Epiney, Umgekehrte Diskriminierungen; Fastenrath, JZ 1987, S. 170.

ben der Harmonisierung der wesentlichen Aufsichts- und Zulassungsnormen und der Herkunftslandkontrolle eine enge und regelmäßige Zusammenarbeit der zuständigen Behörden der Mitgliedstaaten vorgesehen.[157]
Allerdings soll die Festsetzung von lediglich Mindestnormen auch zu einem Druck auf die nationalen Gesetzgeber führen, die aufsichtsrechtlichen Vorschriften einander weitgehend anzupassen, um so Wettbewerbsnachteile für die einheimischen Kreditinstitute zu vermeiden.[158]
Daraus soll eine Deregulierung in Mitgliedstaaten mit sehr strengen, kostenintensiven oder überzogenen nationalen Regelungen in der Bankgesetzgebung resultieren.[159]

Grundsätzlich ist eine Deregulierung des Aufsichtsrechts wünschenswert und wird vielfach gefordert.[160]
Jedoch birgt diese Vorgehensweise die Gefahr, daß es zu einem Wettkampf der Aufsichtssysteme der Mitgliedsländer kommt, in dem sich die jeweils schwächsten Anforderungen aller vorhandenen einzelstaatlichen Aufsichtssysteme durchsetzen, weil einzelne Finanzplätze sich auf diese Weise Standortvorteile zu verschaffen suchen („competition in laxity"[161]), es also zu einer Vereinheitlichung auf dem kleinsten gemeinsamen Nenner kommt.[162]
Das könnte zum Ergebnis haben, daß der europäische Wettbewerb zu einer Reduzierung der Sicherheitsvorkehrungen führt, was dem Gläubigerschutz zuwider läuft. Dies ist umso bedenklicher, da gerade aufgrund der starken internationalen Verflechtungen und des Vordringens immer komplexerer Finanzinnovationen die Kreditinstitute und somit das gesamte Finanzsystem anfälliger geworden sind.[163]
Vor diesem Hintergrund müßten die aufsichtsrechtlichen Anforderungen eigentlich verschärft werden. Die Mindestharmonisierung müßte daher auf hohem Ni-

---

157 Vgl. Erwägungsgründe zur 2. BRKR.

158 Vgl. Gruner-Schenk, S. 75; Bader, Die Entwicklung des europäischen Bankenaufsichtsrechts, S. 26.

159 Vgl. Hellenthal, S. 126; Emmerich, WM 1990, S. 4; Gröschel, Bundesrepublik Deutschland, S. 51.

160 Vgl. Krumnow, ZfgKw 1997, S. 1160; Artopoeus, ZfgKw 1997, S. 1152; Lehnhoff, BI 12/96, S. 9; Kohlhaussen, ZfgKw 1996; S. 1187.

161 Zum Begriff: Schulte-Mattler/Traber, S. 106, Fußnote 14; Pohl, S. 20; Grottke, EuZW 1993, S. 441; Bader, Die Entwicklung des europäischen Bankenaufsichtsrechts, S. 26.

162 Vgl. Koppensteiner, S. 8, Fußnote 12; Blasi/Schneider, BI 4/1990, S. 25; Follak, ÖBA 1990, S. 160; Müller, ZfgG 1990, S. 115.

163 Vgl. Meister, Auszüge aus Presseartikeln, Nr. 91 vom 21. 12. 1993, S. 1; Schramm, S. 312 f.

veau erfolgen. Dies ist in den einzelnen Richtlinien nicht immer verwirklicht worden.[164]

b) Eigenmittelrichtlinie

aa) Zielsetzung und Konzeption

Auch die Eigenmittelrichtlinie stellt für die Harmonisierung des Bankenaufsichtsrechts in der EU einen wichtigen Eckpfeiler dar.[165] Die besondere Bedeutung des Eigenkapitals bei Kreditinstituten und auch der einheitlichen Begriffsbestimmung des Eigenkapitals kommt in der Präambel zur Eigenmittelrichtlinie zum Ausdruck:[166]

„Gemeinsame Grundregeln für die Eigenmittel der Kreditinstitute sind für die Errichtung des Binnenmarktes im Bankensektor von großer Bedeutung, da die Eigenmittel der Sicherung der kontinuierlichen Tätigkeit der Kreditinstitute und den Sparerschutz ermöglichen. Mit dieser Harmonisierung wird die Bankenaufsicht verstärkt und die derzeitige Koordinierung in anderen Bereichen des Bankensektors, insbesondere hinsichtlich der Kontrolle der Großkredite und des Solvabilitätskoeffizienten gefördert. Die genannten Regeln müssen für alle in der Gemeinschaft zugelassenen Kreditinstitute gelten. Die Eigenmittel eines Kreditinstitutes können dazu dienen, Verluste aufzufangen, die nicht durch ausreichend hohe Gewinne ausgeglichen werden. Sie dienen darüber hinaus den Behörden als wichtiger Maßstab, insbesondere für die Beurteilung der Solvabilität eines Kreditinstitutes und für andere Aufsichtszwecke."

---

164 Als Beispiel dafür läßt sich die Eigenkapitalrichtlinie nennen, in der gegen den Widerstand der deutschen Bankenaufsicht ein erheblich weiterer Eigenkapitalbegriff als der zu dem Zeitpunkt in § 10 KWG normierte, festgelegt wurde. Zum Eigenkapitalbegriff nachfolgend.

165 Vgl. Arnold/Boos, Die Bank 1993, S. 275; Hoffmann, ZfgKw 1990, S. 178; Kopper, Bankstrategische Aspekte des EG-Binnenmarktes, S. 486.

166 Präambel, Abs. 1.

Das Eigenkapital hat also als zentrale Haftungsmasse eine herausragende Bedeutung und ist der wichtigste Ansatzpunkt für bankaufsichtliche Maßnahmen und Regelungen.[167]

Bereits Art. 1 der 1.BRKR enthielt eine Definition der Eigenmittel. Danach sind *„Eigenmittel das Eigenkapital des Kreditinstituts einschließlich der Elemente, die ihm aufgrund einzelstaatlicher Vorschriften gleichgestellt werden können"*. Während diese Definition im Anfangsstadium der Harmonisierung als durchweg ausreichend anzusehen war, wurde im Rahmen der weiteren Harmonisierung deutlich, daß diese Definition den Anforderungen nicht mehr genügte, da sie nur sehr rudimentär und nicht besonders aussagekräftig gehalten war.[168] Sie erkannte neben dem eigentlichen Eigenkapital auch die in den einzelnen Mitgliedstaaten dem Eigenkapital gleichgestellten Elemente an. Da die Unterhaltung von Eigenkapital aber auch einen wichtigen Kosten- und damit Wettbewerbsfaktor für die Kreditinstitute bedeutet, mußten die Eigenkapitalanforderungen in den Mitgliedstaaten auf einem einheitlichen Niveau sein. Nur so läßt sich ein fairer Wettbewerb zwischen den Kreditinstituten ermöglichen und das Prinzip der Mindestharmonisierung bei gegenseitiger Anerkennung der Gleichwertigkeit der Vorschriften aus der 2.BRKR verwirklichen, da die Eigenmittel in anderen Richtlinien zur Bankenaufsicht als Bezugsgrößen verwendet werden.[169]

So müssen gem. Art. 10 Abs. 1 der Solvabilitätsrichtlinie Kreditinstitute ihr Geschäftsvolumen ständig mit Eigenmitteln in Höhe von 8% unterlegen. Des weiteren schreibt die 2. BRKR vor, daß

- die Eigenmittel eines Kreditinstituts nicht das Anfangskapital von grundsätzlich 5 Millionen ECU unterschreiten dürfen,[170]
- ein Kreditinstitut an einem anderen Unternehmen außerhalb des Finanzsektors keine qualifizierte Beteiligung halten darf, deren Betrag 15 % seiner Eigenmittel überschreitet,[171]

---

167 Vgl. Horn, ZBB 1994, S. 134; Emmerich, FLF 1988, S. 182 Gaddum, Auszüge aus Presseartikeln, Nr. 52 vom 20.7.1988, S. 3.

168 Vgl. Reimnitz, S. 69 und 75.

169 Vgl. Kümpel, Rdnr. 19.27; Reimnitz, S. 45 ff.

170 Art. 10 Abs. 1 i.V.m. Art. 4 Abs. 1.

171 Art. 12 Abs. 1.

- der Gesamtbetrag der qualifizierten Beteiligung an Unternehmen außerhalb des Finanzsektors 60 % der Eigenmittel des Kreditinstituts nicht überschreiten darf[172].

Auch für die Großkreditregelungen dient das Eigenkapital als Bezugsgröße, denn als ein „Großkredit“ wird ein solcher Kredit definiert, der 10 Prozent der Eigenmittel des Kreditinstituts erreicht oder überschritten hat.[173]

Diese bankenaufsichtlichen Normen können in den Mitgliedstaaten aber nur einheitlich angewendet werden, wenn überall ein einheitlicher Eigenkapitalbegriff gilt.[174] Voraussetzung dafür ist, daß die Bestandteile bzw. Positionen des Eigenkapitals festgelegt werden und eine Regelung getroffen wird, zu welchem Anteil sie anerkannt werden. Die Eigenmittelrichtlinie soll also zum einen die Bonität und Stabilität des Bankensystems stärken, und zum anderen bestehende Wettbewerbsverzerrungen zwischen den Kreditinstituten in den einzelnen Mitgliedstaaten der EU verhindern oder doch zumindest reduzieren.[175] Nur so kann die Solidität der Kreditinstitute in den Mitgliedstaaten ohne die durch nationale Rechtsvorschriften bedingten Unterschiede verglichen werden.

Eine allgemein anerkannte Definition des Begriffs „Eigenkapital“ existiert jedoch nicht[176] und wird auch von der Eigenmittelrichtlinie nicht geliefert.
In der betriebswirtschaftlichen Literatur wird deshalb der Versuch unternommen, die Funktionen des Eigenkapitals als Maßstab für die Anerkennung von Finanzierungsmitteln als Eigenkapital heranzuziehen[177], um so den Umfang der Bestandteile, die als Eigenkapital anerkannt werden, zu ermitteln. Die dabei genannten Funktionen gehen auf Hagenmüller[178] zurück, der sieben Eigenkapitalfunktionen aufführt:

---

172 Art. 12 Abs. 2.

173 Vgl. Art. 3 Abs. 1 der Großkreditrichtlinie.

174 Vgl. Büschgen, Bankbetriebslehre, S. 296; Gruner-Schenk, S. 83; Hellenthal, S. 86; Schneider, Die Harmonisierung des Bankenaufsichtsrechts, S. 250.

175 Vgl. Kümpel, Rdnr. 19.28; Arnold/Boos, Die Bank 1993, S. 278.

176 Vgl. Gruner-Schenk, S. 86; Follak, ÖBA 1990, S. 155; Voss, S. 102; Drukarczyk, DBW 1989, S. 789; Schneider, DB 1987, S. 185.

177 Vgl. Regnery, S. 65 ff.; Büsselmann, S. 58 ff.; Reimnitz, S. 5; Bieg, Auswirkungen der Bankrichtlinien der Europäischen Gemeinschaften auf die Bankaktivitäten im Gemeinsamen Markt, S. 8 ff; Schneider, DB 1987, 185 f.

178 Hagenmüller, S. 186 ff.

- Funktion der Errichtungsgrundlage
- Funktion der Begrenzung des Geschäftsvolumens (Bremsfunktion)
- Garantie- oder Haftungsfunktion
- Finanzierungsfunktion
- Funktion des intertemporären Gewinn- und Verlustausgleichs
- Funktion der Gewinnverteilungsbasis
- Funktion der Schaffung von Vertrauen.

Diese Funktionen lassen sich dabei auf zwei grundlegende Punkte reduzieren[179]:

- **Die Garantie- und Haftungsfunktion, die auch als Verlust- und Ausgleichsfunktion bezeichnet wird**

Dabei kommt dem Eigenkapital die Aufgabe der Abdeckung von Verlusten und damit der Garantie für die Stabilität und Kontinuität des Kreditinstituts zu. Die Garantie- oder Haftungsfunktion beschränkt sich allerdings nicht auf den Konkursfall, sondern von besonderer Relevanz ist die Fähigkeit bzw. Eignung des Eigenkapitals, erlittene Periodenverluste aus dem laufenden Bankgeschäft aufzufangen.

- **Die Finanzierungsfunktion**

Hier soll das Eigenkapital das Anlagevermögen und langfristige Investitionen decken. Das setzt voraus, daß die erforderlichen Mittel eingezahlt sind.

Allerdings kommt der Finanzierungsfunktion gegenüber der Garantie- und Haftungsfunktion eine nur untergeordnete Bedeutung zu, was an der vergleichsweise geringen Eigenkapitalausstattung der Kreditinstitute liegt.[180]

Auch das bankenaufsichtlich relevante Eigenkapital muß sich an den Zielvorstellungen der Aufsicht orientieren, und zwar insbesondere an denen, die an die Funktion des Eigenkapitals gestellt werden.[181] Allerdings werden in den Richt-

---

179 Vgl. Büsselmann, S. 59; Rudolph, Das effektive Bankeigenkapital, S. 32; Krümmel, S. 37 u. 88 f.

180 Vgl. Hellwig, Systemische Risiken im Finanzsektor; Reimnitz, S. 7.

181 Vgl. Burghof/Rudolph, S. 126 f.; Reimnitz, S. 5 f.; Bieg, Auswirkungen der Bankrichtlinien der Europäischen Gemeinschaften auf die Bankaktivitäten im Gemeinsamen Markt, S. 12.

linien zur Harmonisierung keine Ziele ausdrücklich genannt.[182] Lediglich in der Präambel zur Eigenmittelrichtlinie und der Begründung des Vorschlags über die Eigenmittelrichtlinie[183] finden sich Ausführungen zu den Funktionen des Eigenkapitals innerhalb der Aufsichtsziele. Daraus lassen sich folgende Funktionen ableiten:[184]

- Sparer- / Gläubigerschutz,
- Sicherung der kontinuierlichen Tätigkeit der Kreditinstitute,
- Verlustausgleich,
- Maßstab für andere bankaufsichtsrechtliche Normen,
- Förderung und Verbesserung der Koordinierung in anderen Bereichen.

Die aufgeführten Funktionen lassen sich durch das Eigenkapital aber nur erfüllen, wenn es auch von einer gewissen - möglichst hohen - Qualität ist. Um die Qualität des Eigenkapitals beurteilen zu können, wurden verschiedene Kriterien entwickelt. Als Mindestanforderungen, die an das bankaufsichtliche Eigenkapital gestellt werden, gelten:[185]

1. Nachrang im Konkurs,
2. Einzahlung und Verfügbarkeit,
3. Gewisse Dauerhaftigkeit[186].

Darüber hinaus sind noch folgende Kriterien als Maximalanforderungen an den Idealtyp des Eigenkapitals gestellt:

4. Teilnahme am laufenden Verlust,
5. Dauerhaftigkeit.

Während über die Maximalanforderungen an das Eigenkapital weitestgehend Einigkeit in den Mitgliedsländern der EU besteht[187], herrschen doch verschiedene Ansichten darüber, was alles noch weiter zum bankaufsichtlichen Eigen-

---

182 Siehe oben, Teil I, C. III. 2).

183 Vorschlag für eine Richtlinie des Rates über die Eigenmittel von Kreditinstituten, Anlage zu BT-DS 10/6694.

184 Aufzählung nach Gruner-Schenk, S. 87.

185 Vgl. Huang, S. 161; Rudolph, Das effekive Bankeigenkapital, S. 47 ff.; Follak, ÖBA 1990, S. 156; Pecchioli, S. 154; Bundesministerium der Finanzen, S. 399.

186 Hierunter ist eine Mindestlaufzeit zu verstehen.

kapital zählen soll und darf, um so die Zielsetzung der Bankenaufsicht zu gewährleisten.[188] So versuchten die Vertreter der Bundesrepublik Deutschland einen „engen" Eigenkapitalbegriff mit strengen Anforderungen durchzusetzen, nach dem nur risikofreie erstklassige Kapitalelemente berücksichtigt werden sollten.[189] Aufgrund der abweichenden Vorstellungen der anderen Mitgliedsländer konnten sich die deutschen Vertreter aber nicht durchsetzen[190] und so kam es zu einem Kompromiß in Form einer Mindestharmonisierung, der in der Aufzählung von möglichen Eigenkapitalbestandteilen im Rahmen eines Maximalkatalogs besteht.[191] Dadurch haben die nationalen Gesetzgeber die Möglichkeit, auch weniger als die in der Richtlinie aufgeführten Bestandteile zu verwenden und als Eigenmittel anzuerkennen, um so einen „strengeren" Eigenmittelbegriff durchzusetzen. Daneben können die Mitgliedstaaten niedrigere Obergrenzen als die in der Eigenmittelrichtlinie angegebenen Höchstbeträge festlegen.[192] Die Eigenmittelrichtlinie enthält also lediglich eine neutrale Aufzählung der Bestandteile, die die Mitgliedstaaten zu den Eigenmitteln rechnen können.[193] Allerdings ist dabei zu beachten, daß den einheimischen Kreditinstituten dadurch Wettbewerbsnachteile gegenüber ihren Konkurrenten aus den Mitgliedstaaten mit einem „weicheren" Eigenmittelbegriff erwachsen können.[194] Diese Gefahr wurde auch schon bei der Abfassung der Eigenmittelrichtlinie gesehen, denn in der Richtlinie ist das Verbot einer zu großen Ungleichbehandlung enthalten. So heißt es, die Mitgliedstaaten *„sind gehalten, im Hinblick auf eine gemeinsame Definition der Eigenmittel eine stärkere Konvergenz anzustreben"*.[195]

---

187 Vgl. Reimnitz, S. 58 f ; Pecchioli, S. 154; Follak, ÖBA 1988, S. 681.

188 Vgl. Voss, S. 102; Berger, BB 1989, S. 1019; Horn, ZBB 1989, S. 114.

189 Vgl. Berger, BB 1989, S. 1020; Boos/Mentrup, BI 1/1989, S. 15; Gaddum, Auf dem Weg zu einem europäischen Bankenaufsichtsrecht, S. 2.

190 Die unterschiedlichen Standpunkte zum Eigenkapitalbegriff erklären sich u.a. aus den unterschiedlichen Erfahrungen und Wirtschaftsstrukturen der einzelnen Mitgliedsländer und den verschiedenen steuerlichen Regelungen, vgl. Deutsche Bundesbank, Monatsbericht April 1994, S. 50; Reimnitz, S. 48; Gaddum, Nationale Aufsicht für ein Banking ohne Grenzen, S. 1.

191 Vgl. Beham, BI 4/1990, S. 30; Horn, ZBB 1989, S. 115; Müller, Der europäische Binnenmarkt und seine Auswirkungen auf die Kreditgenossenschaften aus der Sicht der Notenbank, S. 6; Troberg, ZfgKw 1986, S. 610.

192 Vgl. Art. 2 Abs. 2.

193 Vgl. Lanzke, WM 1994, S. 2007; Alsheimer, RIW 1993, S. 113; Wallach, DZWir 1993, S. 41.

194 Vgl. Betge, S. 138; Akmann, ZfgKw 1990, S. 186; Berger, BB 1989, S. 1020.

bb) Eigenmittelkomponenten

Die von der Eigenmittelrichtlinie genannten Eigenmittelkomponenten sind aber nicht alle von gleicher Qualität und werden deshalb in zwei große Gruppen eingeteilt und zwar in sogenannte „Basiseigenmittel“ und „ergänzende Eigenmittel“.[196]

(1) Basiseigenmittel

Als Basiseigenmittel werden solche Eigenmittel bezeichnet, die von hoher Qualität sind und die Maximalanforderungen an das idealtypische Eigenkapital erfüllen. Es muß also voll eingezahlt sein, am laufenden Verlust teilnehmen und dem Kreditinstitut dauerhaft zur Verfügung stehen.[197]

(2) Ergänzende Eigenmittel

Neben den Basiseigenmitteln können die Kreditinstitute gemäß der Eigenmittelrichtlinie auch sog. ergänzende Eigenmittel für das Eigenkapital anrechnen. Dabei handelt es sich um Eigenkapitalkomponenten von geringwertiger Qualität, die nicht zwingend aus der Bilanz ersichtlich sein müssen.[198]
In den Mitgliedstaaten bestand bis zur Verabschiedung der Eigenmittelrichtlinie kein Konsens darüber, was – und wenn, in welchem Umfang – dazu zählt.[199] Eine einheitliche Festlegung war aber unumgänglich, da Kreditinstitute auch auf ergänzende Eigenmittel mit Multiplikatorwirkung Kreditrisiken auftürmen können.[200] Das kann einerseits zu Wettbewerbsverzerrungen zwischen den Kreditinstituten in den verschiedenen Mitgliedstaaten und andererseits zu einer Gefährdung der Stabilität des Bankensystems führen.[201]

---

195 Vgl. Art. 2 Abs. 2 S. 3.
196 Vgl. Präambel Abs.8.
197 Vgl. Adrian/Heidorn, S. 600; Gruner-Schenk, S. 91; Akmann, ZfgKw 1990, S. 187.
198 Vgl. Adrian/Heidorn, S. 602; Betge, S. 133.
199 Vgl. Hellenthal, S. 94; Berger, BB 1989, S. 1019; Horn, ZBB 1989, S. 115.
200 Vgl. Adrian/Heidorn, S. 611; Akmann, ZfgKw 1990, S. 186.
201 Vgl. Akmann, ZfgKw 1990, S. 194; Berger, BB 1989, S. 1020.

Die Basiseigenmittel bilden die zentrale Bezugsgröße der Eigenmittelrichtlinie, denn sie begrenzen die weiteren Kapitalkomponenten, die bankenaufsichtsrechtlich als ergänzende Eigenmittel hinzugefügt werden können. So muß gemäß Art. 6 Abs.1 a) der Eigenmittelrichtlinie die Summe der ergänzenden Eigenmittel auf die Basiseignmittel begrenzt werden. Darüber hinaus dürfen gemäß Art. 6 Abs. 1 b) bestimmte Teile der ergänzenden Eigenmittel nur in Höhe von bis zu 50 % im Rahmen dieses Gesamtanteils angerechnet werden.

Mit dieser Vorgabe soll gewährleistet werden, daß die Kreditinstitute über genügend Basiseigenmittel verfügen, um die Ziele der Bankenaufsicht zu sichern, da die Eignung der ergänzenden Eigenmittel dafür doch relativ gering ist.[202]

cc) System zur Errechnung

Aus der Eigenmittelrichtlinie ergeben sich demnach folgende bankaufsichtsrechltich anerkennungsfähige Eigenkapitalkomponenten:[203]

1. Basiseigenmittel
(Gemäß Art. 2 Abs. 1 Nr. 1), 2) und 4) der Eigenmittelrichtlinie)
- Eingezahltes Kapital zuzüglich des Emmissionsagiokontos,
- Offene Rücklagen,
- Zwischengewinne, sofern die Zuweisung endgültig beschlossen ist,
- Fond für allgemeine Bankrisiken[204] gemäß Art. 38 der Bankbilanzrichtlinie[205].

---

[202] Vgl. Präambel zur Eigenmittelrichtlinie, Abs. 10; Gruner-Schenk, S. 91; Horn, ZBB 1989, S. 115.

[203] In Anlehnung an Alsheimer, RIW 1993, S. 113. Zur Konkretisierung der einzelnen Eigenkapitalkomponenten siehe Büschgen, Bankbetriebslehre, S. 1106 ff.; Gruner-Schenk, S. 94 ff.; Hellenthal, S. 88 ff.; Akmann, ZfgKw 1990, S. 187 ff.; Horn, ZBB 1989, S. 116 ff.; Follak, ÖBA 1988, S. 527 ff., 667 ff.. Im Rahmen dieser Arbeit soll nicht näher auf die einzelnen Komponenten eingegangen werden. Lediglich die Neubewertungsreserven werden noch unter Teil I, C. IV. 4) b) dd) behandelt, da sich dabei relevante Unterschiede zwischen den Vorgaben der Eigenmittelrichtlinie und der Umsetzung in das deutsche Kreditwesengesetz ergeben.

[204] Ursprünglich war in der Eigenmittelrichtlinie nicht endgültig geklärt, ob der Fond für allgemeine Bankrisiken den Basiseigenmitteln oder den ergänzenden Eigenmitteln zugeordnet werden sollte, vgl. Art. 6 Abs. 2. Durch die Änderung der Eigenmittelrichtlinie durch die Richtlinie 91/633/ EWG wurde dann aber klargestellt, daß es sich dabei um Basiseigenmittel handelt, vgl. Art. 1.

2. Ergänzende Eigenmittel

a) Anerkennung bis zu 100% der Basiseigenmittel
(Gemäß Art. 2 Abs. 1 Nr. 3 und 5 bis 8; Art. 3; Art. 6 Abs. 1 Nr. 1 a) der Eigenmittelrichtlinie)

- Neubewertungsrücklagen,
- Wertberichtigungen gemäß Art. 37 Abs. 2 der Bankbilanzrichtlinie,
- Sonstige Bestandteile im Sinne des Art. 3 Nr. 6
  - Stille Neubewertungsreserven
  - Weitere „sonstige Bestandteile", insbesondere das Genußrechtskapital

b) Anerkennung bis zu 50 % der Basiseigenmittel – im Rahmen der Gesamtmarge von 100 %
(Gemäß Art. 2 Abs. 1 Nr. 7 und 8; Art. 4; Art. 6 Abs. 1 b) der Eigenmittelrichtlinie)

- Haftsumme der Mitglieder genossenschaftlicher Kreditinstitute,
- Kumulative Vorzugsaktien mit fester Laufzeit,
- Nachrangige Darlehen.

dd) Problematik der Neubewertungsreserven

Als besonderer Sreitpunkt bei der Festlegung der einzelnen Eigenkapitalkomponenten erwiesen sich die Neubewertungsreserven.
Neubewertungsreserven ergeben sich als rechnerischer Unterschied zwischen dem Buchwert bestimmter Aktiva und ihrem höheren Marktwert und sind somit als fiktiver Buchgewinn zu qualifizieren.[206] Die in Betracht kommenden Aktiva sind Positionen des Anlagevermögens wie Beteiligungen, Grundstücke, grundstücksgleiche Rechte und Gebäude, Wertpapiere und Investmentanteile.[207]

Gerade von deutscher Seite wurde versucht, die Einbeziehung solcher Positionen in die Eigenkapitalkomponenten zu verhindern.[208] Denn nach Ansicht der

---

[205] Richtlinie 86/635/EWG, Amtsblatt der Europäischen Gemeinschaften Nr. L 372 v. 31. 12.)

[206] Vgl. Voss, S. 103; Horn, ZBB 1989, S. 117; Gaddum, Die aufsichtsrechtlichen Rahmenbedingungen des internationalen Bankgeschäfts, S. 62.

[207] Vgl. Scharpf, S. 125; Reimnitz, S. 22.

[208] Vgl. Deutsche Bundesbank, Monatsbericht Januar 1993, S. 40; Gaddum, Auszüge aus Presseartikeln, Nr. 52 vom 20.7.1988, S. 3.

Bundesbank und des Bundesaufsichtsamtes für das Kreditwesen sollten nur solche Positionen als Eigenkapital bei den Kreditinstituten anerkannt werden, die voll eingezahlt und frei von Risiken sind und dem Kreditinstitut dauerhaft zur Verfügung stehen. Diese Kriterien werden von den Neubewertungsreserven nicht erfüllt. So unterliegt das Anlagevermögen – und damit auch die Neubewertungsreserven – Wertschwankungen und bildet keine konstante Eigenkapitalgröße.[209] Die Neubewertungsreserven stehen dem Kreditinstitut daher nur begrenzt dauerhaft zur Verfügung und sind nicht frei von Risiken, da sie innerhalb kurzer Zeit verbraucht oder dezimiert sein können. So haben die Ereignisse an den Weltbörsen im letzten Quartal des Jahres 1988 gezeigt, daß Neubewertungsreserven auf Wertpapierbestände sehr schnell einem Kurssturz zum Opfer fallen können. Daher wurde teilweise angeregt, eine Unterscheidung zwischen Neubewertungsreserven auf Wertpapierbeständen und auf Grundstücke zu machen, da im Grundstücksbereich die Wertschwankungen nur in einem viel geringeren Maße zu befürchten sind.[210]

Als weiteres Argument gegen die Anerkennung der Neubewertungsreserven brachten die deutschen Vertreter vor, daß dadurch gegen eines der Grundprinzipien des deutschen Bilanzierungsrechtes verstoßen würde. Gem. § 253 Abs. 1 HGB ist eine Bewertung zum Niederstwertprinzip vorgeschrieben. Das bedeutet nach § 253 Abs. 3 S. 1 und 2 HGB, daß die Bewertung höchstens zu Anschaffungspreisen erfolgen darf. Gerade das soll bei der Anrechnung der Neubewertungsreserven ja nicht der Fall sein, vielmehr soll es zu einer Anrechnung zu Marktpreisen kommen. In diesem Fall wird deutlich, daß es zur Kollision der Rechtsordnungen kam, und zwar einerseits der am Gläubigerschutz orientierten kontinentaleuropäischen, und andererseits der angelsächsischen, die teilweise dem Bilanzierungsziel der Information von Investoren Vorrang einräumt.[211]

Als weiteres Argument gegen die Einbeziehung der Neubewertungsreserven wurde angebracht, daß nicht realisierte Reserven als haftendes Eigenkapital bei inflationärer Entwicklung tendenziell die Geldentwertung verstärken, indem sie den Kreditinstituten zusätzliche Kreditvergaben ermöglichen. Demgegenüber erschweren sie die Kreditversorgung der Wirtschaft, wenn die Kreditinstitute in Zeiten sinkender Marktpreise über eine dezimierte Eigenkapitalausstattung verfügen und deshalb zu einer währungspolitisch unerwünschten Kreditverknappung gezwungen sind.[212]

---

209 Vgl. Alsheimer, RIW 1993, S. 115; Hellenthal, S. 95; Reimnitz, S. 22.
210 Vgl. Horn, ZBB 1994, S. 134.
211 Vgl. Alsheimer, RIW 1993, S. 115.
212 Vgl. Monatsbericht der Deutschen Bundesbank, Januar 1993, S. 40.

Aus den angeführten Gründen ist die Einbeziehung von Neubewertungsreserven aus wirtschaftlicher Sicht äußerst bedenklich.[213]
Trotzdem sind die Neubewertungsreserven mit der Vierten KWG-Novelle in § 10 Abs. 4a Nr. 4 KWG eingeführt worden. Dadurch ist den für die deutschen Kreditinstitute drohenden Wettbewerbsnachteilen Rechnung getragen worden. Ohne die Anerkennung der Neubewertungsreserven hätten Nachteile gegenüber den anderen Kreditinstituten aus Mitgliedsländern der EU, die die Neubewertungsreserven als Eigenkapitalkomponenten anerkennen, bestanden, da Neubewertungsreserven sehr günstiges Eigenkapital darstellen und keine zusätzlichen Ausgaben verursachen. Ohne die Anerkennung der Neubewertungsreserven hätte die Eigenkapitalquote der deutschen Kreditinstitute nur 6,6 Prozent anstatt der geforderten 8 Prozent des Risikovolumens betragen.[214] Daher hätten die deutschen Kreditinstitute eine Eigenkapitallücke von mehr als 20 Milliarden DM durch die Aufnahme teuren Eigenkapitals schließen müssen. Dies war ihnen aber unter Wettbewerbsgesichtspunkten nicht zuzumuten. Das mußte auch die deutsche Bankenaufsicht anerkennen, die von einer Aufsicht der reinen Insolvenzsicherung Abstriche zugunsten einer mehr wettbewerbsbezogenen Aufsicht machen mußte.[215]
Das genannte wettbewerbsrechtliche Problem wurde noch durch die unterschiedlichen nationalen Bewertungs- und Bilanzierungsvorschriften verschärft.[216] Als besonderes Beispiel wird dabei immer wieder die Vorgehensweise der National Westminster Bank angeführt.[217] Diese Bank bewertete ihre Grundstücke neu und stellte den Wertzuwachs, nach britischen Bilanzierungsvorschriften zulässig, in die Neubewertungsrücklage ein. Sie bildete damit nach der Eigenmittelrichtlinie aufsichtsrechtliches Ergänzungskapital. In einem zweiten Schritt wandelte sie in Übereinstimmung mit der Bilanzrichtlinie[218] durch Ausgabe von Gratisaktien im Verhältnis 1 : 1 dieses Ergänzungskapital steuerunschädlich in Kernkapital um. Die National Westminster Bank konnte ihrem

---

213 Vgl. Alsheimer, RIW 1993, S. 115; Hellenthal, S. 96; Reimnitz, S. 23; Berger, BB 1989, S. 1020; Horn, ZBB 1989, S. 118.
214 Vgl. angeführte Zahlen bei Voss, S. 103.
215 Vgl. Berger, BB 1989, S. 1021, insbesondere Fußnote 78.
216 Vgl. ausführlich zu den Auswirkungen einer unterschiedlichen Bewertung von Kreditrückstellungen Varnholt, Sparkasse 1996, S. 249.
217 Vgl. Gruner-Schenk, S. 106; Arnold, Bankenwettbewerb und Bankenaufsicht, S. 7; Voss, S. 104 f.; Horn, ZBB 1989, S. 117 f.; Rudolph, DBW 1989, S. 483.
218 Richtlinie über den Jahresabschluß und den konsolidierten Abschluß von Banken und anderen Finanzinstituten = Richtlinie 86/635/EWG Abl. Nr. L 372/1 v. 31.12.1986, Art. 33 Abs. 2b.

Kernkapital dadurch cirka 600 Millionen Pfund zuführen, was ein zusätzliches (18faches) Kreditvolumen von über 10 Milliarden Pfund bedeutet.
Daher wurden auch in den deutschen Eigenmittelbegriff die Neubewertungsreserven einbezogen. Allerdings können die Neubewertungsreserven nur bis zu 1,4 Prozent der anrechenbaren Aktiva zuberechnet werden. Zudem können Neubewertungsreserven nur anerkannt werden, wenn das Kernkapital die nach Grundsatz I erforderliche Mindesthöhe um mindestens 10 Prozent überschreitet, es also mindestens 4,4 Prozent beträgt.[219] Demgegenüber wird in der Eigenmittelrichtlinie auch bei Anerkennung der Neubewertungsreserven nur eine Kernkapitalquote von 4 Prozent gefordert.
Damit hat der deutsche Gesetzgeber wieder einmal schärfere Anforderungen als europarechtlich erforderlich geschaffen. Es kommt dadurch zu einer umgekehrten Diskriminierung der deutschen Kreditinstitute. Dies könnte das Risiko einer Negativauslese fördern.[220] Denn gerade die Unternehmen mit relativ geringen Kreditrisiken werden ihren Kreditbedarf bei den Kreditinstituten befriedigen, die nicht so starken Reglementierungen unterworfen sind, da diese aufgrund der geringeren Eigenkapitalkosten auch günstigere Konditionen anbieten können. Dagegen können sich bei den strenger reglementierten Kreditinstituten höhere Kreditrisiken ansammeln, die dann auch einen höheren Wertberichtigungsbedarf mit sich bringen und so das Eigenkapital dieser Kreditinstitute stärker belasten. Dadurch kann es wiederum zu einer Verschlechterung der Eigenkapitalbasis des betreffenden Kreditinstitutes kommen und es wird immer schwerer, Unternehmen mit einem geringen Kreditrisiko als Kunden zu gewinnen.

Die Benachteiligung der deutschen Kreditinstitute fällt aber nicht so extrem aus, wie es ursprünglich vom deutschen Gesetzgeber vorgesehen war. Die deutschen Kreditinstitute können den Wettbewerbsnachteil dadurch kompensieren, daß sie mit dem „härteren" Eigenkapitalbegriff des deutschen Rechts werben und sich so Vorteile im Markt verschaffen. Zudem kann sich ein Kreditinstitut durch eine starke Kernkapitalquote ein besseres Standing am Markt verschaffen und dadurch die Refinanzierungskosten senken.

---

219 Vgl. Fischer, in Schimansky/Bunte/Lwowski, § 129 Rdnr. 21; Alsheimer, RIW 1993, S. 115.

220 Vgl. Rudolph, Das effektive Bankeigenkapital, S. 14; Gröschel, Sparkasse 1988, S. 457.

ee) Bewertung

Die Umsetzung des Ziels, eine gleiche Ausgangslage für die im Wettbewerb stehenden Kreditinstitute durch eine Vereinheitlichung der Eigenkapitalanforderungen zu erreichen, gelingt nicht vollkommen.[221]
Hauptursache dafür ist, daß die Eigenmittelrichtlinie eben nur einen Maximalkatalog von anerkennungsfähigen Eigenmittelkomponenten nennt, den Mitgliedsländern also einen Regelungsspielraum bei der Umsetzung in nationales Aufsichtsrecht läßt. Es steht im Ermessen der Mitgliedsstaaten, welche Komponenten – und gegebenenfalls in welcher Höhe – sie übernehmen wollen.

Die verschiedenen Eigenmittelkomponenten verursachen aber auch unterschiedliche Kosten für die Kreditinstitute[222], da zum Beispiel die Aktionäre für die Überlassung ihres Kapitals eine angemessene Dividende erwarten und die Gläubiger für die Hergabe nachrangiger Mittel – wie Genußrechte oder nachrangige Darlehen – eine über dem üblichen Marktzins liegende Rendite fordern. Demgegenüber müssen beispielsweise Neubewertungsreserven nicht mit Kapital bedient werden, ein Umstand der besonders in Hochzinsphasen erhebliche Vorteile bringt.
Ein weiterer, nicht zu vernachlässigender Aspekt ist, daß die Höhe des vorhandenen Eigenkapitals in Verbindung mit dem Solvabilitätskoeffizienten die Kreditvergabe begrenzt und somit deren ungehinderte Expansion verhindert. Im Ergebnis wird also die Geschäftstätigkeit und die Möglichkeit der Gewinnerzielung der Kreditinstitute beschränkt.
Um solche Wettbewerbsnachteile zu vermeiden, entsteht bei Mitgliedsländern mit einem engen Eigenmittelbegriff ein Deregulierungsdruck.[223]

---

[221] Vgl. Krumnow, Die Bedeutung des Europäischen Gemeinschaftsrechts für die Reform des Kreditwesengesetzes, S. 11; Reuss, S. 47; Bieg, Auswirkungen der Bankrichtlinien der Europäischen Gemeinschaften auf die Bankaktivitäten im Gemeinsamen Markt, S. 18 ff..

[222] Krumnow, Die Bedeutung des Europäischen Gemeinschaftsrechts für die Reform des Kreditwesengesetzes, S. 12; Follak, ÖBA 1990, S. 156; Voss, S. 104; Schneider, Die Harmonisierung der Bankenaufsicht, S. 251. So auch Kuntze im Handelsblatt vom 14. 11.1989, S. B.3, Vielfalt der gesetzlichen Bestimmungen steht einer Harmonisierung im Weg: „Die Bedeutung des Aufsichtsrechts als Kostenfaktor wächst in dem Maße, wie der Preiswettbewerb zunimmt und damit die erklärte Zielsetzung des EG-Bankenmarktes erreicht wird."

[223] Vgl. Hellenthal, S. 126; Schneider, Europäischer und globaler Wettbewerb der Bankensysteme, S. 743; Kluge, ZfgKw 1990, S. 183.

Grundsätzlich ist die Deregulierung ein gewünschter Effekt der Bankrechtsharmonisierung in der EU, da dadurch eine Anpassung der Vorschriften in den Mitgliedsländern erfolgt, ohne daß es weiterer Vorgaben seitens der EU bedarf.[224] Jedoch führt eine solche Deregulierung zu einem Zielkonflikt der nationalen Bankenaufsichten. Einerseits müssen sie der aufsichtsrechtlichen Zielsetzung des Gläubigerschutzes und der Funktionsfähigkeit des Bankensystems durch das Festhalten an strengen Eigenmittelrelationen gerecht werden. Andererseits müssen sie die Interessen der heimischen Kreditinstitute beachten und dürfen deren Wettbewerbsfähigkeit nicht zu sehr einschränken.[225]
Naturgemäß nehmen die Kreditinstitute und die Aufsichtsbehörden bei diesem Zielkonflikt entgegengesetzte Standpunkte ein. Im Hinblick auf die Anerkennung der Eigenmittelkomponenten, insbesondere der Einbeziehung der Neubewertungsreserven, haben sich in diesem Zielkonflikt die Kreditinstitute durchsetzen können, da die Wettbewerbsnachteile für sie anderenfalls zu groß gewesen wären und eine Vielzahl von ihnen die in der Solvabilitätsrichtlinie vorgeschriebene Eigenkapitalquote in Höhe von 8 % nicht hätte erfüllen können.[226]
Insgesamt bleibt festzustellen, daß der in der Eigenmittelrichtlinie definierte Eigenmittelbegriff bedenklich weit gefaßt ist. Insbesondere wenn man berücksichtigt, daß der Wettbewerb auf den internationalen Finanzmärkten schärfer geworden ist und die Margen geschrumpft sind. Dies fördert die Tendenz bei Kreditinstituten sich bei riskanteren Finanzierungen zu beteiligen, die aufgrund des hohen Risikos auch höhere Margen abwerfen.[227] Im Ergebnis ergibt sich also eine riskantere Geschäftstätigkeit bei schwächerer Eigenmittelausstattung der Kreditinstitute. Das ist bedenklich, denn es könnte eine Gefahr für die Stabilität des Finanzsystems und für das Ziel des Gläubigerschutzes darstellen.

---

[224] Vgl. Troberg, in Kolbeck, S. 23; Koppensteiner, S. 8 Fn. 12; Schneider, Europäischer und globaler Wettbewerb der Bankensysteme, S. 744; Bader, B.Bl. 1988, S. 476.

[225] Vgl. Gruner-Schenk, S. 120; Kuntze, Die bankaufsichtsrechtlichen Perspektiven des europäischen Binnenmarktes 1993, S. 8 ff.; Horn, ZBB 1989, S. 120.

[226] So ergab eine Proberechnung der Deutschen Bundesbank zum Stichtag 31. 12. 1988 bei 145 Kreditinstituten, was einem Repräsentationsgrad von 60 % des Geschäftsvolumens deutscher Kreditinstitute entspricht, daß die beteiligten Kreditinstitute ohne Einbeziehung der Neubewertungsreserven durchschnittlich nur über Eigenkapitalquote von 6, 6 % verfügten. Vgl. Müller, Auswirkungen der europäischen Bankrechtharmonisierung auf deutsche Kreditinstitute, S. 34.

[227] Vgl. Fischer, F.A.Z. vom 29.11.1999, S. 24; Meister, Auszüge aus Presseartikeln Nr. 9 aus 1999, S. 2; Cartellieri, Die Bank 1990, S. 366.

Allerdings ist im Rahmen des aufgrund der verschiedenen Ansichten zum Eigenmittelbegriff in den einzelnen Mitgliedstaaten Machbaren ein Kompromiß geschlossen worden, der akzeptabel ist.[228] Es sollte aber weiterhin auf eine Präzisierung und eventuell auch Einschränkung der verschiedenen Komponenten der anrechenbaren Eigenmittel hingearbeitet werden. Nur so kann die Solidität des internationalen Finanzmarktes bewahrt und gestärkt werden.

c) Solvabilitätsrichtlinie

aa) Zielsetzung und Konzeption

Die Solvabilitätsrichtlinie steht in unmittelbarem, ja untrennbarem Zusammenhang mit der zweiten Bankrechtskoordinierungsrichtlinie und der Eigenmittelrichtlinie[229], da ein angemessener Solvabilitätskoeffizient eine zentrale Rolle bei der Beaufsichtigung von Kreditinstituten spielt.

Im Unterschied zur Eigenmittelrichtlinie regelt die Solvabilitätsrichtlinie nicht die Kapital**qualität**, sondern die erforderliche Kapital**quantität**. Eine solche Regelung war erforderlich, da *„die Entwicklung gemeinsamer Standards für die ausreichende Eigenkapitalausstattung im Verhältnis zu den mit einem Kreditrisiko behafteten Aktiva und außerbilanzmäßigen Geschäften zu den wesentlichen Bereichen der Harmonisierung gehört, die für die Erreichung der gegenseitigen Anerkennung der Aufsichtstechniken und daher für die Vollendung des Binnenmarktes auf dem Gebiet des Kreditwesens notwendig sind. ...Auf einem gemeinsamen Bankenmarkt werden die Kreditinstitute in direktem Wettbewerb miteinander stehen, durch die Festlegung gemeinsamer Solvabilitätsstandards in Form eines Mindestkoeffizienten werden Wettbewerbsverzerrungen vermieden und das Bankensystem der Gemeinschaft gestärkt.“*[230]

Die Solvabilitätsrichtlinie stellt eine Risikobegrenzungsnorm dar, die in Verbindung mit der Eigenmittelrichtlinie einheitliche Standards für die Eigenmittelausstattung der Kreditinstitute innerhalb EU im Verhältnis zu deren risikotra-

---

[228] Vgl. Alsheimer, RIW 1993, S. 115; Gröschel, Sparkasse 1993, S. 226; Hoffmann, ZfgKw 1990, S. 178. Skeptisch allerdings Arnold/Boos, Die Bank 1993, S. 274.

[229] Vgl. Solvabilitätsrichtlinie, Präambel Abs. 6; Eigenmittelrichtlinie, Präambel Abs. 15.

[230] Präambel, Abs. 4 und Abs. 7.

genden Aktiva und den außerbilanziellen Geschäften schafft.[231] Sie legt also die mögliche Geschäftsausweitung in Relation zu den Eigenmitteln anhand eines Faktors, dem Sovabilitätskoeffizienten, fest. Dieser Faktor stellt einen Maßstab für die Aufsichtsbehörden dar, ob und inwieweit die Eigenmittel in Relation zur Geschäftstätigkeit als angemessen anzusehen sind, um so die Risikolage eines Kreditinstituts abzubilden und über die Festlegung von Standards zu begrenzen.[232]

Auch bei der Solvabilitätsrichtlinie wurde das Prinzip der Mindestharmonisierung angewendet. So können die Mitgliedstaaten höhere Mindestkoeffizienten als die in Art. 10 Abs. 1 genannten 8 % festlegen[233] und auch nach eigenem Ermessen eine höhere Gewichtung der Aktiva vornehmen.[234]

bb) Ausgestaltung

Die Mindesthöhe des Solvabilitätskoeffizienten wurde gemäß Art. 10 Abs.1 der Solvabilitätsrichtlinie auf 8 % festgelegt. Dieser Wert wurde aufgrund einer statistischen Erhebung über die Anfang 1988 geltenden Kapitalanforderungen festgelegt.[235] Er ist ständig, also nicht nur zu bestimmten Meldezeitpunkten, einzuhalten.

Das bedeutet, daß die nach ihrem Risikograd gewichteten Aktiva und bestimmte außerbilanzielle Positionen in diesem Umfang mit Eigenmitteln zu unterlegen sind.[236] Dies gilt auch für bilanzunwirksame Finanzinnovationen und in Wertpapieren verbriefte Forderungen, da grundsätzlich davon auszugehen ist, daß die Wertpapierpositionen der Kreditinstitute kein meßbar geringeres Auswahlrisiko als Buchforderungen haben.[237] Die Risikogewichtung muß stattdessen von der Person des Schuldners, sowie dessen Sitzland, und im Interbankenhandel

---

[231] Vgl. Troberg, in Kolbeck, S. 15; Müller, ZfgG 1990, S. 118; Gaddum, Harmonisierung der Bankenaufsicht in der EG, S. 125.

[232] Vgl. Hellenthal, S. 107 ff.; Bieg, Auswirkungen der Bankrichtlinien der Europäischen Gemeinschaften auf die Bankaktivitäten im Gemeinsamen Markt, S. 14.

[233] Vgl. Art. 10 Abs. 2.

[234] Art. 6 Abs. 1.

[235] Vgl. Präambel, Abs. 9.

[236] Ausführlich zur Berechnung des Solvabilitätskoeffizienten vgl. Gruner-Schenk, S. 143 ff.; Hellenthal, S. 107 ff.; Berger, BB 1989, S. 1019 f.; Horn, ZBB 1989, S. 118 ff.

[237] Vgl. Berger, BB 1989, S. 1019; Gaddum, Harmonisierung der Bankenaufsicht in der EG, S. 125.

von der Laufzeit des Aktivums abhängig gemacht werden. Dies geschieht, indem die einzelnen Aktivpositionen sogenannten Kreditrisikograden zugeordnet werden. Hierfür werden die Aktiva entsprechend ihrem Risiko in vier verschiedene Risikoklassen (0 %, 20 %, 50 %, 100 %) eingeteilt.[238] Ebenso wird mit den Geschäften verfahren, die nicht bilanzwirksam sind.[239] Bei der Bestimmung des Risikos von zins- und wechselkursbezogenen außerbilanziellen Geschäften können die Kreditinstitute zwischen zwei Methoden zur Bestimmung des Risikos wählen: Während die eine Methode vom Nominalbetrag ausgeht, werden bei der anderen Methode die Marktveränderungen berücksichtigt.

Zur Berechnung des Solvabilitätskoeffizienten müssen also zwei Schritte vorgenommen werden.[240] Zuerst muß der Bilanzwert eines jeden Bankaktivums, abhängig von der Art und dem Sitzland des Schuldners bzw. der Fristigkeit oder der Absicherung, mit dem zuzuordnenden Risikogewicht multipliziert werden. Daraus folgt dann der einen Teil des Nenners des Solvabilitätskoeffizienten bildende risikogewichtete bzw. -bereinigte Wert dieser Aktivposition. Auf die gleich Art und Weise werden die außerbilanziellen Engagements in Gruppen mit äquivalentem Kreditrisiko eingeteilt, um dadurch dem unterschiedlichen Risikogehalt gerecht zu werden. Dies bildet dann den zweiten Teil des Nenners des Solvabilitätskoeffizienten. Danach wird der so ermittelte Nenner mit dem nach den Vorschriften der Eigenmittelrichtlinie berechneten Eigenkapital in Relation gesetzt.

cc) Bewertung

Die Verabschiedung der Solvabilitätsrichtlinie war für die Harmonisierung der Bankenaufsicht in der EU von entscheidender Bedeutung, da nur so eine einheitliche Bewertung erfolgen kann, ob das nach den Vorschriften der Eigenmittelrichtlinie errechnete Eigenkapital im Verhältnis zur Geschäftstätigkeit als ausreichend anzusehen ist.[241]
Grundsätzlich ist auch die Ausgestaltung der einzelnen Vorschriften akzeptabel. Aus deutscher Sichtweise ist allerdings die Bewertung der Realkredite unbe-

---

[238] Vgl. Art. 5 Abs. 1 i.V.m. Art. 6, 7, 8.

[239] Art. 5 Abs. 2 und 3.

[240] Vgl. Bieg, Auswirkungen der Bankrichtlinien der Europäischen Gemeinschaften auf die Bankaktivitäten im Gemeinsamen Markt, S. 15 f.

[241] Vgl. Kümpel, Rdnr. 19.33; Hellenthal, S. 107.

friedigend.[242] Nach der Solvabilitätsrichtlinie gehen hypothekarisch gesicherte Forderungen nur mit einem ermäßigten Gewichtungssatz von 50 Prozent in den Koeffizienten ein, wenn es sich um Hypotheken auf Wohneigentum handelt, nicht aber bei Hypotheken auf gewerblich genutzte Grundstücke.[243] Für eine solche Regelung gibt es keine Rechtfertigung aus aufsichtsrechtlichen Gründen, sondern sie beruht anscheinend auf sozial- uns wohnungspolitischen Erwägungen.[244] Ob solche Aspekte aber Eingang in die schon an sich schwer zu bewerkstelligende Harmonisierung des Bankenaufsichtsrechts finden sollten ist mehr als zweifelhaft.

Die Einbeziehung der außerbilanziellen Geschäfte in den Solvabilitätskoeffizienten dagegen ist konsequent und folgerichtig, da auch aus nicht bilanzwirksamen Geschäften Risiken für die Kreditinstitute erwachsen können und der Umfang der bilanzunwirksamen Geschäfte immer stärker zunimmt.[245]

Entscheidend für die Aussagekraft des Solvabilitätskoeffizienten ist aber die Umsetzung der Eigenmittelrichtlinie in den Mitgliedsländern der EU. Da dort der Ansatz der Mindestharmonisierung ist besonders ausgeprägter Form gewählt wurde, kann der Solvabilitätskoeffizient in den einzelnen Mitgliedsländern eine sehr unterschiedliche Qualität aufweisen. So bietet in einem Mitgliedsland, das alle in der Eigenmittelrichtlinie vorgesehenen Eigenkapitalkomponenten anerkennt, ein Solvabilitätskoeffizient in Höhe der vorgeschriebenen mindestens 8 Prozent nicht die gleiche Sicherheit, wie in einem Mitgliedsland, das nur einen Teil der Eigenkapitalkomponenten anerkennt. Im Ergebnis bestehen damit auch weiterhin Unterschiede in den Eigenkapitalanforderungen.[246] Dies ist aber unabdingbare Konsequenz des gewählten Ansatzes der Mindestharmonisierung.

---

242 Vgl. Troberg, in Schimansky/Bunte/Lwowski, § 136 Rdnr. 18; Gruner-Schenk, S. 156; Gröschel, Sparkasse 1993, S. 226.

243 Vgl. Art. 6 Abs. 1, lit. c).

244 Vgl. Beham, BI 4/1990, S. 29.

245 Vgl. Gruner-Schenk, S. 158; Hellenthal, S. 126.

246 Vgl. Berger, BB 1989, S. 1022.

d) Zweite Konsolidierungsrichtlinie

Durch die „Richtlinie über die Beaufsichtigung von Kreditinstituten auf konsolildierter Basis“[247] (= Zweite Konsolidierungsrichtlinie) wurde der Anwendungsbereich der Ersten Konsolidierungsrichtlinie auf Fallgestaltungen ausgedehnt, in denen das Mutterunternehmen eine Finanzholdinggesellschaft ist, zu deren Töchtern mindestens ein Kreditinstitut zählt.[248] Die Konsolidierungsschwelle wurde dabei auf mindestens 20 % der Stimmrechte oder des Kapitals an einem anderen Unternehmen festgelegt.[249]

Zweck der Konsolidierung ist es, zu verhindern, daß Kreditinstitute durch Beteiligungen an anderen Kreditinstituten das Eigenkapital, das dem Bankgeschäft als Basis dient, doppelt für weitere Bankgeschäfte zu nutzen und so Kreditketten oder Kreditpyramiden aufzubauen.[250]

e) Großkredit-Richtlinie

Die „Richtlinie über die Überwachung und Kontrolle der Großkredite von Kreditinstituten“[251] (= Großkreditrichtlinie) stellt eine Ergänzung um Regeln der Risikostreuung zur Solvabilitätsrichtlinie dar.[252] Sie ersetzt eine Empfehlung der EG-Kommission aus dem Jahr 1986[253].
Nach Art. 3 der Großkreditrichtlinie müssen Kredite, die 10 % der Eigenmittel des Kreditinstituts übersteigen, den zuständigen Behörden gemeldet werden. Ein Kreditinstitut darf grundsätzlich keinen Kredit einräumen, dessen Gesamtbetrag 25 % seiner haftenden Eigenmittel überschreitet.[254] Der Gesamtbetrag aller Großkredite eines Kreditinstituts darf 800 % seiner Eigenmittel grundsätzlich nicht übersteigen.[255]

---

[247] Richtlinie 92/30/ EWG Abl. Nr. L 110 v. 28. 04. 1992, S. 52 ff.
[248] Vgl. Art. 2.
[249] Dies ergibt sich aus Art. 1, sechster Spiegelstrich.
[250] Vgl. Schiller/Wiedemeier, ZfgKw 1998, S. 757; Gröschel, Sparkasse 1993, S. 229.
[251] Richtlinie 92/121/EWG Abl. Nr. L 29 v. 05. 02. 1993, S. 1 ff.
[252] Vgl. Präambel, Abs. 4; Troberg in Schimansky/Bunte/Lwowski, § 134, Rdnr. 48.
[253] Vgl. Empfehlung der Kommission v. 22. 12. 1986 über die Überwachung und Kontrolle der Großkredite von Kreditinstituten, 87/62/ EWG Abl. Nr. L 33/10 v. 04. 02. 1987.
[254] Vgl. Art. 4 Abs. 1.
[255] Vgl. Art. 4 Abs. 3.

V. Organisation der Bankenaufsicht

Die Bankenaufsicht erfolgt in den einzelnen Ländern der EU in bestimmten Organisationsformen, deren Gestaltung jedoch sehr unterschiedlich ist.[256]

1) Ausgestaltung der Bankenaufsicht in den Mitgliedstaaten der EU

Die unterschiedlichen Organisationsformen sind entstanden, da in den Mitgliedstaaten der EU unterschiedliche wirtschaftspolitische Wertvorstellungen existieren.[257] Dabei reichen die Extreme von einer überwiegend informell, individuell und auf der Basis persönlicher Kontakte zwischen Aufsichtsbehörde und Kreditinstitut arbeitenden Aufsicht wie in Großbritannien bis zur Aufsicht mit einem allgegenwärtigen Staatseinfluß wie in Italien.[258]

Im wesentlichen lassen sich drei Grundtypen unterscheiden:[259]

1) Die Bankenaufsicht wird durch den Staat unmittelbar selbst ausgeübt, und zwar als Abteilung in einem Minesterium (meist dem Finanzministerium). So z.B. in Dänemark und in Österreich.[260]

Diese Art der Aufsicht wird auch als direkte Staatsaufsicht bezeichnet.

2) Die Bankenaufsicht wird von der Zentralbank ausgeübt, die diese Funktion neben den währungspolitischen Aufgaben wahrnimmt. Das ist z.B. in Irland, Italien, den Niederlanden, Portugal und Spanien der Fall.[261]
3) Bankenaufsichtsbehörden als spezielle Aufsichtsinstitutionen nehmen die Aufsicht wahr, dies z.B. in Belgien, Frankreich, Großbritannien und der Bundesrepublik Deutschland.[262] Dabei erfolgen direkte Eingriffe durch den Staat selbst nur insoweit, wie er die leitenden Aufsichtsbeamten stellt.

---

256 Vgl. Lusser, ZBB 1989, S. 102; Römer, S. 55 ff. und 124 ff., Honold, S. 15.
257 Vgl. Schneider, Europäische und internationale Rechtsangleichung und ihre Bedeutung für die Kreditwirtschaft, S. 13; Müller, Auszüge aus Presseartikeln, Nr. 90 vom 15.11.1989, S. 7; Gaddum, Auszüge aus Presseartikeln, Nr. 78 vom 4.10.1989, S. 1.
258 Vgl. Degenhart, S. 22 f.; Römer, S. 60.
259 Vgl. Pecchioli, S. 30; Schuster, S. 43 f.; Honold, S. 15.
260 Vgl. Burghof/Rudolph, S. 63; Hellenthal, S. 26.
261 Vgl. Römer, S. 55 und 124 ff.
262 Vgl. Hellenthal, S. 26; Römer, S. 55 und 124 ff.

Alle Systeme haben aber Nachteile:
Einer Abteilung im Finanzministerium fehlt es normalerweise an der nötigen Unabhängigkeit.[263] Zwar sind auch spezielle Aufsichtsinstitutionen nicht vollkommen unabhängig, bei ihnen beschränkt sich die Einflußnahme des Staates aber zumeist auf Weisungen, die der Behörde erteilt werden können. Eine Zentralbank muß neben den bankaufsichtlichen noch andere Ziele verfolgen, so daß es möglicherweise zu einem Interessenkonflikt kommen kann und eine selbständige Behörde hat möglicherweise ein Informationsdefizit.[264]

In der Bundesrepublik Deutschland wird die Bankenaufsicht durch das Bundesaufsichtsamt für das Kreditwesen ausgeübt. Die angeführten Nachteile dieses Systems sollen durch eine enge Zusammenarbeit mit der Deutschen Bundesbank vermieden werden.
Dieses System wird auch in vielen Ländern der Europäischen Union angewandt. In mehr als der Hälfte der Mitgliedsländer ist die Notenbank allein für die Bankenaufsicht zuständig oder wirkt maßgeblich mit. [265]

2) Grenzüberschreitende Bankenaufsicht

Zumindest seit Verabschiedung der zweiten Bankrechtskoordinierungsrichtlinie sind die Aufsichtsbehörden aber nicht mehr auf einem Tätigwerden in ihrem Heimatland begrenzt. Es wurde vielmehr das Prinzip der Sitzlandkontrolle eingeführt, d.h. die Zuständigkeit für die gesamte Tätigkeit eines Kreditinstitutes wird bei der Aufsichtsbehörde seines Sitzstaates konzentriert.[266] In den Aufnahmeländern verbleiben dagegen nur noch einige Restbefugnisse zur Beaufsichtigung.[267]

---

[263] Es wird auch angeführt, daß der Staat somit durch die Bankenaufsicht die Kreditsphäre der Wirtschaft überwachen würde. Diese Aufgabe stünde ihm aber nicht zu. Vgl. Schuster, S. 44.

[264] Vgl. Burghof/Rudolph, S. 63; Pecchioli, S. 30 f.

[265] Vgl. Meister, zitiert nach F.A.Z. vom 13.3.2000, S. 17.

[266] Zu der Problematik, daß dadurch Aufsichtsbehörden aus dem Herkuntsstaat in anderen Mitgliedstaaten hoheitliche, im Kern polizeiliche Befugnisse ausüben können, die aufgrund der Gebietshoheit eigentlich nur dem Aufnahmestaat zustehen siehe Groß, JZ 1994, S. 596 ff.

[267] Siehe zu dem, was unter die Restbefugnisse fällt Lanzke, WM 1994, S. 2005.

Dieses Prinzip der Herkunftslandkontrolle gilt aber nur für rechtlich unselbständige Zweigstellen, nicht für Tochtergesellschaften mit eigener Rechtspersönlichkeit.[268]

Aufgrund der länderübergreifenden Kompetenz der Aufsichtsbehörden ist eine verstärkte Zusammenarbeit der zuständigen Stelle der Mitgliedstaaten erforderlich.[269] Nur so kann eine effektive Aufsicht gewährleistet werden, da die Aufnahmestaaten durch die Beobachtung des Marktgeschehens in „ihrem" Land Anzeichen für Krisen und Unregelmäßigkeiten zum Teil eher und besser erkennen können. Demgegenüber hat die Aufsichtsbehörde des Herkunftsmitgliedstaates einen besseren Überblick über die wirtschaftliche Lage der in ihrem Bereich ansässigen Keditinstitute, die ihrer Aufsicht als Ganzes unterliegen.
Eine solche Zusammenarbeit der verschiedenen nationalen und internationalen Aufsichtsbehörden wird auch über den Rahmen der EU hinaus gefordert, um so Gefahren für das internationale Finanzsystem frühzeitig zu erkennen und nach Möglichkeit abzuwenden.[270]

VI. Internationale Einflußgrößen auf das EU-Bankenaufsichtsrecht

1) Überblick

Das Bankenaufsichtsrecht der EU kann aber nicht isoliert betrachtet werden. Durch die zunehmende Internationalisierung und Globalisierung des Bankgeschäfts und der Kreditinstitute und den daraus resultierenden internationalen Verflechtungen der Bankenmärkte haben verschiedene internationale Institutionen einen zum Teil nicht unerheblichen Einfluß auf die Entwicklung der Finanzmarktaufsicht. Es geht dabei um eine Harmonisierung der Vorschriften und Stärkung des Finanzsystems nicht nur auf europäischer Ebene, sondern weltweit.[271] Nur so können internationale Finanzkrisen verhindert oder doch so

---

268 Vgl. Art. 18 der 2. BRKR.

269 Vgl. Royla, S. 50 ff.; Schulte-Mattler, EuZW 1994, S. 494; Kuntze, ZfgKw 1993, S. 20; Kluge, ZfgKw 1990, S. 182.

270 Vgl. Meister, ZfgKw 2000, S. 22; Horn, ZfgKw 2000, S. 19; Tietmeyer, ZfgKw 1999, S. 109 ff..

271 Vgl. Meister, ZfgKw 2000, S. 20; Lehnhoff, Handelsblatt vom 22.5.1997, S. B 9; Alsheimer, RIW 1993, S. 112.

frühzeitig erkannt werden, daß weitreichende Schäden für die Weltwirtschaft abgewendet werden können.

Besondere Bedeutung kommt unter diesem Aspekt den Internationalen Finanzinstitutionen zu. Dies sind der Internationale Währungsfond (IWF), die Internationale Bank für Wiederaufbau und Entwicklung (Weltbank), die Organisation für Wirtschaftliche Zusammenarbeit und Entwicklung (OECD) und die Bank für Internationalen Zahlungsausgleich (BIZ). Die Zusammenarbeit und Koordinierung der Aufsichtspraktiken liegt in der Hand verschiedener sektorspezifischer internationaler Gruppierungen von Regulierungs- und Aufsichtsinstanzen.[272] Es handelt sich dabei um die Internationale Vereinigung der Wertpapieraufseher (IOSCO), die Internationale Versicherungsaufsicht (IAIS) und den Basler Ausschuß für Bankenaufsicht[273].

2) Basler Ausschuß für Bankenaufsicht

Der Basler Ausschuß für Bankenaufsicht ist für die Entwicklung des Bankenaufsichtsrechts auf internationaler Ebene die federführende Organisation.[274]
Der Basler Ausschuß für Bankenaufsicht setzt sich aus den Vertretern der sogenannten Zehnergruppe wichtiger Industriestaaten (G 10)[275] zusammen und ist bei der Bank für Internationalen Zahlungsausgleich in Basel angesiedelt. Er besteht aus den Mitgliedern der jeweiligen Zentralbanken oder den sonstigen für Bankenaufsicht zuständigen nationalen Behörden. Er wurde 1974 als Folge mehrerer Bankzusammenbrüche[276], die über den nationalen Markt hinaus die internationalen Finanzmärkte negativ beeinflußt hatten, ins Leben gerufen.[277] Der Ausschuß wurde nach seinem langjährigen Vorsitzenden Peter Cooke von der Bank of England auch Cooke-Kommission genannt und unter diesem Na-

---

272 Vgl. Meister, ZfgKw 2000, S. 21; Tietmeyer, in Deutsche Bundesbank, Monatsbericht Mai 1999, S. 7.

273 Die offizielle Bezeichnung ist: „Committee on Banking Regulations and Supervisory Practices".

274 Siehe zum Basler Ausschuß und der Geschichte der Basler Eigenkapitalanforderungen: Sekretariat des Basler Ausschusses für Bankenaufsicht, Erläuternde Angaben zur Neuen Basler Eigenkapitalvereinbarungen, Anhang 1 und 3.

275 Der G 10-Gruppe gehören Belgien, Kanada, Italien, Deutschland, USA, Japan, Luxemburg, Frankreich, Schweiz, Großbritannien, Niederlande und Schweden an.

276 Dazu gehörte unter anderem auch der Zusammenbruch der Herstatt Bank.

277 Vgl. Burghof/Rudolph, S. 204.

men bekannt. Es findet dort ein regelmäßiger Gedankenaustausch statt und der Ausschuß dient insbesondere der Entwicklung von Aufsichtsregeln und Standards und dem Erfahrungsaustausch auf hochrangiger Ebene zwischen den beteiligten Bankenaufsichtsbehörden.[278] Dabei bildet die Eigenkapitalunterlegung bankbetrieblicher Risiken einen Schwerpunkt, da nur so die Stabilität der Finanzmärkte und eine Wettbewerbsgleichheit der Marktteilnehmer gewährleistet werden kann.[279]

Im Gegensatz zu den Richtlinien der EG haben die Empfehlungen der Cooke-Kommission keinen verbindlichen Charakter, das heißt sie müssen nicht in nationales Recht transformiert werden.[280] Trotzdem halten die international tätigen Kreditinstitute die Empfehlungen der Cooke-Kommission aus Standinggründen ein, wozu sie sich meist im Rahmen eines Gentlemen's Agreement mit den nationalen Aufsichtsbehörden verpflichtet haben.[281] Die international tätigen deutschen Kreditinstitute lassen sich durch ihre Abschlußprüfer die Einhaltung der Basler Vorschriften testieren. Daraufhin erteilt das Bundesaufsichtsamt für das Kreditwesen eine entsprechende Bescheinigung, die die Kreditinstitute den Aufsichtsbehörden in den jeweiligen Gastländern vorlegen können.[282]

Darüber hinaus bekommen die Empfehlungen der Cooke-Kommission auch noch auf eine andere Art und Weise Einfluß auf das Bankenaufsichtsrecht der Mitgliedstaaten der EU. Eine untergeordnete Rolle spielt dabei die Möglichkeit der Zentralbankgouverneure, den Entscheidungen des Basler Ausschusses als Empfehlungen rechtliche Bindungswirkung zukommen zu lassen.[283] Von weitaus größerer Relevanz ist, daß die Entscheidungen und Empfehlungen des Basler Ausschusses von der EU-Kommission in Brüssel aufgenommen und als Basis für die EG-Richtlinien benutzt werden.[284] Dadurch haben die Empfehlungen des Ausschusses faktisch unmittelbare Wirkung für alle in der EU ansässigen

---

278 Vgl. Trouet, RIW 1996, S. 302; Cordewener, Sparkasse 1990, S. 505.

279 Vgl. Meister, ZfgKw 2000, S. 21; Alsheimer, RIW 1993, S. 112.

280 Vgl. Lehnhoff, ZfgKw 1997, S. 1168; Folz, ZfgKw 1996, S. 1180; Flesch, ZfgKw 1996, S. 1044; Arnold, Bankenwettbewerb und Bankenaufsicht – Perspektiven der EG-Bankrechtsharmonisierung, S. 4.

281 Vgl. Trouet, WM 1996, S. 836; ders., RIW 1996, S. 302; Boos/Höfer, Die Bank 1995, S. 363.

282 Vgl. Alsheimer, RIW 1993, S. 112 (Fußnote 14).

283 Vgl. Trouet, ZfgKw 1996, S. 836, Fn. 2; Cordewener, Sparkasse 1990, S. 505.

284 Vgl. Lehnhoff, ZfgKw 1997, S. 1168; Krumnow, ZfgKw 1997, S. 1160; Schulte-Mattler, EuZW 1994, S. 495; Hellenthal, S. 48; Arnold, Die Bank 1990, S. 669.

Kreditinstitute. Daher wird der Basler Ausschuß für Bankenaufsicht auch als „*Ersatzgesetzgeber im Bankenaufsichtsrecht*" bezeichnet.[285]
Probleme können sich allerdings ergeben, wenn die Empfehlungen des Basler Ausschusses und die daraufhin erlassenen EG-Richtlinien inhaltlich nicht genau übereinstimmen.[286] Als Folge müssen die international tätigen Kreditinstitute dann nämlich einerseits die Vorgaben der EU und andererseits die Empfehlungen des Basler Ausschusses beachten. Das führt zu einer kostenintensiven Doppelrechnung bei den Kreditinstituten, die es soweit wie möglich zu vermeiden gilt.

a) Aktuelle Neuregelungen

Auch aktuell wird das internationale Bankenaufsichtsrecht wieder durch eine Maßnahme des Basler Ausschusses für Bankenaufsicht entscheidend beeinflußt.[287]
Am 3. Juni 1999 hat der Basler Ausschuß einen Entwurf zur Revision der Eigenkapitalübereinkunft aus dem Jahre 1988[288] über die nationalen Bankenaufsichtsbehörden zur Stellungnahme vorgelegt.[289] Danach soll das Eigenkapital der Kreditinstitute künftig dem individuellen Risiko der einzelnen Kreditinstitute konkreter angepasst werden. Es soll nicht mehr nur ein Standardansatz für alle Kreditinstitute verwendet werden, sondern das Mindesteigenkapital soll exakter auf das unterschiedliche Risiko zugeschnitten werden. Zu diesem Zweck sollen bei der Kapitalunterlegung von Kreditgeschäften nicht mehr fast alle Unternehmen in ihrer Kreditwürdigkeit gleich behandelt werden. Es soll nunmehr zwischen den verschiedenen Unternehmen differenziert werden, so daß sich die Bemessung des von den Kreditinstituten vorzuhaltenden Eigenka-

---

285 So Trouet, RIW 1996, S. 305.

286 So gab es z.B. Differenzen zwischen der Basler Eigenkapitalvereinbarung und der Kapitaladäquanzrichtlinie. Siehe zu den einzelnen Abweichungen Flesch, ZfgKw 1996, S. 1044 ff; Trouet, ZfgKw 1996, S. 836; Boos/Höfer, Die Bank 1995, S. 363.

287 Zu den wichtigsten Tätigkeiten des Basler Ausschusses in der jüngeren Vergangenheit siehe Trouet, Derivate und Wirtschaftsaufsicht, S. 161 ff.

288 Baseler Ausschuß für Bankenaufsicht, Internationale Konvergenz der Eigenkapitalmessung und Eigenkapitalanforderungen.

289 Baseler Ausschuß für Bankenaufsicht, A New Capital Adequacy Framework.

pitals an der Bonität des jeweiligen Kreditnehmers ausrichtet.[290] Dadurch soll ein flexibleres System zur Erfassung und Unterlegung von Kreditrisiken geschaffen werden, um so angesichts der schnell wachsenden Finanzmärkte und ihrer Innovationen Gestaltungsmißbräuche und Umgehungen der bisherigen Regelungen zu verhindern und eine Angleichung an die Eigenkapitalanforderungen für Marktpreisrisiken zu schaffen.[291]

b) Bewertung

Grundsätzlich wird der Vorschlag des Basler Ausschusses, die Kreditrisiken zielgenauer abzubilden, als richtig bewertet.[292] Zwar werden sich die Kreditkosten für einige Kreditnehmer mit schlechterer Bonität erhöhen.[293] Dadurch wird aber zugleich ein Anreiz für diese Unternehmen geschaffen, ihre Bonität zu verbessern und somit in den Genuß günstigerer Kredite zu gelangen.
Auf jeden Fall wird das knappe Eigenkapital der Kreditinstitute effizienter eingesetz und die tatsächlichen Kreditrisiken werden transparenter abgebildet.[294] Zudem wird der Weg zu einer stärkeren Selbstregulierung der Kreditwirtschaft beschritten. Die Aufsichtsbehörden können sich auf die Überwachung des Risikomanagements der Kreditinstitute konzentrieren und dadurch den Weg zu einer qualitativen Aufsicht beschreiten, die im Ergebnis dem Schutz der Einleger und der Stabilität der Finanzmärkte zugute kommt.[295]

Allerdings bestehen große Differenzen über die Art und Weise, wie die Kreditrisiken gemessen werden sollen. Nach dem Konsultationspapier des Basler Ausschusses soll die Bewertung der Kreditrisiken aufgrund der Bonität der

---

290 Die Vorschläge des Basler Ausschusses sehen für geratete Unternehmen der obersten Klasse eine Anrechnung von 20 Prozent auf die Eigenkapitalunterlage, bei nicht gerateteten Unternehmen von 100 Prozent vor.

291 Vgl. Everling, Auszüge aus Presseartikeln, Nr. 30 vom 5.5.1999, S. 16; Schulte-Mattler/Traber, WM 1999, S. 2481.

292 Vgl. Steltzner, F.A.Z. vom 15.10.1999, S. 13; Bräuer, zitiert nach F.A.Z. vom 17.8.1999, S. 29; Zeitler, F.A.Z. vom 11.8.1999, S. 14; Schulte-Mattler/Traber, WM 1999, S. 2487.

293 So sollen Anfang des Jahres 2001 35,7 Prozent der kleinen und mittelständischen Unternehmen von ihren Hausbanken aufgefordert worden sein, sich nach anderen Kreditgebern umzusehen, vgl. Finsterbusch, F.A.Z. vom 7.2.2001, S. 32.

294 So soll es zu einer Entlastung der Eigenkapitalbasis von 2 bis 2,5 Prozentpunkten kommen, vgl. Arnold, zitiert nach F.A.Z. vom 17.11.1999, S. 30.

295 Vgl. Meister, zitiert nach F.A.Z. vom 4.12.1999, S. 26.

Kreditnehmer erfolgen. Diese wird wiederum im Regelfall durch externe Ratingagenturen beurteilt. Interne Rating-Systeme hielt der Basler Ausschuß nur bei wenigen Kreditinstituten für sinnvoll. Dieser Ansatz ist bei den europäischen, und besonders auch bei den deutschen Kreditinstituten, auf vehemente Kritik gestoßen.[296] Die Kritik beruht auf dem Umstand, daß 95 Prozent aller Unternehmen mit einem Rating in den Vereinigten Staaten, Kanada und Großbritannien beheimatet sind. Demgegenüber verfügen in Deutschland nur cirka 180 von insgesamt 3,2 Millionen Unternehmen über ein solches Rating. Dabei handelt es sich fast ausnahmslos um die größten Unternehmen Deutschlands.[297] Dadurch würden für die meisten deutschen Unternehmen, insbesondere die kleinen und mittleren Unternehmen, die die Basis der deutschen Wirtschaft bilden, die Finanzierungskosten steigen und sie würden Wettbewerbsnachteile gegenüber den gerateteten Unternehmen haben. Ferner würden die Kreditinstitute aus Ländern ohne ausgeprägtem Ratingsystem gegenüber solchen Kreditinstituten aus den angelsächsischen Ländern bei den Eigenkapitalanforderungen benachteiligt. Als weiteres Argument läßt sich anführen, daß externe Ratingagenturen überhaupt nicht in der gleichen Form wie die mit den Unternehmen in Geschäftsverbindung stehenden Kreditinstitute Einblick in die wirtschaftliche Lage der Unternehmen hätten. Daher seien die Ratings nicht immer aussagekräftig oder richtig.[298] Aus diesen Gründen ist von den europäischen Kreditinstituten gefordert worden, daß auch die dort gebräuchlichen internen Bonitätsurteile anerkannt werden. Die Problematik besteht dabei in der Tatsache, daß diese internen Bonitätsurteile, die sogenannten Kreditrisikomodelle, sehr kompliziert sind und bis jetzt auch zu wenige Daten für eine verläßliche Anwendung zur Verfügung stehen.[299]

Aus diesem Grunde ist vorgeschlagen worden, die bei der Notenbankrefinanzierung der Banken über Wechsel- und Kreditforderungen erprobte Bonitätsanalyse der Bundesbank als neutrales externes Rating zuzulassen, wie eszum Beispiel auch in Frankreich in der Form des Kreditregisters der Banque de France exis-

---

[296] Vgl. o.V., Bankenverbände kritisieren Baseler Revision, F.A.Z. vom 31.3.2000, S. 14; o.V., Finanzinstitute verstärken Kritik am externen Rating, F.A.Z. vom 28.1.2000, S. 25; Steltzner, F.A.Z. vom 15.10.1999, S. 13; Zeitler, F.A.Z. vom 11.8.1999, S. 14; Everling, Auszüge aus Presseartikeln, Nr. 30 vom 6.5.1999, S. 16.

[297] Vgl. Boehm-Bezing, WM 2000, S. 1001.

[298] Krumnow, ZfgKw 1999, S. 119 geht sogar noch weiter und behauptet, daß sich die Einschätzung von externen Ratingagenturen bei der Asienkrise als falsch erwiesen hätten, während die internen Ratings der Deutschen Bank reaktionsschneller gewesen seien.

[299] Vgl. Rudolph, ZfgKw 1999, S. 116; Schulte-Mattler/Traber, WM 1999, S. 2484 f.

tiert.[300] Damit würden aber private Bestrebungen zur Einführung eines Ratings gebremst, was ordnungspolitisch nicht erwünscht ist. Zudem könnte das Ansehen der Bundesbank Schaden nehmen, wenn sich herausstellen sollte, daß sie bei einer Bonitätseinstufung falsch gelegen und Risiken nicht erkannt habe.[301] Als Alternative bietet sich das von den Europäern vorgeschlagene Modell an, wonach nur Gesellschaften mit einem Rating von AA minus oder besser in den Genuss der bankaufsichtlichen Privilegien kommen sollen.[302] Dann hätten z.B. die Vereinigten Staaten nur noch den Vorteil von 125 gerateten Unternehmen mehr als Deutschland. Zu berücksichtigen ist dabei allerdings, daß durch eine solche Einschränkung der bevorzugten Unternehmen auch die Entlastung für die Eigenkapitalbasis der Kreditinstitute im gleichen Maße geringer wird.

Die europäische Kritik hat sich im stark amerikanisch geprägten Basler Ausschuß durchsetzen können. So wurde nach Ablauf der Konsultationsfrist am 31. März 2000 eine Neufassung des Vorschlags vom Juni 1999 erarbeitet und am 16. Januar 2001 der Öffentlichkeit vorgestellt. In der Neufassung ist nunmehr die Forderung der deutschen Vertreter aufgenommen worden, daß die Bonität von Unternehmen, für die kein externes Rating besteht, individuell vom jeweiligen Kreditinstitut beurteilt werden kann.[303] Die vier möglichen vorgesehenen Verfahren zur Ermittlung der Bonität des Kreditnehmers (Standardansatz unter Verwendung externer Rating-Urteile, einfaches und weiterentwickeltes internes Rating sowie Kreditrisikomodelle) sollen aber nicht, wie es bei gleichwertigen Verfahren zu erwarten wäre, zu gleichen, sondern zu unterschiedlichen Anforderungen an das Eigenkapital der Institute führen. Das Regelwerk ist durch die Neufassungen sehr komplex und selbst für Experten kaum zu überschauen: einschließlich der ergänzenden technischen Dokumente hat es einen Umfang von über 650 Seiten; offizielle deutsche Übersetzungen werden nicht oder nur beschränkt zur Verfügung stehen[304]. Der Kreditwirtschaft ist eine Konsultations-

---

300 Vgl. Zeitler, F.A.Z. vom 11.8.1999, S. 14; Everling, Auszüge aus Presseartikeln, Nr. 30 vom 6.5.1999, S. 17.

301 Vgl. Schieber, zitiert nach F.A.Z. vom 17.11.1999, S. 30.

302 Vgl. Steltzner, F.A.Z. vom 15.10.1999, S. 13; Meister, zitiert nach F.A.Z. vom 1.10.1999, S. 25.

303 Vgl. o.V., Basler Ausschuß legt seine Vorschläge vor, F.A.Z. vom 17.1.2001, S. 15; Zeitler, F.A.Z. vom 28.12.2000, S. 17.

304 Grundsätzliche Angaben zur Neuen Basler Eigenkapitalvereinbarung sind in deutscher Sprache im Internet unter http://www.bis.org, „*Sekretariat des Basler Ausschusses für Bankenaufsicht, Erläuternde Angaben zur Neuen Basler Eigenkapitalvereinbarungen*“ zu erhalten.

frist bis zum 31. Mai 2001 eingeräumt worden, in der Stellungnahmen und Änderungswünsche angemeldet werden können. Die endgültige Fassung der neuen Regeln soll Ende des Jahres 2001 verabschiedet werden und Anfang 2004 in Kraft treten.

Teil II: Die Wertpapierdienstleistungsrichtlinie und die Kapitaladäquanzrichtlinie und ihre Umsetzung in das KWG

A. Regelungsansatz

Die Wertpapierdienstleistungsrichtlinie und der Kapitaladäquanzrichtlinie wurden verabschiedet, damit die von den bisherigen Richtlinien nicht erfaßten reinen Wertpapierfirmen in den Genuß des europäischen Passes kommen und eine aufsichtsrechtliche Gleichbehandlung mit den Kreditinstituten erfolgt. Grund für die unterschiedliche Behandlung vor Verabschiedung der beiden genannten Richtlinien ist die Definition des Begriffes des „Kreditinstitutes" in den EG-Richtlinien. Die Definition des Begriffes des „Kreditinstituts" ist von entscheidender Bedeutung, weil dadurch die Adressaten der Regelungen des Bankenaufsichtsrechts festgelegt werden. Das deutsche Kreditwesengesetz und die Richtlinien der EG zum Bankenaufsichtsrecht gehen allerdings von unterschiedlichen Kreditinstitutsdefinitionen aus.

I. Definition des „Kreditinstituts"

1) Definition gemäß Richtlinien der EG

Auf europäischer Ebene wurde der Begriff des Kreditinstituts durch die erste Bankrechtskoordinierungsrichtlinie eingeführt. Gem. Art. 1 ist Kreditinstitut *„ein Unternehmen, dessen Tätigkeit darin besteht, Einlagen oder andere rückzahlbare Gelder des Publikums entgegenzunehmen und Kredite für eigene Rechnung zu gewähren*". Kreditinstitute sind somit nur solche Unternehmen, die das Einlagen- und das Kreditgeschäft kumulativ betreiben. Sie kommen in den Genuß der Zulassungsanerkennung der zweiten Bankrechtskoordinierungsrichtlinie und können, wenn sie in einem Mitgliedstaat zugelassen sind, im ganzen Binnenmarkt tätig werden. Die Anerkennung der Zulassung erstreckt sich dann auf eine Mindestliste von Banktätigkeiten, die in der Anlage zur zweiten Bankrechtskoordinierungsrichtlinie aufgeführt sind.[1] Die Aufsicht beschränkt sich allerdings nicht nur auf das Einlagen- und Kreditgeschäft, sondern erfaßt die Tä-

[1] Der Anhang zu Art. 18 der 2. BRKR zählt 14 Arten von Banktätigkeiten auf.

tigkeit des Kreditinstituts in seiner Gesamtheit. Das Betreiben des Einlagen- und Kreditgeschäfts durch ein Kreditinstitut führt folglich zwangsläufig zum Eintritt in das Bankenaufsichtsrecht für all seine Aktivitäten.[2] Dies ist umso bedeutsamer, da die Richtlinien der EG zum Bankenaufsichtsrecht jeweils auf die Definition des Kreditinstituts in der ersten Bankrechtskoordinierungsrichtlinie verweisen.[3]

2) Definition gem. KWG

Der Begriff des Kreditinstituts für ein Unternehmen, das Bankgeschäfte betreibt, wurde in der deutschen Gesetzgebung durch die Verordnung über eine Gründungssperre von Kreditinstituten vom 4.9.1934[4] eingeführt und von dem Kreditwesengesetz von 1934 und den darauffolgenden Kreditwesengesetzen sowie von anderen Gesetzen übernommen. Die Bezeichnung Kreditinstitut wurde für das Kreditwesengesetz von 1934 gewählt, da das Gesetz sowohl Banken als auch Sparkassen erfassen sollte.[5]

Gemäß § 1 Abs. 1 S. 1 KWG sind Kreditinstitute „*Unternehmen, die Bankgeschäfte gewerbsmäßig oder in einem Umfang betreiben, der einen in kaufmännischer Weise eingerichteten Geschäftsbetrieb erfordert*". In § 1 Abs. 1 S. 2 KWG erfolgt die Konkretisierung, was der Gesetzgeber als Bankgeschäfte ansieht. Dabei werden zwölf Bankgeschäfte enumerativ aufgezählt. Dieses sind[6]:

- das Einlagengeschäft,
- das Kreditgeschäft,
- das Diskontgeschäft,
- das Finanzkommissionsgeschäft,
- das Depotgeschäft,
- das Investmentgeschäft,

---

2 Vgl. Büschgen, Bankbetriebslehre, S. 20; Kopper, Bankstrategische Aspekte des EG-Binnenmarktes, S. 485.

3 Siehe z.B. Art. 1 Nr. 1 der 2. BRKR; Art. 1 Abs. 2 der EKR; Art. 1 Abs. 1 SolvR.

4 Genau: Verordnung des Reichspräsidenten über die Spar- und Girokassen sowie die kommunalen Giroverbände und kommunalen Kreditinstitute vom 5.8.1931, RGBl. I S. 429.

5 So heißt es in § 1 Abs. 1 KWG 1934: „*Kreditinstitute sind Unternehmungen, die Bank- oder Sparkassengeschäfte betreiben*".

6 Zur näheren Erläuterung dieser Bankgeschäfte siehe Fülbier, in Boos/Fischer/Schulte-Mattler, § 1 Rdnr. 88 ff; Reischauer/Kleinhans, § 1 Anm. 25 ff.

- die Eingehung der Verpflichtung, Darlehensforderungen vor Fälligkeit zu erwerben,
- das Garantiegeschäft,
- das Girogeschäft,
- das Emissionsgeschäft,
- das Geldkartengeschäft, und
- das Netzgeldgeschäft.

Betreibt ein Unternehmen auch nur eines dieser in § 1 Abs. 1 S. 2 KWG genannten Geschäftsarten gewerbsmäßig, so gilt es als Kreditinstitut, bedarf einer Zulassung und muß die Voraussetzungen erfüllen, die das Gesetz an Kreditinstitute stellt. Der Kreditinstitutsbegriff ist damit deutlich weiter als der der EG-Richtlinien.

II. Umsetzung der Definition des Kreditinstitutes in den Mitgliedstaaten und daraus resultierende Folgen

Der Begriff des Kreditinstituts der Richtlinien ist in den Mitgliedstaaten der EU auf unterschiedliche Weise in das nationale Recht transformiert worden. Während einige Länder die Definition der Richtlinien übernommen haben und das kumulative Element hervorheben (z.B. Belgien, Italien, Niederlande), betonen andere in der Definition die Entgegennahme von Einlagen (z.B. Griechenland und Irland) oder andere die Kreditvergabe. Nur teilweise (z.B. Österreich und Frankreich) erfolgt die Abgrenzung wie im deutschen Kreditwesengesetz funktional mit Hilfe der Aufzählung einer Vielzahl von Bankaktivitäten.[7]
Das ist auf die unterschiedliche Entwicklung der Bankwirtschaft in den einzelnen Mitgliedstaaten zurückzuführen. Aufgrund verschiedenartiger Traditionen und bedingt durch die rechtlichen Rahmenbedingungen haben sich dort unterschiedlich Bankenstrukturen entwickelt.[8]
So hat sich in Deutschland das Universalbanksystem entwickelt und – ergänzt durch einige Spezialbanken – etabliert.[9] Universalbanken sind dadurch gekenn-

---

[7] Vgl. Bader, 1992 – und was dann?, S. 109; Hellenthal, S. 55.

[8] Vgl. Deutsche Bundesbank, Monatsbericht April 1994, S. 50; Kuntze, Die bankaufsichtlichen Perspektiven des europäischen Binnenmarktes 1993, S. 4; Horn, ZBB 1989, S. 112; Schneider, Die Harmonisierung der Bankenaufsicht, S. 121.

[9] Vgl. Assmann/Buck, EWS 1990, S. 192; Schneider, Die Bankensysteme in den Mitgliedstaaten der Europäischen Gemeinschaften auf dem Weg in den EG-Binnenmarkt; Bader, B.Bl. 1988, S. 476.

zeichnet, daß sie nahezu alle Bankleistungen unter einem Dach anbieten, also in einer rechtlichen Einheit das Einlagen- und Kreditgeschäft sowie das Wertpapiergeschäft betreiben.[10] Im Gegensatz dazu ist in anderen Mitgliedsländern der EU das Spezialbanken- oder anders ausgedrückt Trennbankensystem vorherrschend, d.h. es besteht eine deutliche Trennung zwischen dem commercial banking – also der Herreinnahme von Depositen und der Ausleihung von Krediten – und dem investment banking, d.h. dem Arrangieren von Kapitalmarkttransaktionen gegen Provision.[11] Dabei haben sich die Institute auf einzelne bestimmte Bankgeschäfte spezialisiert. So betreiben Kreditinstitute im engeren Sinne ausschließlich das Einlagen- und Kreditgeschäft und vollkommen unabhängig davon betreiben Wertpapierfirmen das Effekten- bzw. Handelsgeschäft. Diese Geschäfte werden jedoch auch von den Universalbanken ausgeübt, wodurch es zu einer Konkurrenzsituation kommen kann.
Allerdings ist auch in den Ländern, in denen das Trennbankensystem dominierend ist, eine Tendenz zum Universalbankensystem ersichtlich.[12]

Aufgrund dieser unterschiedlichen Strukturen im Bankenwesen in den Mitgliedstaaten erschien es daher nicht durchsetzbar, eine solche Liste von Bankgeschäften wie im deutschen Kreditwesengesetz europäisch zu definieren. Vielmehr war man der Ansicht, daß man statt einer einzigen Begriffsbestimmung mindestens vier oder fünf hätte finden und dann noch auf die Situation in den verschieden organisierten Märkten abstellen müssen. Dies wurde als umso schwieriger angesehen, da sich die Geschäfte der Kreditinstitute rasch fortentwickeln und die Angebotspalette immer breiter und durch ständige Innovationen ergänzt wird.[13] Deshalb wurde stattdessen der enge Kreditinstitutsbegriff der ersten Bankrechtskoordinierungsrichtlinie gewählt. Damit sollte die Relaisfunktion der Kreditinstitute im volkswirtschaftlichen Geldkreislauf, also die Verbindung von Sparen und Investieren als wesentliches Definitionselement in den Vordergrund gestellt werden.[14]

---

[10] Vgl. C&L Deutsche Revision, S. 31; Rümker, in Schimansky/Bunte/Lwowski, § 124 Rdnr. 62; Schwintowski/Schäfer, Bankrecht, § 2 Rdnr. 99 f.; Deutsche Bundesbank, Monatsbericht April 1994, S. 50.

[11] Vgl. Schwintowski/Schäfer, Bankrecht, § 2 Rdnr. 101; Breuer, S. 46; Bader, B.BL. 1988, S. 476.

[12] Vgl. o.V., Das Trennbankensystem in Amerika wankt, F.A.Z. vom 3.7.1999, S. 14; o.V., Neuer Anlauf zur Bankenreform in Amerika, F.A.Z. vom 12.2. 1999, S. 13; Assmann/Buck, EWS 1990, S. 192; Gaddum, in Auszüge aus Presseartikeln 1990, S. 6.

[13] Vgl. Horn, ZBB 1989, S. 112; Troberg, Europäische Aufsicht über das Kreditwesen, S. 12.

[14] Vgl. Troberg, Europäische Aufsicht über das Kreditwesen, S. 13.

Zudem wurde die Problematik des gewählten Regelungsansatzes zum Zeitpunkt des Erlasses der ersten Bankrechtskoordinierungsrichtlinie auch noch nicht in vollem Maße erkannt, da die Anzahl der Institute, die nicht unter die Bankenaufsicht fielen, als sehr gering angesehen wurde und nur völlig anders geartete Unternehmen, wie z.B. Versicherungen und Investmentgesellschaften aus dem Bereich der Bankenaufsicht herausfallen sollten.[15]

Nach der Verabschiedung der ersten Bankrechtskoordinierungsrichtlinie zeigte sich jedoch, daß verschiedene Unternehmen, die Bankgeschäfte betreiben, nicht unter die Bankenaufsicht fielen, obwohl es sich um direkte Konkurrenten der Kreditinstitute handelte.[16] Zum einen handelte es sich um Unternehmen wie z.B. Warenhäuser und Versandhäuser, die gewerbsmäßig Kredite vergeben, sich aber mit anderen Mitteln als mit Einlagen oder sonstigen rückzahlbaren Geldern des Publikums ausstatteten. Zum anderen handelte es sich – und das war der eigentliche Kritikpunkt – um die Wertpapierfirmen, die aufgrund der engen Kreditinstitutsdefinition der ersten Bankrechtskoordinierungsrichtlinie nicht unter die Bankenaufsicht fielen während die Universalbanken mit dem gleichen Geschäft der strengen Bankenaufsicht unterstanden.

Deshalb gab es bei den ersten Entwürfen zur zweiten Bankrechtskoordinierungsrichtlinie seitens der Kommission die Bestrebung, den Kreditinstitutsbegriff zu erweitern und das Wort „und" durch das Wort „oder" zu ersetzen, damit die Institute, die mit den gleichen Geschäften befaßt sind, auch auf der Basis gemeinsamer Normen behandelt werden.[17]
So hatte schon 1987 der Generaldirektor für Finanzinstitute und Gesellschaftsrecht bei der Kommission der Europäischen Gemeinschaft, Geoffrey Fitchew, festgestellt, *„daß der in der Gemeinschaft weit verbreitete* [enge] *Begriff „Kreditinstitut" vielleicht überholt ist und eine neue Definition des 21. Jahrhunderts gefunden werden muß. Die einstmals korrelierenden Aktivitäten der Geldaufnahme und Darlehensgewährung bilden in vielen Fällen nicht mehr notwendigerweise die Haupttätigkeit dessen, was bisher Bank genannt wurde"*[18].

---

15 Vgl. Bopp, S. 72; Römer, S. 88.
16 Vgl. Bader, 1992 – und was dann?, S. 109; Lanzke, WM 1988, S. 400.
17 Vgl. Bader, Die Entwicklung des europäischen Bankenaufsichtsrechts, S. 23; Rehm, ÖBA 1989, S. 147; Lanzke, WM 1988, S. 400; Meyer-Horn, Der Langfristige Kredit 1988, S. 173; Gaddum, Harmonisierung der Bankenaufsicht in der EG, S. 121; Schroeder-Hohenwarth/Remsperger, S. 219.
18 So Fitchew, Der Langfristige Kredit 1987, S. 47; Einfügung nicht im Original, sondern vom Verfasser.

Besonders Frankreich und die Bundesrepublik Deutschland unterstützten die Änderung der Definition des Begriffes „Kreditinstitut“.[19]
In den Vorberatungen im Beratenden Bankenausschuß fanden diese Bestrebungen aber keine ausreichende Unterstützung.[20] Das lag daran, daß bei einer Erweiterung des Kreditinstitutsbegriffs viele, vorher nicht unter die EG-Richtlinien fallende Unternehmen mit banknahen Geschäften in den Regelungsbereich der Richtlinien einbezogen worden wären. In den meisten Mitgliedsländern waren die Aufsichtsbehörden aber nicht auf eine solche Erweiterung ihrer Zuständigkeit und Verantwortung eingestellt und wehrten sich daher vehement dagegen, mit der Beaufsichtigung dieser „near-banks“ beauftragt zu werden.[21] Zudem wehrte sich speziell Großbritannien gegen einen weiteren Kreditinstitutsbegriff, der auch das Wertpapiergeschäft der Kreditinstitute und somit die Bankenaufsicht darüber erfaßt hätte, da es sein traditionelles Spezialbankensystem im Wertpapierbereich bewahren wollte[22], obwohl ansonsten in den Mitgliedstaaten das Universalbankensystem vorherrschend ist.[23]

Der Ansatz zur Harmonisierung des Bankenaufsichtsrechts wurde durch die Wahl des engen Kreditinstitutsbegriffs damit im Trennbankensystem gewählt. Jedoch wurde der Ansatz durch die im Anhang der zweiten Bankrechtskoordinierungsrichtlinie aufgeführten Geschäfte, die praktisch die gesamte Tätigkeit einer Universalbank abdecken, zugunsten des Universalbankensystems abgemildert.[24]

An der Beibehaltung des engen Kreditinstitutsbegriffs in den Richtlinien der EG ist speziell von deutscher Seite – und zwar sowohl von den Kreditinstituten als auch von staatlicher Seite – massive Kritik geäußert worden.[25]

---

[19] Vgl. Bader, Die Entwicklung des europäischen Bankenaufsichtsrechts, S. 23; Horn, ZBB 1989, S. 112.

[20] Vgl. Gaddum, Harmonisierung der Bankenaufsicht in der EG, S. 121; Lanzke, WM 1988, S. 400.

[21] Vgl. Rehm, ÖBA 1989, S. 147; Bader, B.Bl. 1988, S. 476; Meyer-Horn, Der Langfristige Kredit 1988, S. 173.

[22] Vgl. Gaddum, Harmonisierung der Bankenaufsicht in der EG, S. 122, der zwar nicht explizit Großbritannien nennt, aber in seiner Ausdrucksweise keine Zweifel daran läßt, daß Großbritannien gemeint ist.

[23] Vgl. Gaddum, Auf dem Weg zu einem europäischen Bankenaufsichtsrecht, S. 2.

[24] Vgl. Büschgen, Bankbetriebslehre, S. 29; Gruner-Schenk, S. 75; Schneider, Die Harmonisierung der Bankenaufsicht, S. 123,125.

[25] Vgl. nur z.B. Büschgen, Bankbetriebslehre, S. 30; Hinkel, S. 177; Müller, Auswirkungen der europäischen Bankrechtsharmonisierung auf deutsche Kreditinstitute, S. 33; Reimnitz, S. 71 f.; Arnold, Bankenwettbewerb und Bankenaufsicht, S. 9; Follak, ÖBA 1990, S. 160

Die Kritik zielte darauf hin, daß aufgrund der engen Kreditinstitutsdefinition Wettbewerbsnachteile für die deutschen Universalbanken dahingehend entstehen würden, daß ihr Wertpapiergeschäft der strengeren Bankenaufsicht untersteht, das Wertpapiergeschäft anderer Institute, die in Mitgliedstaaten mit einem engen Kreditinstitutsbegriff beheimatet sind, jedoch nicht als Bankgeschäft eingeordnet wird und daher auch nicht unter die bankenaufsichtlichen Regelungen fällt. Dadurch enstehen Unterschiede hinsichtlich der Eigenkapitalanforderungen und der Eigenkapitalbelastung durch die verschiedene Berücksichtigung der Geschäftsbereiche. Die daraus resultierenden unterschiedlichen Kostenstrukturen können Wettbewerbsverzerrungen im europäischen Finanzdienstleistungsmarkt bedingen.

Um solche Wettbewerbsnachteile für die deutschen Kreditinstitute zu vermeiden, ist teilweise die Ausgliederung des Wertpapiergeschäfts auf eigens zu diesem Zweck zu gründende, rechtlich selbständige Wertpapiergesellschaften als ultima ratio vorgeschlagen worden.[26]
Die Verlagerung des Investment- und Wertpapiergeschäfts auf selbständige Wertpapiertöchter kam als Ausweg aber auch nicht ohne weiteres in Betracht. Zum einen bestand in der Bundesrepublik Deutschland keine Bereitschaft, den weiten Kreditinstitutsbegriff des Kreditwesengesetzes zugunsten der Definition des EG-Rechts aufzugeben. Das wird daraus deutlich, daß der Bundesrat in seiner Stellungnahme zu dem Vorschlag der zweiten Bankrechtskoordinierungsrichtlinie, der Eigenkapitalrichtlinie und der Solvabilitätsrichtlinie die Bundesregierung aufgefordert hat, darauf hinzuwirken, daß der Begriff des Kreditinstituts in den Richtlinien so erweitert wird, daß auch solche Unternehmen davon erfaßt werden, die nur das Aktiv- oder nur das Passivgeschäft betreiben.[27] Auch das Festhalten am weiten Kreditinstitutsbegriff in der Sechsten KWG-Novelle unterstreicht, daß nie eine Übernahme des engen Kreditinstitutsbegriff des EG-Rechts erfolgen sollte.

---

f.; Kluge, ZfgKw 1990, S. 183; Hoffmann, S. 55; Reuss, S. 57 u. 59; Breuer, S. 46; Kopper, Bankstrategische Aspekte des EG-Binnenmarktes, S. 485; Stellungnahme des Bundesrates vom 14.10.1988 zur 2. BRKR, ZIP 1988, A 158 Nr. 559.

[26] So Hinkel, S. 178; Jentsch, WM 1993, S. 2191; Kuntze, Die bankaufsichtsrechtlichen Perspektiven des europäischen Binnenmarktes 1993, S. 5; Hellenthal, S. 54; Kluge, ZfgKw 1990, S. 183; Assmann/Buck, EWS 1990, S. 192 drücken es etwas plastischer aus: „... *dürfte es vorteilhafter sein, gemeinsam zu marschieren und getrennt zu operieren als unter dem Mantel der Universalbank zu agieren*".

[27] Vgl. Stellungnahme des Bundesrates vom 14.10.1988 zur 2. BRKR, ZIP 1988, A 158 Nr. 559.

Daher wären auch die verselbständigten Wertpapiertöchter nach § 1 KWG in Deutschland als Kreditinstitute eingestuft worden und hätten weiterhin der Bankenaufsicht im gleichen Maße wie zuvor unterlegen.[28] Es hätte lediglich die Möglichkeit bestanden, die selbständigen Wertpapiertöchter in solchen Mitgliedstaaten anzusiedeln, in denen sie keiner Bankenaufsicht unterstanden hätten. Die Verlagerung von Wertpapierfirmen in einen anderen Mitgliedstaat, mit dem Ziel, dadurch einer strengeren Aufsicht zu entgehen, ist jedoch nicht zulässig, es gilt das sogenanntes Verbot der Arbitrage von Aufsichtssystemen[29]. So heißt es in der Präambel zur Wertpapierdienstleistungsrichtlinie:[30] *„Die Grundsätze der gegenseitigen Anerkennung und der Kontrolle durch den Herkunftsmitgliedstaat machen es erforderlich, daß die zuständigen Behörden eines jeden Mitgliedstaates die Zulassung in den Fällen nicht erteilen oder entziehen, in denen aus Umständen ... unzweifelhaft hervorgeht, daß die Wertpapierfirma die Rechtsordnung eines Mitgliedstaates in der Absicht gewählt hat, sich den strengeren Normen eins anderen Mitgliedstaates zu entziehen, in dem sie den überwiegenden Teil ihrer Tätigkeit ausübt oder auszuüben beabsichtigt".*
Zum anderen würde die Ausgliederung der Wertpapiertöchter auf eine Schwächung des Universalbanksystems hinauslaufen[31] – eine nicht akzeptable Konsequenz, da sich gerade dieses Prinzip bewährt hat, was durch den weltweiten Trend zum Universalbankensystem deutlich wird.[32]

Aber auch für die Wertpapierfirmen stellte die enge Kreditinstitutsdefinition keine befriedigende Lösung dar, da die Universalbanken auch in den anderen Mitgliedsländern aufgrund des europäischen Passes der zweiten Bankrechtsko-

---

[28] Vgl. Krumnow, Die Bedeutung des Europäischen Gemeinschaftsrechts für die Reform des Kreditwesengesetzes, S. 9; Reuss, S. 59.

[29] Vgl. Kolbeck, Zur Entwicklung der Bankenaufsicht in der Bundesrepublik Deutschland, S. 1009; Böttger, Der Vorschlag für eine Richtlinie des Rates über Wertpapierdienstleistungen, S. 269; zum Begriff der Regulierungsarbitrage vgl. Rudolph, ifo Studien 1995, S. 99: *„Als Regulierungsarbitrage bezeichnet man die Konzentration der Geschäftstätigkeit auf weniger streng regulierte Regionen, Branchen, Institutionen etc."*.

[30] Vgl. Präambel, Abs. 4. Der gleiche Passus findet sich auch in der Präambel zur 2. BRKR, Abs. 8. Es stellt sich allerdings die Frage der rechtlichen Qualität der Präambel, da im Richtlinientext eine solche Einschränkung nicht zu finden ist. Eine Erörterung im Rahmen dieser Arbeit soll aber nicht stattfinden, da dem Verfasser keine konkreten Fälle bekannt sind, in denen eine solche Umgehung des Aufsichtssystems erfolgt ist. Zudem dürfte es sehr schwer sein, einem Unternehmen diese Umgehungsabsicht nachzuweisen. Zur rechtlichen Qualität von Präambeln vgl. Trouet, Derivate und Wirtschaftsaufsicht, S. 41.

[31] Vgl. Boos, EuZW 1992, S. 407; Arnold, Börsenzeitung vom 30.09.1989, S. 14.

[32] Vgl. o.V., Die Vereinigten Staaten schaffen das Trennbankensystem ab, F.A.Z. vom 25.10.1999, S. 17; Baron, zitiert nach F.A.Z. vom 15.05.1999, S. 25; Obst/Hinter, S. 289 ff.

ordinierungsrichtlinie mit ihnen in den Wettbewerb treten konnten, während sie nicht in den Genuß des europäischen Passes kamen und somit auf ihren nationalen Markt begrenzt waren. Daher forderten sie einen europäischen Paß auch für solche Wertpapierdienstleister, die keine Kreditinstitute im Sinne der Definition der Richtlinien waren.[33]

III. Bewertung

Die Definition des Kreditinstitutsbegriffes in den Richtlinien widerspricht dem eigentlichen Ziel, das bei der Harmonisierung des Bankenaufsichtsrechts angestrebt wurde. Denn eigentlich sollte ein möglichst weitreichender Regelungsansatz verfolgt werden. So heißt es schon in den Erwägungsgründen zur 1. BRKR: *„Daher ist es notwendig, den Anwendungsbereich der Koordinierungsarbeit möglichst weit auszudehnen...“*[34]. Dies ist durch die Wahl des engen Kreditinstitutsbegriffes aber gerade nicht geschehen.
Die für den engen Kreditinstitutsbegriff angeführte Argumentation, daß es nicht möglich gewesen wäre, eine Liste von Bankgeschäften wie im deutschen Kreditwesengesetz europäisch zu definieren, vermag nicht zu überzeugen. Zwar wird der Angebotsfächer der Kreditinstitute immer breiter und durch ständige Innovationen ergänzt. Daher wird selbst der weite Kreditinstitutsbegriff des deutschen Kreditwesengesetzes teilweise als zu starr angesehen[35], da er den schnellen Veränderungen des bankbetrieblichen Sektors nicht gerecht wird und sich somit nicht alle denkbaren Bankaktivitäten darunter subsumieren lassen. Man sollte demgemäß keine lückenlose Regelung auf diesem Gebiet anstreben. Es wäre aber z.B. möglich gewesen, den sog. Katalog bankgeschäftlicher Tätigkeiten aus der Zweiten Bankrechtskoordinierungsrichtlinie als Grundlage für eine solche Liste zu nehmen.[36] In diesem Katalog sind außer Versicherungsleistungen praktisch alle nur denkbaren Dienstleistungen aufgeführt, die eine Universalbank anbieten kann. Damit wäre eine Gleichbehandlung der konkurrierenden Wertpapierfirmen und Universalbanken gewährleistet gewesen.

---

[33] Vgl. Horn, ZBB 1999, S. 6; Schiller/Wiedemeier, ZfgKw 1998, S. 757; Schulte-Mattler/Traber, S. 99; Arnold, Bankenwettbewerb und Bankenaufsicht, S. 9.

[34] Vgl. Erwägungsgründe der 1. BRKR, Abs. 5.

[35] So gerade von Seiten der Betriebswirtschaftslehre, vgl. Büschgen, Bankbetriebslehre, S. 33.

[36] So auch Müller, Auswirkungen der europäischen Bankrechtsharmonisierung auf deutsche Kreditinstitute, S. 33; Meyer-Horn, Der Langfristige Kredit 1988, S. 173.

Auch die Einwände der Mitgliedstaaten, die sich gegen einen weiter gefaßten Kreditinstitutsbegriff gewandt haben, weil sie nicht mit der Beaufsichtigung einer solchen Vielzahl von Unternehmen belastet werden wollten, erweisen sich im Nachhinein als kurzsichtig. Um die Wettbewerbsgleichheit zwischen Wertpapierfirmen und Universalbanken herzustellen, wurden nämlich die Wertpapierdienstleistung- und die Kapitaladäquanzrichtlinie verabschiedet.[37] Dadurch unterfallen aber genau die Unternehmen einer staatlichen Aufsicht, gegen deren Beaufsichtigung sich die Mitgliedstaaten gewehrt hatten. Allerdings ist das Aufsichtsrecht nun umfangreicher und komplizierter geworden. Damit erweist sich die ablehnende Haltung einiger Mitgliedstaaten nunmehr als kontraproduktiv.

Ferner kann auch das von Großbritannien vorgebrachte Argument, bei der Wahl eines weiten Kreditinstitutsbegriffes würde eine Entscheidung zugunsten des Universalbankensystems und gegen das Trennbankensystem erfolgen, nicht überzeugen. Zum einen ist in den Mitgliedstaaten das Universalbankensystem sowieso vorherrschend und zum anderen ist weltweit, auch in Großbritannien, ein Trend zum Universalbankensystem zu erkennen.

Die Kritik an der eng gefaßten Definition des Begriffes „Kreditinstitut" in den Richtlinien ist also berechtigt. Durch eine weitere Fassung des Kreditinstitutsbegriffes wie im deutschen Kreditwesengesetz hätte eine Wettbewerbsgleichheit zwischen den Universalbanken und den konkurrierenden Wertpapierfirmen erreicht werden können.
Zudem hätten weitere Institute, die sog. „non-banks"[38] der Bankenaufsicht unterworfen werden können. Dies ist zwar nicht aus Wettbewerbsgründen (Schaffung eines level playing fields) erforderlich, jedoch sollten sie aus Gründen des Anlegerschutzes im weiten Sinne und zum Schutz des Bankenapparates insgesamt der Aufsicht unterfallen.[39] So bleibt es beim traditionellen Ziel des Sparerschutzes.

---

[37] Allerdings bestehen auch jetzt noch Nachteile für die Universal-Kreditinstitute gegenüber den Wertpapierfirmen, siehe dazu unten, Teil II, B. III und Teil II., C. II. 8).

[38] Vgl. zu diesem Begriff Büschgen, Bankbetriebslehre, S. 130 f.: Als „non-banks" werden solche Nichtbankunternehmen bezeichnet, die Finanzdienstleistungen anbieten, die zu den von den Banken gebotenen Leistungen komplementär oder, vor allem, substitutiv sein können. In Betracht kommen vor allem Versandhäuser und Clearingzentralen der Industrie- und Handelskonzerne, vgl. Leister, S. 272.

[39] Vgl. Büschgen, Bankbetriebslehre, S. 130 ff.; Horn ZBB 1989, S. 112; Meyer-Horn, Der Langfristige Kredit 1988, S. 173.

Die begrenzte Begriffsbestimmung hat immer wieder neuen Regelungsbedarf zur Folge. Es ist nicht möglich, auf veränderte Strukturen am Bankenmarkt flexibel zu reagieren, sondern es sind dann immer neue zusätzliche Regelungen erforderlich.[40] Das hat eine immer umfassendere und detailliertere Regelung zur Harmonisierung des Bankenaufsichtsrechts erforderlich gemacht. Damit hat die Kommission ihr erklärtes Ziel verfehlt, einfache, überschaubare und praktikable bankaufsichtsrechtliche Regelungen zu schaffen. Stattdessen sind die Vorschriften immer zahlreicher, komplexer und unübersichtlicher geworden.[41]

Zudem findet der enge Kreditinstitutsbegriff und die darauf aufbauende Bankenaufsicht seine Grenze dort, wo es um die aufsichtsrechtliche Erfassung von Allfinanz-Konzernen geht[42], d.h. von unterschiedlichen Aufsichtssystemen angehörigen Finanzdienstleistern wie Banken und Versicherungen unter einheitlicher Leitung, wie sie zum Beispiel schon in den Niederlanden und in Deutschland[43] bestehen.[44] Gerade das wird in der Zukunft zu erheblichen Problemen führen, denn es wird ein immer stärkerer Konzentrationsprozeß auf dem europäischen Finanzmarkt erwartet, bei dem langfristig nur wenige Unternehmen übrigbleiben, die dann allerdings allesamt solche Allfinanz-Konzerne darstellen.[45]

Als unmittelbare Folge der engen Definition des Kreditinstitutsbegriffes hat sich daher die *drei-Säulen-Konzeption* des europäischen Rechts entwickelt.[46] Neben der Bankenaufsicht und der Versicherungsaufsicht entstand ein eigenständiges

---

[40] Vgl. Gaddum, Die aufsichtsrechtlichen Rahmenbedingungen des internationalen Bankgeschäfts, S. 64, 66.

[41] Vgl. Gruner-Schenk, S. 335 f.;Gaddum, Harmonisierung der Bankenaufsicht in der EG, S. 122.

[42] Zu der Beaufsichtigung von Allfinanz-Konzernen oder sog. Finanzkonglomerate vgl. Weinel, Finanzkonglomerate im europäischen Binnenmarkt.

[43] So haben die Aufsichtsräte und Vorstände der Allianz AG und der Dresdner Bank AG die Übernahme der Dresdner Bank AG durch die Allianz beschlossen und gleichzeitig soll die Münchener Rückversicherung AG ihre Beteiligung an der Bayerischen Hypo-Vereinsbank AG auf eine Sperrminorität aufstocken; siehe dazu o.V., Allianz und Dresdner bestätigen Pläne für Zusammenschluß, F.A.Z. vom 30.3.2001, S. 16.

[44] Vgl. Hinkel, S. 178; Assmann/Buck, EWS 1990, S. 192; Follak, ÖBA 1990, S. 160; Meister und Padoa-Schioppa , zitiert nach F.A.Z. vom 10.02.1999, S. 25, die ferner darauf hinweisen, daß bankähnliche Tochtergesellschaften großer Industrieunternehmen wie etwa bei Siemens oder Daimler-Chrysler ebenfalls keiner Aufsicht unterliegen.

[45] Vgl. Chambers, zitiert nach F.A.Z. vom 2.2.1999, S. 29.

[46] Vgl. Sohbi, AG 1994, S. 25; Schneider, Harmonisierung des Bankrechts in der Europäischen Gemeinschaft, S. 13; Knobl, S. 41; Schroeder-Hohenwarth/Remsperger, S. 219; Gruner-Schenk, S. 62, die von einer „Doppelstrategie“ bei der Harmonisierung des Bankenaufsichtsrechts spricht.

Aufsichtssystem für Wertpapierfirmen.[47] Somit unterstehen die Universalbanken zwei Aufsichtsbehörden, was einen erhöhten Aufwand und damit auch erhöhte Kosten bedeutet. Die Kreditinstitute müssen dadurch nämlich Meldepflichten gegenüber zwei Aufsichtsbehörden nachkommen. Zur Erfüllung dieser Meldepflichten müssen Mitarbeiter von anderen Aufgaben freigestellt werden, was zu Einschränkungen in den bisherigen Aufgabenbereichen dieser Mitarbeiter führt oder es müssen zusätzliche Mitarbeiter eingestellt werden. Dies führt zu nicht unerheblichen Kostenbelastungen der Kreditinstitute. Diese Kostenbelastung wird noch durch die Notwendigkeit der Einführung spezieller EDV-Systeme zur Erfüllung der Meldepflichten und der damit einhergehenden Mitarbeiterschulung an diesen Systemen gesteigert. Als weiterer Kostenfaktor kommt hinzu, daß die Kosten für die Aufsicht zum Großteil von den zu beaufsichtigenden Instituten selbst zu tragen sind.[48]

---

47 Die Schaffung einer eigenen Aufsichtsbehörde wurde zum Teil als erster Schritt in Richtung des Trennbankensystems in Deutschland angesehen, vgl. Böttger, Der Vorschlag für eine Richtlinie des Rates über Wertpapierdienstleistungen, S. 276. Dem steht aber entgegen, daß es trotz zweier Aufsichtsbehörden nicht zu einer doppelten Aufsicht der Kreditinstitute kommt, sondern daß sich die Aufsichtsbehörden ergänzen und zusammenarbeiten.

48 Vgl. § 11 WpHG und Verordnung über die Umlegung der Kosten des Bundesaufsichtsamtes für das Kreditwesen vom 14. März 1963 (BGBl. I S. 159), in der Fassung der Verordnung vom 10. Dezember 1984 (BGBl. I S. 1516).

B. Wertpapierdienstleistungsrichtlinie

I. Grundlagen und Ziele der Wertpapierdienstleistungsrichtlinie

Durch die Verabschiedung der Wertpapierdienstleistungsrichtlinie[1] sollten die letzten Hindernisse für die Vollendung des Finanzbinnenmarktes in der EU beseitigt werden. Zwar war die Wertpapierdienstleistungsrichtlinie ursprünglich im Aktionsprogramm der EG-Kommission zur „Vollendung des Binnenmarktes“[2] nicht enthalten, gilt aber als *„ein wesentliches Instrument für die Verwirklichung des Binnenmarktes“*[3].

Daß die Notwendigkeit einer Wertpapierdienstleistungsrichtlinie erst so spät erkannt wurde, hatte im wesentlichen zwei Ursachen.
Zum einen lag es an der der spezifischen Ausgestaltung der zweiten Bankrechtskoordinierungsrichtlinie.[4] Durch diese Richtlinie erhielten die Kreditinstitute den sog. „europäischen Paß“, der sie in Verbindung mit dem Anhang zur Richtlinie berechtigt, mit der Zulassung durch die heimatliche Aufsichtsbehörde im ganzen Gemeinschaftsgebiet Wertpapiergeschäfte zu betreiben. Da die reinen Wertpapierfirmen angelsächsischen Zuschnitts keine Kreditinstitute gemäß der Definition der zweiten Bankrechtskoordinierungsrichtlinie sind, mußten sie auch nicht Belastungen, die an diese Richtlinie anknüpfen – insbesondere die Eigenkapitalanforderungen der Eigenmittelrichtlinie sowie die Richtlinie über Solvabilität – erfüllen. Allerdings blieb ihnen auch die Möglichkeit der Betätigung in den anderen Mitgliedstaaten der EU versagt. Daher drängten diese Wertpapierfirmen auf die Erteilung des „europäischen Passes“ und somit auf den Erlaß der Wertpapierdienstleistungsrichtlinie. Besondere Unterstützung erhielten sie dabei von Goßbritannien, da es dort aufgrund des Trennbankensystems zahlreiche spezialisierte Wertpapierhäuser gibt, wurden jedoch auch von anderen EU-

---

1 Richtlinie 93/22/EWG Abl. Nr. L 141 v. 11.06.1993, S. 27.
2 Vgl. Weißbuch der Kommission an den Europäischen Rat zur Vollendung des Binnenmarktes, Kommission der Europäischen Gemeinschaften, KOM (85) 310 endg. vom 14.06.1985.
3 Präambel der WDR, Abs. 1.
4 Vgl. Rudolph, ZBB 1994, S. 118; Jentsch, WM 1993, S. 2190 f.

Staaten, die genuine Wertpapierfirmen kennen, wie Frankreich und die Niederlande, unterstützt.[5]
Die Wertpapierdienstleistungsrichtlinie stellt somit wie die zweite Bankrechtskoordinierungsrichtlinie eine spezifizierte Ausprägung der nach dem EG-Vertrag bereits bestehenden allgemeinen Dienstleistungs- und Niederlassungsfreiheit dar.[6] Sie hat für den Bereich der Wertpapierdienstleistungen die gleiche Funktion wie im Bankenbereich die zweite Bankrechtskoordinierungsrichtlinie. Mit ihr ist die Einführung eines vereinheitlichten Zulassungsverfahrens für Wertpapierfirmen geschaffen worden.[7]Der Erlaß der Wertpapierdienstleistungsrichtlinie war aber durchaus auch im Interesse Deutschlands. Man befürchtete nämlich, daß die in der zweiten Bankrechtskoordinierungsrichtlinie festgelegte Eingriffskompetenz der Gastländer durch den Begriff des „Allgemeininteresses", der eine Beschränkung der Freizügigkeit zuläßt, zu einem Mißbrauch im Bereich der Wertpapiergeschäfte führen könnte, so daß die Dienstleistungsfreiheit der zweiten Bankrechtskoordinierungsrichtlinie für die deutschen Universalbanken nicht gewährleistet gewesen wäre. Insbesondere einige Bestimmungen des Financial Services Act in Großbritannien gaben Anlaß für diese Befürchtungen. Durch die Wertpapierdienstleistungsrichtlinie wird die Reichweite der Eingriffskompetenz des Gastlandes im Wertpapierbereich nun aber geregelt.[8]

Zum anderen wurde die Notwendigkeit einer Wertpapierdienstleistungsrichtlinie aufgrund des Abbaus der restlichen Kapitalverkehrsbeschränkungen in der EG durch die Dritte Liberalisierungsrichtlinie[9], durch die die Dienstleistungsfreiheit im Wertpapierbereich reale Bedeutung bekam und durch die internationalen Bemühungen zur Harmonisierung der Eigenkapitalnormen in der Wertpapieraufsicht durch die IOSCO (International Organisation of Securities Commissions) offensichtlich.[10]

---

5 Vgl. Horn, ZBB 1999, S. 6; Troberg, in Schimansky/Bunte/Lwowski, § 135 Rdnr. 9; Schulte-Mattler/Traber, S. 99; Rudolph, ZBB 1994, S. 118; Jentsch, Eigenkapitalausstattung und Risikoerfassung bei Wertpapiergeschäften, S. 289.

6 Vgl. Erwe/Waltz, WM 1997, S. 807; Grottke, EuZW 1993, S. 441; Schäfer, AG 1993, S. 390; Maes, Sparkasse 1992, S. 527.

7 Vgl. Fischer, in Schimansky/Bunte/Lwowski, Nachtrag zu §§ 125-133 Rdnr. 3; Boos/Höfer, Die Bank 1995, S. 285; Sohbi, AG 1994, S. 26; Gröschel/Maes, S. 13; Metzger, Sparkasse 1993, S. 361; Schulte-Mattler, EuZW 1992, S. 602.

8 Vgl. Jentsch, WM 1993, S. 2191.

9 Richtlinie 88/361/EWG v. 24.06.1988 zur Durchführung von Artikel 67 des Vertrages, Abl. Nr. L 178 v. 08.07.1988, S. 5.

10 Näher zu diesen Punkten Jentsch, WM 1993, S. 2191.

Letzlich bringt die Wertpapierdienstleistungsrichtlinie für die in Deutschland ansässigen Universalbanken kaum Änderungen mit sich. Dafür führt sie für die Gruppe der sog. freien Vermögensverwalter erstmalig zu einer formalen und inhaltlichen Regulierung ihrer Tätigkeit und hat damit grundsätzliche Änderungen von nicht unerheblichem Ausmaß zur Folge.[11]

II. Anwendungsbereich der Wertpapierdienstleistungsrichtlinie

1) Personaler Anwendungsbereich

Nach Art. 2 Abs. 1 gilt die Wertpapierdienstleistungsrichtlinie für Wertpapierfirmen.

Wertpapierfirmen sind gemäß Art. 1 Nr. 2 juristische Personen, die im Rahmen ihrer üblichen beruflichen oder gewerblichen Tätigkeit gewerbsmäßig Wertpapierdienstleistungen für Dritte erbringt.

Es ist den Mitgliedstaaten aber freigestellt, in den Begriff der Wertpapierfirmen auch nicht-juristische Personen einzubeziehen, wenn gewisse Voraussetzungen erfüllt sind, insbesondere wenn die Rechtsform Dritten einen dem juristischer Personen gleichwertigen Schutz bietet und die Aufsicht vergleichbar ist. Dabei geht es in erster Linie um die Vermögenstrennung, die Wahrung der Eigentumsrechte der Kunden an Wertpapieren und Geldern im Falle der Insolvenz und die aufsichtsrechtliche Erfassung dieser Wertpapierfirmen.[12] Hierdurch wird dem Ziel des Anlegerschutzes Rechnung getragen. Wenn die natürliche Person Dienstleistungen erbringt, die das Halten von Geldern oder Wertpapieren umfaßt, so müssen noch weitere Voraussetzungen für die Zulassung als Wertpapierfirma erfüllt sein.

Ausgenommen vom Anwendungsbereich der Wertpapierdienstleistungsrichtlinie – dies erfolgte besonders auf deutschen Wunsch – sind die Anlagenvermittler, die lediglich Aufträge für die Anschaffung oder Veräußerung von Wertpapieren oder Investmentfondsanteilen entgegennehmen, wie Vermittler von Investmentsparplänen oder Versicherungsvermittler, die im Nebengeschäft, was durchaus üblich ist, Wertpapierdienstleistungen erbringen.[13]

---

[11] Vgl. Schäfer, AG 1993, S. 391; Böttger, Der Vorschlag für eine Richtlinie des Rates über Wertpapierdienstleistungen, S. 266.

[12] Vgl. Grottke, EuZW 1993, S. 441.

[13] Vgl. Jentsch, WM 1993, S. 2192; Metzger, Sparkasse 1993, S. 361; Schäfer, AG 1993, S. 391.

Grundsätzlich gilt die Wertpapierdienstleistungsrichtlinie für alle Unternehmen, die im Wertpapierhandel tätig sind, und damit auch für die Universalbanken. Jedoch müssen sie nicht alle Zulassungs- und Aufsichtskriterien erfüllen, da sie diesen aufgrund der parallelen Regelungen der zweiten Bankrechtskoordinierungsrichtlinie schon nach dem allgemeinen Kreditwesenrecht nachkommen müssen.[14] Auf die Erbringung von Wertpapierdienstleistungen durch Kreditinstitute findet die Wertpapierdienstleistungsrichtlinie daher gemäß Art. 2 Abs. 2 S. 1 nur äußerst eingeschränkte Anwendung. Nur soweit die zweite Bankrechtskoordinierungsrichtlinie keine Regelung geschaffen hat, wie bei bestimmten Verhaltensregeln, welche die Anleger schützen sollen, findet die Wertpapierdienstleistungsrichtlinie auch auf Kreditinstitute Anwendung. Von besonderer Bedeutung sind dabei die Vorschriften zur Eigenkapitalunterlegung von Wertpapiergeschäften gem. Art. 8 Abs. 2 (mit bezug auf die Kapitaladäquanzrichtlinie).

2) Wertpapierdienstleistungen

Der Begriff der Wertpapierdienstleistungen ist zentraler Anknüpfungspunkt für die Einstufung eines Unternehmens als Wertpapierfirma.
Sobald eine Wertpapierfirma eine Wertpapierdienstleistung erbringt, bedarf sie der Zulassung durch ihr Herkunftsland und erhält den europäischen Paß. Sie fällt damit unter den aufsichtsrechtlichen Regelungsrahmen.
Wertpapierdienstleistung ist dabei nach Art. 1 Nr. 1 der Wertpapierdienstleistungsrichtlinie *„jede für Dritte erbrachte Dienstleistung, die in Abschnitt A des Anhangs aufgeführt ist und sich auf eines der Instrumente in Abschnitt B des Anhangs bezieht"*.
Als Dienstleistungen werden aufgeführt:

1) a) Annahme und Übermittlung – für Rechnung von Anlegern – von Aufträgen.
   b) Ausführung solcher Aufträge für fremde Rechnung.
2) Die Anschaffung und Veräußerung jedes der in Abschnitt B genannten Instrumente für eigene Rechnung.
3) Individuelle Verwaltung einzelner Portefeuilles mit einem Ermessensspielraum im Rahmen eines Mandats der Anleger.
4) Übernahme (underwriting) von Emmissionen und /oder Plazierung solcher Emmissionen beim Publikum.

[14] Vgl. Troberg, in Schimansky/Bunte/Lwowski, § 135 Rdnr. 10; Schäfer, AG 1993, S. 392.

Die Einbeziehung des Eigenhandels scheint widersprüchlich zu sein, da er – soweit er ausschließlich betrieben wird – nicht „für Dritte" erbracht wird, so wie es Art. 1 Nr. 1 WDR vorschreibt. Mit dem Eigenhandel dürfte aber wohl die Darstellung der Marktgegenseite für Investoren gemeint sein, wie es zum Beispiel bei der Kommission mit Selbsteintritt bei den Banken der Fall ist oder bei dem Vertrieb von Wertpapierdienstleistungen im Eigeninteresse gegenüber Investoren statt an geregelten Märkten gegenüber anonymen Marktteilnehmern.[15] Nicht unter den Eigenhandel soll dagegen die Tätigkeit von Unternehmen fallen, deren Haupttätigkeit nicht das Bank- oder Wertpapiergeschäft ist, sondern die den Handel mit Wertpapieren lediglich im Treasury oder Liquidity Management betreiben.[16]

Als „Instrumente", die das Zulassungserfordernis der oben genannten Dienstleistungen auslösen, werden in Abschnitt B folgende genannt:

1) Wertpapiere und Investmentanteilscheine.
2) Geldmarktinstrumente.
3) Finanzterminkontrakte (Futures) einschließlich gleichwertiger Instrumente mit Barzahlung.
4) Zinsterminkontrakte (FRA).
5) Zins- und Devisenswaps sowie Swaps auf Aktien- oder Aktienindexbasis („equity swaps").
6) Kauf- oder Verkaufsoptionen auf alle unter diesen Abschnitt B fallende Instrumente einschließlich gleichwertiger Instrumente mit Barzahlung. Zu dieser Kategorie gehören insbesondere die Devisen- und Zinsoptionen.

Die Zulassung umfaßt die in Abschnitt A des Anhangs genannten Wertpapierdienstleistungen, die die Wertpapierfirma erbringen darf.[17] Ferner kann sich die Zulassung auf die in Abschnitt C des Anhangs genannten Nebendienstleistungen beziehen. Für die Nebendienstleistungen gilt der Europäische Paß aber nur, wenn sie im Zusammenhang mit den im Abschnitt A des Anhangs genannten Wertpapierdienstleistungen erbracht werden, sie dürfen also von einem Unternehmen nicht ausschließlich betrieben werden.[18]

---

[15] Vgl. Schäfer, AG 1993, S. 391.

[16] Vgl. Schäfer, AG 1993, S. 391; Böttger, Der Vorschlag für eine Richtlinie des Rates über Wertpapierdienstleistungen, S. 271; Hoffmann, S. 103.

[17] Vgl. Art. 3 Abs. 1 S. 3 WDR.

[18] Vgl. Art. 3 Abs. 1 S. 4 und 5 WDR; Gruner-Schenk, S. 250. Streit besteht allerdings darüber, ob die Nebendienstleistung eine „Hilfstätigkeit" zu einer Hauptdienstleistung darstel-

Daneben darf eine Wertpapierfirma noch andere Tätigkeiten durchführen, allerdings nicht grenzüberschreitend, sondern auf ihren Herkunftsmitgliedstaat begrenzt.[19]

Zusammenfassend kann man also die folgenden Gruppen mit folgenden Sachverhalten unter den Begriff „grenzüberschreitende Wertpapierdienstleistungen" subsumieren:[20]

- Die geschäftlichen Beziehungen zwischen zwischen einem in einem Mitgliedstaat angesiedelten Anleger und einem in einem anderen Mitgliedstaat angesiedelten Wertpapierdienstleistungsunternehmen (bzgl. Der Ausführung eines Wertpapierauftrags);
- die geschäftlichen Kontakte mit einem in einem anderen Mitgliedstaat angesiedeltem Wertpapierdienstleistungsunternehmen;
- die geschäftliche Beziehung zwischen zwei in unterschiedlichen Mitgliedstaaten angesiedelten Wertpapierdienstleistungsunternehmen und
- der Zugang eines Wertpapierdienstleistungsunternehmens zu einem in einem anderen Mitgliedstaat ansässigen regulierten Markt oder einer Clearingeinrichtung.

Für Kreditinstitute wird das Erbringen der Wertpapierdienstleistungen und der Nebenleistungen über den Anhang zur zweiten Bankrechtskoordinierungsrichtlinie abgedeckt.

III. Bewertung

Die Wertpapierdienstleistungsrichtlinie stellt einen wichtigen Schritt zur Vollendung des Finanzbinnenmarktes dar. Durch sie wird die Dienstleistungs- und Niederlassungsfreiheit in der Europäischen Gemeinschaft für Wertpapierfirmen, die keine Kreditinstitute im Sinne der EG-Definition sind, realisiert. Damit wurde die Voraussetzung für einheitliche Wettbewebsbedingungen im Bereich des Wertpapierdienstleistungsangebots von Kreditinstituten und Wertpapierfirmen im Binnenmarkt geschaffen.

---

len muß oder ob bei einer Zulassung zu einer Hauptdienstleistung automatisch alle in Abschnitt C aufgeführten Nebendienstleistungen mit erfaßt werden; zu dem Streit siehe Schäfer, AG 1993, S. 392.

[19] Vgl. Gruner-Schenk, S. 250; Metzger, Sparkasse 1993, S. 362.

[20] Aufzählung nach Kurth, WM 2000, S. 1523.

Diese Tendenz ist zu begrüßen, denn Wertpapierfirmen betreiben in diesem bedeutenden Marktsegment die gleichen Geschäfte wie Kreditinstitute. Durch den Marktzutritt der Wertpapierfirmen wird der Wettbewerb nunmehr steigen. So haben bis Mitte 1998 schon mehr als 1000 Kreditinstitute und Wertpapierdienstleistungsunternehmen aus den anderen Mitgliedstaaten ihre Absicht zur Erbringung von Wertpapierdienstleistungen in Deutschland angezeigt.[21] Der steigende Wettbewerb wird dem Verbraucher in Form von sinkenden Kosten und einer qualitativen Steigerung der angebotenen Produkte zugute kommen.[22]

Es sollte aber nicht übersehen werden, daß durch die Wertpapierdienstleistungsrichtlinie die gesamte Gruppe der Wertpapierfirmen den gleichen Anforderungen unterworfen wird, obwohl diese Gruppe in sich relativ inhomogen ist.[23] Dies ließ sich jedoch nicht vermeiden, da Richtlinien immer eine Kompromißlösung darstellen, allein schon wegen der notwendigen Berücksichtigung der verschiedenen, auch historisch bedingten Ausgangssituation in den Mitgliedsländern.

Kritisch gesehen wird teilweise der funktionale „Level-Playing-Field-Ansatz" der mit der Wertpapierdienstleistungsrichtlinie gewählt wurde. Es wird befürchtet, daß damit der Beginn einer Entwicklung eingeleitet wurde, die die Eigenkapitalerfordernisse nicht mehr nur auf den Finanzsektor beschränkt, sondern auch Regularien für die derivativen Geschäfte und Positionen von z.B. Industrieunternehmen trifft.[24]
Es ist allerdings nur konsequent, wenn auch Unternehmen außerhalb des Finanzsektors in den Aufsichtsbereich einbezogen werden, wenn sie vergleichbare Geschäfte betreiben. Denn ansonsten kann auch von ihnen ein Risiko für die Stabilität des Finanzmarktes ausgehen und das Ziel des Gläubigerschutzes kann möglicherweise nicht eingehalten werden. Gerade bei der zunehmenden Aufhebung der Betätigungsgrenzen der einzelnen Institute erscheint ein funktioneller Ansatz am geeignetsten, um die Wettbewerbsneutralität zu gewährleisten.[25]

Die Wertpapierdienstleistungsrichtlinie machte die Einrichtung einer speziellen Wertpapieraufsicht – in Deutschland das Bundesaufsichtsamt für den Wertpa-

---

[21] Vgl. Wittich, WM 1998, S. 1527.
[22] Vgl. Fischer, F.A.Z. vom 29.11.1999, S. 24; Piontke, F.A.Z. vom 09.06.1999, S. 32; Schork, Einleitung, S. 50.
[23] Vgl. Knobl, S. 41.
[24] Vgl. Schulte-Mattler, ZBB 1994, S. 338; Rudolph, ZBB 1994, S. 128.
[25] Vgl. Schulte-Mattler, ZBB 1994, S. 337; zum Begriff des funktionalen Ansatzes siehe oben, Teil I, B. III. 2).

pierhandel – erforderlich. Dies war eine zwingende Folge der von der Kommission gewählten Doppelstrategie bei der Harmonisierung der Regeln zum Bankenaufsichtsrecht. Dadurch unterfallen die in Deutschland vorherrschenden Universalbanken der Aufsicht von zwei Aufsichtsbehörden, was einen erhöhten Aufwand und damit auch höhere Kosten für die Kreditinstitute zur Folge hat. Gleichzeitig kommt es zu Kompetenzüberschneidungen zwischen den Aufsichtsbehörden.[26] Hätte die Kommission einen weiten Kreditinstitutsbegriff – wie im deutschen Kreditwesengesetz – gewählt, so hätte unter den Regelungskategorien des Universalbankensystems der gesamte Bereich des Wertpapiergeschäfts durch die Bankenrichtlinien abgedeckt werden können; einer gesonderten Wertpapierdienstleistungsrichtlinie hätte es dafür nicht bedurft.

Allerdings wird die Schaffung einer eigenständigen Aufsichtsbehörde für das Wertpapiergeschäft auch teilweise als durchaus positiv angesehen.[27] Es besteht die Hoffnung, daß durch die Existenz des Bundesaufsichtsamt für den Wertpapierhandel, das ja besonders den Anlegerschutz verfolgt, das Mißtrauen gegenüber den Aktienmärkten vermindert wird. Besondere Bedeutung erlangt dabei die intensivierte Aufsicht im Bereich des sogenannten „grauen“[28] Kapitalmarkts. Dadurch könnte der Aktienmarkt, der bislang bei den deutschen Kapitalanlegern eher eine untergeordnete Rolle spielt[29], einen erheblichen Aufschwung nehmen, was sowohl im Interesse der börsennotierten Unternehmen als auch im Interesse der Banken wegen der dabei anfallenden Provisionen ist.

Bedenklich erscheint allerdings die Regelung des Art. 11 Abs. 2 WDR, wonach nicht nur das Herkunfts- sondern auch das Gastland den Wertpapierfirmen bestimmte Verhaltensregeln auferlegen darf.[30] Dadurch besteht die Gefahr, daß die gleiche Tätigkeit eines Unternehmens in verschiedenen Mitgliedstaaten unterschiedlich behandelt wird. Eine solche Ungleichbehandlung läuft den Grund-

---

[26] Zu den Zuständigkeitsbereichen der Aufsichtsbehörden und den aus den Überschneidungen resultierenden Problemen vgl. unten, Teil II, C. II. 8) f).

[27] Vgl. Wermuth, Sparkasse 1994, S. 21.

[28] Mielk spricht in diesem Zusammenhang sogar von einem „pechschwarzen“ Kapitalmarkt, vgl. WM 1997, S. 2201.

[29] Zwar ist durch die Börsenplazierung der sogenannten Volksaktien Deutsche Telekom und Deutsche Post eine gesteigerte Aufmerksamkeit für den Aktienmarkt in der deutschen Bevölkerung zu registrieren. Im internationalen Vergleich, und insbesondere im Vergleich zu den Vereinigten Staaten von Amerika, spielt der Aktienmarkt bei der Kapitalanlage in Deutschland aber immer noch eine geringe Rolle.

prinzipien, die bei der Harmonisierung des Bankenaufsichtsrechts in der EG verfolgt wurden, zuwider und stellt sich daher als systemwidrig dar. Sie ist nur damit zu rechtfertigen, daß in diesem besonders sensiblen Bereich ein vorrangiges Interesse daran besteht, die gewachsenen Strukturen der jeweiligen nationalen Märkte zu bewahren.[31]

Insgesamt bleibt festzuhalten, daß durch die Wertpapierdienstleistungsrichtlinie zwar der „Europäische Paß" für Wertpapierfirmen und somit auch ein einheitlicher Markt für Wertpapierdienstleistungen geschaffen wurde, gleichzeitig aber auch das System aufsichtsrechtlicher Regelungen verkompliziert und damit die Kosten für die beaufsichtigten Unternehmen allgemein in die Höhe getrieben wurden.

IV. Umsetzung im KWG

Die Regelungen der Wertpapierdienstleistungsrichtlinie wurden durch die sechste KWG-Novelle in deutsches Recht transformiert. Dabei wurde eine Reihe von neuen Begriffsbestimmungen, insbesondere neue Institutsdefinitionen und neue aufsichtsrechtliche Geschäftsarten[32]in das Kreditwesengesetz eingeführt.

1) Definition des Finanzdienstleistungsinstituts

Durch die sechste KWG-Novelle wurde im Rahmen der Umsetzung der Wertpapierdienstleistungsrichtlinie die Definition des Finanzdienstleistungsinstituts in das Kreditwesengesetz eingeführt. Analog zur tatbestandlichen Umschreibung der Kreditinstitutstypen durch das Merkmal des Bankgeschäfts wird er von § 1 Abs. 1a S. 1 KWG durch das konstitutive Merkmal der sogenannten Finanzdienstleistungen definiert. Bereits bei Ausübung einer der in § 1 Abs. 1a S. 2 KWG als Finanzdienstleistungen aufgezählten Tätigkeiten ist vorbehaltlich einer Ausnahmeregelung (§ 2 KWG, insbesondere dessen Abs. 6) der gesamte aufsichtsrechtliche Regelungsrahmen auf das Unternehmen anwendbar, ohne daß es

---

30 Vgl. Burghof/Rudolph, S. 200; Breuer, S. 46; Troberg, in Schimansky/Bunte/Lwowski, § 135 Rdnr. 10, der darin sogar einen möglichen Verstoß gegen das EG-Prinzip der Dienstleistungsfreiheit sieht.

31 Vgl. Gruner-Schenk, S. 263.

32 Vgl. zu den Abgrenzungsproblemen bei den neu eingeführten Geschäftsarten Zerwas/Hanten, ZBB 2000, S. 44 ff.

per definitionem Kreditinstitut ist und Bankgeschäfte betreibt. Umgekehrt kann jedes Kreditinstitut, das über eine Banklizenz verfügt, auch Finanzdienstleistungen erbringen. Dies wird deutlich aus dem Umkehrschluß der Einschränkung des § 1 Abs. 1a S. 1 KWG, wonach Finanzdienstleistungsinstitute Unternehmen sind, die Finanzdienstleistungen erbringen und keine Kreditinstitute sind. Dabei wird also vorausgesetzt, daß es auch Kreditinstitute gibt, die Finandienstleistungen erbringen. Gegenüber der Einordnung als Kreditinstitut ist die Qualifikation eines Unternehmens als Finanzdienstleistungsinstitut daher subsidiär, d.h. ein Kreditinstitut kann nie gleichzeitig Finanzdienstleistungsinstitut im Sinne des Kreditwesengesetzes sein.[33]

Gemäß § 1 Abs. 1a S. 1 KWG sind Finanzdienstleistungsinstitute *„Unternehmen, die Finanzdienstleistungen für andere gewersmäßig oder in einem Umfang erbringen, der einen in kaufmännischer Weise eingerichteten Geschäftsbetrieb erfordert, und die keine Kreditinstitute sind"*. Finanzdienstleistungen sind gemäß § 1 Abs. 1a S. 2 KWG:

1. die Vermittlung von Geschäften über die Anschaffung und Veräußerung von Finanzinstrumenten oder deren Nachweis (Anlagevermittlung),
2. die Anschaffung und die Veräußerung von Finanzinstrumenten im fremden Namen für fremde Rechnung (Abschlußvermittlung),
3. die Verwaltung einzelner in Finanzinstrumenten angelegter Vermögen für andere mit Entscheidungsspielraum (Finanzportfolioverwaltung),
4. die Anschaffung und die Veräußerung von Finanzinstrumenten im Wege des Eigenhandels für andere (Eigenhandel),
5. die Vermittlung von Einlagengeschäften mit Unternehmen mit Sitz außerhalb des Europäischen Wirtschaftsraums (Drittstaateneinlegevermittlung),
6. die Besorgung von Zahlungsaufträgen (Finanztransfergeschäft) und
7. der Handel mit Sorten.

Im wesentlichen entsprechen die Finanzdienstleistungsinstitute den in der Wertpapierdienstleistungsrichtlinie erfaßten Wertpapierfirmen.[34] Die ersten vier Geschäftsarten stehen im Einklang mit dem EG-rechtlichen Tatbestand einer Wertpapierfirma. Allerdings sind nicht sämtliche in der Wertpapierdienstleistungsrichtlinie aufgeführten Tätigkeiten als Finandienstleistungen in § 1 Abs. 1a S. 2

---

[33] Vgl. Meixner, NJW 1998, S. 863; Büschgen, Bankbetriebslehre, S. 20; Boos, Die Bank 1997, S. 120.

[34] Vgl. Wittich, WM 1998, S. 1526.

KWG definiert worden. Das hat seine Ursache in dem weiten Kreditinstitutsbegriff des deutschen Kreditwesengesetzes. Die Wertpapierdienstleistungsrichtlinie enthält für die Einstufung als Wertpapierfirma mit dem Finanzkommissionsgeschäft und dem Emissionsgeschäft Tätigkeiten, die bereits § 1 Abs. 1 S. 2 Nr. 4 und 10 KWG als Bankgeschäft definiert sind. Daran wird erkennbar, daß der Gesetzgeber auch weiterhin an der weiten Kreditinstitutsdefinition und damit dem Universalbankenprinzip festhalten will.[35]

Über die Vorgabe der Wertpapierdienstleistungsrichtlinie hinaus wurden auch das Drittstaateneinlagen-, das Finanztransfer- und das Sortengeschäft als weitere spezielle Tätigkeiten der Aufsicht unterstellt. Damit soll eine effektivere Bekämpfung der Geldwäsche und des sog. grauen Kapitalmarktes erreicht werden, denn insbesondere die Geldwäscheaktivitäten in Wechselstuben haben einen erheblichen Handlungsbedarf ersichtlich werden lassen.[36]

In § 1 Abs. 1b KWG werden die Finanzdienstleistungsunternehmen und die Kreditinstitute unter dem Begriff „Institut" zusammengefaßt. An diesen Begriff des „Instituts" knüpft der Großteil der Vorschriften des Kreditwesengesetzes an und impliziert damit eine weitgehende Gleichbehandlung beider Institutstypen.[37]

2) Definition des „Finanzunternehmens"

Der Begriff der Finanzunternehmen wurde als Restgröße für Unternehmen des Finanzsektors mit Ausnahme der Versicherungen in § 1 Abs. 3 KWG eingeführt. Danach sind Finanzunternehmen solche Unternehmen, die weder Kreditinstitut noch Finanzdienstleistungsinstitut sind und deren Haupttätigkeit darin besteht,

1. Beteiligungen zu erwerben,
2. Geldforderungen entgeltlich zu erwerben,
3. Leasingverträge abzuschließen,
4. Kreditkarten oder Reiseschecks auszugeben oder zu verwalten,
5. Mit Finanzinstrumenten für eigene Rechnung zu handeln (d.h. der reine Eigenhandel, der nicht im Auftrag für einen Kunden erfolgt),

---

[35] Vgl. C&L Deutsche Revision, S. 70; Deutchen Bundesbank, Monatsbericht Januar 1998, S. 62.

[36] Vgl. Deutchen Bundesbank, Monatsbericht Januar 1998, S. 64; Mielk, WM 1997, S. 2202.

6. Andere bei der Anlage in Finanzinstrumenten zu beraten (Anlageberatung),
7. Unternehmen über die Kapitalstruktur, die industrielle Strategie und die damit verbundenen Fragen zu beraten sowie bei Zusammenschlüssen und Übernahmen von Unternehmen diese zu beraten und ihnen Dienstleistungen anzubieten oder
8. Darlehen zwischen Kreditinstituten zu vermitteln (Geldmaklergeschäfte).

Der Begriff des Finanzunternehmens ist Anknüpfungspunkt für verschiedene aufsichtsrechtliche Tatbestände, wie die Einbeziehung in die Eigenkapital- und Großkreditkonsolidierung, ohne die betreffenden Unternehmen in die unmittelbare Solvenzaufsicht des Bundesaufsichtsamt für das Kreditwesen aufzunehmen.

Der Begriff des Finanzunternehmens ersetzt den bis zur Sechsten KWG-Novelle geltenden Begriff des Finanzinstituts, um so eine eindeutige (vor allem auch sprachliche) Abgrenzung vom Institutsbegriff – der Kreditinstitute und Finanzdienstleistungsinstitute umfaßt – zu schaffen.[38]
Allerdings sind trotzdem Abgrenzungsprobleme zu erwarten[39], da das Abgrenzungskriterium für die Eigenhandelstatbestände nach § 1 Abs. 1a Ziffer 4 und § 1 Abs. 3 Ziffer 5 KWG darin liegt, ob sich das Geschäft als Dienstleistung für andere darstellt – dann Finanzdienstleistung nach § 1 Abs. 1a S. 2 Nr.4 KWG – oder nicht – dann Finanzunternehmen nach § 1 Abs. 3 S. Nr. 5 KWG. Damit bekommt die Abgrenzung eine subjektive Komponente, die zu widersprüchlichen Einordnungen führen kann. So stellt sich die Frage, ob der Eigenhandel, der in der Absicht erfolgt, an Dritte weiterzuveräußern, bereits Dienstleistungscharakter hat.

3) Ausnahmen gem. § 2 KWG

Mit der Sechsten KWG-Novelle wurden auch wieder Ausnahmen vom Begriff des Kreditinstitutes normiert. Besondere Bedeutung hat dabei § 2 Abs. 1 Nr. 7 KWG, der Unternehmen, die Bankgeschäfte ausschließlich mit ihrem Mutterunternehmen oder ihren Tochter- oder Schwesterunternehmen betreiben, von der Einstufung als Kreditinstitut befreit. Das ist von Vorteil für diese Unternehmen,

---

[37] Vgl. Büschgen, Bankbetriebslehre, S. 20; Karg/Lindemann, Sparkasse 1997, S. 123.
[38] Vgl. Meixner, NJW 1998, S. 863; Boos, Die Bank 1997, S. 121.
[39] Vgl. Mielk, WM 1997, S. 2202 f.

da sie damit den strengen Vorschriften des Bankenaufsichtsrechts nicht unterliegen. Sie werden also von der hoheitlichen Beaufsichtigung nach dem Kreditwesengesetz ausgenommen.
Nach Ansicht des Gesetzgebers besteht kein öffentliches Interesse an der Beaufsichtigung solcher Unternehmen, da von Konzernunternehmen zu erwarten sei, daß sie ihre Interessen selbst wahrnehmen. Zudem seien keine Belange geschäftlich unerfahrener Dritter berührt.[40]
Der Umfang des Konzernprivilegs wird durch die Definition der relevanten Begriffe Mutter-, Tochter- und Schwesterunternehmen in § 1 Abs. 6 und 7 KWG bestimmt.[41]

Mit der Befreiung dieser Unternehmen wurde der Gleichklang mit den Richtlinienvorgaben der EG hergestellt. Dort sind Unternehmen, die Bankgeschäfte ausschließlich mit Konzernunternehmen betreiben, schon jeher von dem Begriff des Kreditinstituts ausgenommen. Dies folgt aus dem engen Kreditinstitutsbegriff der Richtlinien, da Geldströme innerhalb eines Konzerns schon nicht als Einlagen oder andere rückzahlbare Gelder des Publikums zu qualifizieren sind.[42]

Es erscheint aber trotzdem fraglich, ob die Ausnahme der Unternehmen, die Bankgeschäfte ausschließlich mit ihrem Mutterunternehmen oder ihren Tochter- oder Schwesterunternehmen betreiben, von der hoheitlichen Beaufsichtigung nach dem Kreditwesengesetz sinnvoll und konsequent ist.
Es können sich nämlich Ansteckungsgefahren ergeben, in der Form, daß sich eine finanzielle Krise bei einem Gruppenunternehmen auf andere Gruppenunternehmen ausdehnen und dadurch zu Nachteilen bei deren Gläubigern führen kann.[43] Dadurch besteht auch eine Gefahr für außenstehende Dritte, wenn zum Beispiel das Unternehmen, auf das sich die Krise ausdehnt, verbriefte und direkt plazierte Anleihen auf den Markt gebracht hat. Die Bedienung und Rückzahlung dieser Anleihen kann dann unmöglich werden, was zu Verlusten bei den Anlegern führt. Zudem besteht in einem solchen Fall kein zusätzlicher Finanzintermediär zwischen dem Unternehmen und dem Gläubiger, der den Ausfall entsprechend kompensieren könnte.[44]

---

[40] Vgl. Regierungsentwurf zur Sechsten KWG-Novelle, BR-DS 963/96, Besonderer Teil, zu Nummer 4.

[41] Vgl. im einzelnen zu der Abgrenzung der von der Ausnahme erfaßten Unternehmen Kollmann, WM 1998, S. 1573 f.

[42] Vgl. Troberg, in Schimansky/Bunte/Lwowski, § 135 Rdnr. 2.

[43] Vgl. Schieber, WM 1999, S. 2287.

[44] Vgl. Zimmermann, Sparkasse 1994, S. 25.

Des weiteren kann es zu einem Vertrauensverlust am Markt kommen. Dieser kann zum einen darin bestehen, daß das zuvor noch nicht von der Krise betroffene Unternehmen selbst an Kreditwürdigkeit verliert und dadurch in Gefahr gerät. Zum anderen kann als weitere Gefahr ein Vertrauensverlust in die Finanzmärkte erwachsen, so daß andere Marktteilnehmer aus Angst vor weiteren Ausfällen ihre Wertpapierprogramme zurückziehen oder nicht verlängern. Das führt zu einer erheblichen Beeinträchtigung der Marktliquidität und stellt somit eine Bedrohung für die Solidität der Finanzmärkte an sich dar.[45]
Auf diesen Aspekt der Funktionsfähigkeit und Solidität des Finanzmarktes, der ein anerkanntes Ziel der Bankenaufsicht darstellt und deren Notwendigkeit begründet[46], geht die Begründung zur Neufassung des Kreditwesengesetzes aber überhaupt nicht ein. Aus der Begründung ließe sich daher schlußfolgern, daß der Gläubigerschutz das einzige Ziel der Bankenaufsicht sei. Dies ist aber unstreitig – wie bereits dargelegt – nicht der Fall.

Auch vermag die Begründung des Gesetzgebers für die Ausnahme der Konzernunternehmen von der Beaufsichtigung, daß die Belange geschäftlich unerfahrener Dritter nicht berührt seien und daß Konzernunternehmen ihre Interessen selbst wahrnehmen könnten, nicht zu überzeugen. Wenn allein auf diese Begründung abgestellt wird, müßte der Gesetzgeber noch weitaus mehr Unternehmen von der Beaufsichtigung ausnehmen, nämlich diejenigen, die ausschließlich mit anderen Unternehmen generell, also auch außerhalb des Konzerns, Bankgeschäfte betreiben. Diese sind in der Regel auch keine „geschäftlich unerfahrenen Dritten" und können ihre Interessen auch selbst wahrnehmen.[47] Insofern erscheint die Ausnahmeregelung des § 2 Abs. 1 Nr. 7 KWG inkonsequent.[48]

4) Bewertung

Durch die Wertpapierdienstleistungsrichtlinie war Deutschland verpflichtet, die sogenannten Wertpapierfirmen unter staatliche Aufsicht zu stellen. In Zusammenhang mit der dabei gewährten Freizügigkeit für europäische Wertpapierhäu-

---

[45] Vgl. Schieber, WM 1999, S. 2287; Zimmermann, Sparkasse 1994, S. 25.
[46] Siehe dazu oben, Teil I, B. IV. 2) a).
[47] So auch Kollmann, WM 1998, S. 1574.
[48] Wobei allerdings die durch die EG-rechtlichen Vorgaben gesetzten Grenzen nicht übersehen werden dürfen. So ist z.B. die Einbeziehung von Gleichordnungskonzernen in die Ausnahmeregelung nicht möglich, vgl. Regierungsentwurf zu sechsten KWG-Novelle, BR-DS 963/96, Besondere Begründung, Zu Nummer 4.

ser mußte auch der Bereich der der Bankenaufsicht unterstehenden Geschäftsfelder erweitert werden. Dabei stellte sich für den deutschen Gesetzgeber das Problem, einerseit eine Flut von Vorschriften in das Kreditwesengesetz einzuarbeiten, die teilweise sowohl für Wertpapierfirmen als auch für Kreditinstitute, teilweise nur für eine dieser Gruppen und teilweise für Geschäftsarten oder Untergruppen dieser Institute gelten. Diese Schwierigkeiten wurden noch verstärkt durch die hohen Bestimmtheitsanforderungen in der deutschen Gesetzgebung, die eine päzisere Umschreibung der Rechte und Pflichten erfordert, als dies in den Richtlinien-Texten vorgenommen wurde.[49] Andererseits durfte dies nicht zu einer Beeinträchtigung des bewährten Universalbankensystems führen.
Dieser Zielkonflikt war nur durch eine weitere Komplizierung des Kreditwesengesetzes zu lösen[50], was zu einer enormen personellen, organisatorischen und finanziellen Belastung bei den deutschen Banken führt.[51] Diese Belastung resultiert daraus, daß immer neue EDV-gestützte Modelle zur Erfüllung der aufsichtsrechtlichen Vorgaben in den einzelnen Kreditinstituten implementiert werden müssen. Dadurch fallen bei der Anschaffung oder Umrüstung der EDV-Systeme hohe Kosten an. Zudem müssen neue Mitarbeiter zur Bedienung der EDV-Systeme eingestellt werden oder es müssen Mitarbeiter aus anderen Bereichen abgezogen werden. Dies führt dann zu einer Schwächung dieser Bereiche.

Kreditinstitut lassen sich nun als klassische Einlagenkreditinstitute, Wertpapierhandelsbanken oder sonstige Kreditinstitute klassifizieren. Diese Differenzierung ist vor allem für die unterschiedliche Mindestkapitalausstattung von Bedeutung.

Als weitere Folge der Einführung des Begriffes des Finanzdienstleistungsinstituts in das deutsche Kreditwesengesetz werden Institute, die Wertpapierdienstleistungen erbringen, nunmehr einer zweifachen Aufsicht unterworfen. Während das Bundesaufsichtsamt für das Kreditwesen die Zulassungs- und Solvenzaufsicht innehat, obliegt die Marktaufsicht – insbesondere die Überwachung der Einhaltung von Verhaltensregeln - dem Bundesaufsichtsamt für den Wertpapierhandel.[52] Dabei ist unter der Solvenzaufsicht die Überwachung der Fähigkeit

---

[49] Vgl. Jentsch, WM 1993, S. 2195.

[50] Weber/Nägele, ZfgKw 1998, S. 753 bezeichnen das Kreditwesengesetz sogar als ein *„Flickwerk und eine babylonische Begriffsverwirrung"*.

[51] Vgl. Boos, Die Bank 1997, S. 125; Karg/Lindemann, Sparkasse 1997, S. 123; Lehnhoff, ZfgKw 1997, S. 1167.

[52] Vgl. Regierungsentwurf zur Sechsten KWG-Novelle, BR-DS 963/96, Allgemeine Begründung, VI.

von Unternehmen, ihr Bestehen und die ständige Erfüllbarkeit aller fälligen Verbindlichkeiten durch eine dementsprechenden Geschäftspolitik und ausreichendes Eigenkapital sicherzustellen, gemeint. Die Marktaufsicht betrifft dagegen die Sicherung des Anlegerschutzes, die Transparenz der Wertpapiermärkte und die Integrität des Kapitalmarktes.[53] Es wird das Verhalten der Kreditinstitute und der anderen Marktteilnehmer auf Recht- und Ordnungsmäßigkeit überwacht.[54]

Der Arbeitsteilung zwischen den beiden Behörden liegt also ein funktionaler Ansatz zugrunde. Entsprechend der funktionalen Aufgabenteilung zwischen den beiden Bundesbehörden wurden Regelungen, die in den Zuständigkeitsbereich des Bundesaufsichtsamt für das Kreditwesen fallen, im Kreditwesengesetz und Regelungen, die in den Zuständigkeitsbereich des Bundesaufsichtsamts für den Wertpapierhandel fallen, im Wertpapierhandelsgesetz umgesetzt. Diese Modifizierung der Aufsichtsstruktur war aufgrund der komplexen Eigenmittelunterlegungsvorschriften der Kapitaladäquanzrichtlinie sowie im Interesse einer einheitlichen Rechtsanwendung geboten.
Inwieweit diese doppelte Aufsicht zu Abstimmungsproplemen zwischen den Aufsichtsbehörden führt, bleibt abzuwarten.

Aufgrund des weit gefaßten Katalogs der Finanzdienstleistungen unterfallen nunmehr neben den bereits erfaßten rund 3700 Kreditinstitute weitere 7500 Unternehmen, von denen allerdings die meisten Wertpapierdienstleistungen erbringen, der Bankenaufsicht.[55] Dadurch wird eine empfindliche Lücke im deutschen Aufsichtssyystem geschlossen und der Anlegerschutz wird verbessert. Dies bedeutet allerdings auch für das Bundesaufsichtsamt für das Kreditwesen quantitativ eine erhebliche Mehrbelastung. So verzeichnete die Behörde bei Ermittlungen wegen unerlaubter Finanzdienstleistungen eine deutliche Zunahme. Nachdem im ganzen Jahr 1998 gegen 713 Unternehmen neu ermittelt wurde, waren es im September 1999 schon 691 Unternehmen.[56] Es besteht die Gefahr, daß durch diese Mehrbelastung die Qualität der Aufsicht, an die bereits erhöhte Anforderungen durch den Einsatz interner Risikosteuerungsmodelle gestellt sind[57], nicht leidet.

---

[53] Vgl. Beck/Samm, Band II, A 1/15b I.
[54] Vgl. Kümpel, WM-Festgabe für Thorwald Hellner vom 9.Mai 1994, S. 35.
[55] Vgl. Trouet, ZfgKw 1998, S. 760; Wittich, WM 1998, S. 1526; Karg/Lindemann, Sparkasse 1997, S. 125.
[56] Vgl. o.V., Aufsicht will Kreditinstitute schärfer überwachen, F.A.Z. vom 21.9.1999, S. 33.
[57] Siehe oben, Teil I, B. VI. 2) b).

C. Kapitaladäquanzrichtlinie

I. Grundlagen und Ziele der Kapitaladäquanzrichtlinie

Untrennbar im Zusammenhang mit der Wertpapierdienstleistungsrichtlinie ist die Kapitaladäquanzrichtlinie[1] zu sehen, da sie bei der Verwendung von Begriffen auf Definitionen der Wertpapierdienstleistungsrichtlinie zurückgreift.[2] Während die Wertpapierdienstleistungsrichtlinie das Äquivalent zur zweiten Bankrechtskoordinierungsrichtlinie darstellt, ist die Kapitaladäquanzrichtlinie als aufsichtsrechtliches Pendant zu den Eigenmittel- und Solvabilitätsrichtlinien konzipiert.[3]
Sie legt mittels eines sehr detaillierten Regelungskomplexes die notwendige Eigenkapitalausstattung von Geldinstituten in Abhängigkeit von den Aktivitäten in den verschiedenen Geschäftsfeldern, insbesondere dem Wertpapierhandel und den Fremdwährungsgeschäften, fest.[4] Die Kapitaladäquanzrichtlinie führt dazu, daß neben den schon vorher zu berücksichtigenden Kreditrisiken nun auch Zins-, Aktienkurs- und Fremdwährungsrisiken mit Eigenkapital zu unterlegen sind. Darüberhinaus sollen Risikokonzentrationen bei einzelnen Kunden vermieden werden, indem auch für Wertpapierfirmen, soweit sie Kreditrisiken aus Großengagements eingegangen sind, die Großkreditrichtlinie gilt.[5]

Der Erlaß der Kapitaladäquanzrichtlinie war erforderlich, da infolge der Gleichstellung der Wertpapierfirmen mit den Kreditinstituten durch die Wertpapierdienstleistungsrichtlinie sichergestellt werden mußte, daß die selbständigen Wertpapierfirmen über eine angemessene Eigenkapitalausstattung verfügen. Gerade durch die starke Ausweitung des Einsatzes derivater Finanzinstrumente in den letzten Jahren, mit denen erhebliche Risikopositionen durch im Verhältnis

---

1 Richtlinie 93/6/EWG Abl. Nr. L 141 v. 15.03.1993, S. 1.

2 Vgl. C&L Deutsche Revision, S. 25; Mielk, BI 12/96, S. 35; Stark, BI 12/96, S. 21; Kolbeck, Zur Entwicklung der Bankenaufsicht in der Bundesrepublik Deutschland, S. 1005; Metzger, Sparkasse 1993, S. 362 f.

3 Vgl. Kümpel, Rdnr. 19.67; Hinkel, S. 312; Schulte-Mattler, WM 1994, S. 1412; Sohbi, AG 1994, S. 27.

4 Vgl. Fischer, in Schimansky/Bunte/Lwowski, Nachtrag zu §§ 125-133 Rdnr. 4; Lamche, ZfgKw 1996, S. 831; Boos/Höfer, Die Bank 1995, S. 285.

5 Vgl. Kümpel, Rdnr. 19.68; Lamche, ZfgKw 1996, S. 831; Schulte-Mattler, WM 1994, S. 1417.

geringe Kapitaleinsätze eingegangen werden können[6], ist dieses Anliegen von ganz besonderer Bedeutung. Es sollten gleichwertige aufsichtsrechtliche Rahmenbedingungen, das sogenannte Level-Playing-Field, geschaffen werden, da durch die Erteilung des Europäischen Passes Wertpapierfirmen und Kreditinstitute in wesentlichen Bereichen ihres Geschäftes in Konkurrenz traten.[7] Ohne die Regelungen der Kapitaladäquanrichtlinie hätten die Universalbanken im Wettbewerb um Anlage- und Finanzierungsgeschäfte mit höheren Kapitalkosten arbeiten müssen als die Anlage- und die Wertpapierfirmen. Das hätte zu einem Widerspruch gegenüber dem – gerade von deutscher Seite geforderten[8] – Grundsatz „ gleiches Geschäft, gleiches Risiko, gleiche Behandlung der Eigenkapitalanforderungen (same business, same risk, same rules)" geführt und es hätte die Gefahr der Benachteiligung des Universalbankensystems gedroht.

Der Verabschiedung der Kapitaladäquanzrichtlinie gingen jahrelange und äußerst kontrovers geführte Verhandlungen voraus.[9]
Vor allem von deutscher Seite war gefordert worden, daß auch die Wertpapierfirmen unter die Solvabilitätsrichtlinie fallen sollten, damit das angestrebte Level-Playing-Field verwirklicht würde. Mit der Verwirklichung des Grundsatzes „same business, same risk, same rules" sollte ein unterschiedliches Regelungssystem für Kreditinstitute und Wertpapierfirmen vermieden werden.
Demgegenüber stellte sich aber unter anderem die EG-Kommission auf den Standpunkt, daß es nicht denkbar sei, vollkommen identische Regelungen, d.h. insbesondere Eigenkapitalvorschriften, auf Kreditinstitute und Wertpapierfirmen anzuwenden.[10] Es wurden zum Beispiel Schwierigkeiten bei der Ermittlung des zur Risikodeckung erforderlichen Kapitalbedarfs gesehen. Der auf einer bestimmten Transaktion oder Wertpapierposition beruhende Ansatz und der Ansatz, der das Risiko eines ganzen Wertpapierbestandes oder einer Bilanz berücksichtigt, sind nicht miteinander in Einklang zu bringen.[11] Daher wollte die EG-Kommission bestenfalls gleichwertige Regeln zugestehen. Diese Vorgehenswei-

---

[6] Siehe zu den derivaten Instrumenten Trouet, Derivate und Wirtschaftsaufsicht; Ackermann, ZfgKw 2000, S. 27; Rudolph, Zur Entwicklung der Märkte für derivative Finanztitel, S. 323 ff.
[7] Vgl. Büschgen, Bankbetriebslehre, S. 298; Flesch, ZfgKw 1996, S. 1044; Betge, S. 183; Schulte-Mattler/Traber, S. 99; Rudolph, ZBB 1994, S. 118.
[8] Vgl. Schiller/Wiedemeier, ZfgKw 1998, S. 758; Flesch, ZfgKw 1996, S. 1044.
[9] Vgl. Trouet, Derivate und Wirtschaftsaufsicht, S. 56; Gröschel, Sparkasse 1993, S. 228; Maes, Sparkasse 1992, S. 527; Hoffmann, S. 107.
[10] Vgl. Gruner-Schenk, S. 274; Jentsch, WM 1993, S. 2191; ders., Eigenkapitalausstattung und Risikoerfassung bei Wertpapiergeschäften, S. 289 f.
[11] Vgl. Brittan, S. 19.

se ist auf die unterschiedlichen Geschäftsstrukturen im Wertpapierbereich von Universalbanken und reinen Wertpapierfirmen zurückzuführen.[12]

Die selbständigen Wertpapierfirmen, die vorwiegend im angelsächsischen Trennbankensystem anzufinden sind, sind hauptsächlich im kurzfristigen Handelsgeschäft engagiert. Für sie sind besonders die mit dem Handelsgeschäft verbundenen Marktrisiken, die aus der Volatilität von Preisen, Zinsen, Wechselkursen und Aktienkursen resultieren, von Bedeutung. Demgegenüber sind die Bonitätsrisiken eher von untergeordneter Relevanz. Wertpapierfirmen müssen somit kurzfristig Verluste möglichst rasch ausgleichen können. Für die Beaufsichtigung der Wertpapierfirmen sollte daher die Sicherstellung einer ausreichenden Liquidität neben der Überwachung der Handelsregeln und Handelspraktiken im Vordergrund der Regulierung stehen.
Demgegenüber betätigen sich Universalbanken im Wertpapiergeschäft vorwiegend unter Anlagegesichtspunkten und haben Wertpapierbestände längerfristig in ihrem Portefeuille. Der zur kurzfristigen Wiederveräußerung bestimmte Bestand ist in Relation zu den gesamten Wertpapierengagements des Kreditinstituts eher gering. Die Umschlagshäufigkeit der Wertpapierbestände ist im Vergleich zu den rechtlich selbständigen Wertpapierfirmen also deutlich geringer. Das hat zur Folge, daß unter Risikoaspekten in erster Linie Bonitätsrisiken von Bedeutung sind. Daher muß in diesem Bereich die Aufsicht vor allem auf eine Solvenzsicherung abzielen, wie es z. B. in der Solvabilitätsrichtlinie der Fall ist.
Treffend lassen sich die unterschiedlichen Geschäftsstrukturen der Universalbanken und der Wertpapierfirmen folgendermaßen zusammenfassen:

„Investment banks have very short time horizons: trading is hour by hour, arbitrage spans several days, and underwritings spans days or weeks. These firms can adjust their risk profiles quickly. In contrast, commercial bank risk profiles generally change much more slowly.“[13]

Aufgrund dieser unterschiedlichen Geschäfsstrukturen war ursprünglich seitens der EG-Kommission beabsichtigt, Universalbanken sowohl hinsichtlich deren Bonitätsrisiken den Anforderungen der Solvabilitätsrichtlinie, als auch bezüglich der Marktrisiken ihres Wertpapierhandels den Vorschriften der Kapitaladäquanzrichtlinie zu unterwerfen. Allerdings sollten Wertpapierfirmen, bei denen

---

[12] Vgl. C&L Deutsche Revision, S. 33; Boos/Höfer, Die Bank 1995, S. 285; Rudolph, ifo Studien 1995, S. 98; Gröschel/Maes, S. 13 f.; Brittan, S. 19.
[13] Haberman, S. 2.

Bonitätsrisiken lediglich eine relativ untergeordnete Bedeutung haben, nur die Anforderungen der Kapitaladäquanzrichtlinie erfüllen.[14]
Diese Ansatz wurde aufgrund des Protestes der deutschen Vertreter, die eine Gefahr für das „Level-Playing-Field" sahen, aber aufgegeben. Der „Level-Playing-Field"-Forderung wurde daraufhin dadurch entsprochen, daß die Universalbanken der Solvabilitätsrichtlinie und mit den Risiken aus dem Handelsbuch (dem sogenannten Trading-Book) zusätzlich der Kapitaladäquanzrichtlinie unterworfen werden, während für die Wertpapierfirmen allein die Kapitaladäquanzrichtlinie relevant ist, es sei denn, sie übernehmen zusätzliche nicht in der Kapitaladäquanzrichtlinie geregelte Risiken, die in diesem Fall durch die Bestimmungen der Solvabilitätsrichtlinie begrenzt werden.[15]

Der Definition des Trading-Book kommt daher eine zentrale Funktion zu, denn dadurch wird der Hauptregelungstatbestand der Kapitaladäquanzrichtlinie festgelegt und die Voraussetzungen für das Level-Playing-Field geschaffen.

II. Regelungen der Kapitaladäquanzrichtlinie

Durch die Kapitaladäquanzrichtlinie werden hauptsächlich die Eigenkapitalanforderungen für Marktpreisrisiken[16], die sich aus dem Wertpapierhandel (Trading-Book), das heißt aus dem Eigenhandelsgeschäften mit Wertpapieren und derivativen Produkten, sowie aus allen Fremdwährungsgeschäften ergeben, festgelegt. Das geschieht, indem Positions-, Abwicklungs- und Adressenausfallrisiken sowie Großkredit- und Fremdwährungsrisiken speziellen Eigenkapitalerfordernissen unterworfen werden.[17]
Neben den bislang schon zu berücksichtigenden Bonitätsrisiken sind also nun auch die genannten Marktpreisrisiken aufsichtsrechtlich mit Eigenkapital zu unterlegen. Das führt dazu, daß das haftende Eigenkapital der Kreditinstitute nur

---

[14] Vgl. Gröschel/Maes, S. 14 f.; Böttger, Der Vorschlag für eine Richtlinie des Rates über Wertpapierdienstleistungen, S. 274 .

[15] Vgl. Büschgen, Bankbetriebslehre, S. 298; Burghof/Rudolph, S. 170; Boos/Höfer, Die Bank 1995, S. 286; Kolbeck, Zur Entwicklung der Bankenaufsicht in der Bundesrepublik Deutschland, S. 1011; Jentsch, WM 1993, S. 2191; Schulte-Mattler, Die Bank 1992, S. 460.

[16] Unter Marktpreisrisiko wird das Risiko von Verlusten in bilanzunwirksamen und außerbilanziellen Positionen aufgrund von Veränderungen der Marktpreise, wie z.B. Zinssätze, Wechselkurse und Aktienkurse verstanden. Vgl. Johanning, ZBB 1996, S. 288; Rudolph, ifo Studien 1995, S. 98, Fußnote 26.

[17] Vgl. Büschgen, Bankbetriebslehre, S. 298; Betge, S. 184; Schulte-Mattler/Traber, S. 102.

noch einmal „verbraucht“ werden kann, und zwar entweder für Bonitätsrisiken oder aber für Marktpreisrisiken.[18]

Darüber hinaus werden durch die Kapitaladäquanzrichtlinie der Begriff des Wertpapierhandels definiert, das erforderliche Anfangseigenkapital festgelegt und die Eigenmittel definiert.

1) Anwendungsbereich

Wie bereits dargestellt, fallen sowohl Wertpapierfirmen als auch Kreditinstitute in den unmittelbaren Anwendungsbereich der Vorschriften der Kapitaladäquanzrichtlinie.[19] Die Richtlinie verwendet den Begriff „Institut“, wenn sowohl Wertpapierfirmen als auch Kreditinstitute gemeint sind.[20]

Allerdings besteht eine Ausnahmeregelung für Kreditinstitute mit nur geringfügigem Handelsbuch.[21] Danach können Institute, wenn

- der Anteil ihres Wertpapierhandels in der Regel 5 % ihres gesamten Geschäftsvolumens und die Gesamtsumme der Positionen des Wertpapierhandels in der Regel 15 Millionen ECU nicht übersteigt und

- der Anteil des Wertpapierhandels dieser Institute zu keiner Zeit 6 % ihres gesamten Geschäftsvolumens und die Gesamtsumme der Positionen ihres Wertpapierhandels zu keiner Zeit 20 Millionen ECU überschreitet,

ihr Gesamtgeschäft unter die Vorschriften der Solvabilitätsrichtlinie stellen und fallen nicht in den Anwendungsbereich der Kapitaladäquanzrichtlinie.
Werden diese Limits überschritten, so muß das Institut sein Geschäft rechnerisch aufteilen. Für das Wertpapiergeschäft gelten dann nämlich die Normen der Kapitaladäquanzrichtlinie, während für die übrige Tätigkeit die Normen der bankaufsichtlichen Eigenmittel- und Solvabilitätsrichtlinien gelten.[22]

---

[18] Vgl. Lamche, ZfgKw 1996, S. 834; Burghof/Rudolph, S. 171.
[19] Vgl. Art. 1 KAD.
[20] Vgl. Art. 2 Nr. 3 KAD.
[21] Vgl. Art. 4 Abs. 6 KAD.
[22] Vgl. Troberg, in Schimansky/Bunte/Lwowski, § 135 Rdnr. 14; Schulte-Mattler, Die Bank 1992, S. 460.

Diese Ausnahmeregelung bedeutet insbesondere für kleinere Institute eine nicht zu unterschätzende Erleichterung, da eine Berechnung der Eigenkapitalanforderungen nach der Kapitaladäquanzrichtlinie erheblich mehr technischen Aufwand – wie z.B. durch die erforderlichen täglichen umfangreichen Berechnungen – verursacht als nach der Solvabilitätsrichtlinie.[23]

Zudem führt die Kapitaladäquanzrichtlinie bei einigen Instituten zu weitaus höheren Eigenkapitalunterlegungsbeträgen als die Solvabilitätsrichtlinie. So haben Proberechnungen bei den Sparkassen ergeben, daß die Eigenkapitalanforderungen nach der Kapitaladäquanzrichtlinie in der Regel zwei- bis dreimal so hoch liegen dürften wie die Unterlegung der gleichen Geschäfte nach der Solvabilitätsrichtlinie.[24]

2) Anfangskapital

Die Kapitaladäquanzrichtlinie bestimmt für Wertpapierfirmen, die nicht zugleich Kreditinstitute sind, das Anfangskapital, das sie je nach Art ihrer geschäftlichen Aktivitäten zur Aufnahme der Geschäftstätigkeit aufweisen müssen.[25]

Dabei gelten für die unterschiedlichen Tätigkeitsbereiche der Wertpapierfirmen verschiedene Anforderungen.
Wertpapierfirmen, die lediglich Aufträge von Kunden entgegennehmen, also weder Geld noch Wertpapiere von Kunden halten, müssen ein Anfangskapital von 50.000 ECU aufweisen.
Das Betreiben des Kommissionsgeschäfts und der Vermögensverwaltung erfordert ein Startkapital von 125.000 ECU und sofern der Eigenhandel und das Emmissionsgeschäft durchgeführt werden, muß ein Anfangskapital von 730.000 ECU vorhanden sein.

Zusätzlich müssen Wertpapierfirmen noch eine Eigenkapitalunterlegung für sonstige Risiken in Höhe von 25 % der „fixen Gemeinkosten“ des vorangegan-

---

[23] Vgl. Büschgen, Bankbetriebslehre, S. 298; Boos/Höfer, Die Bank 1995, S. 286; Schulte-Mattler/Traber, S. 102; Gröschel/Maes, S. 21.
[24] Vgl. Gröschel/Maes, S. 21.
[25] Vgl. Art. 3 KAD.

genen Geschäftsjahres erfüllen.[26] Durch diese Regelung sollen die erheblichen Größenunterschiede zwischen den Wertpapierhäusern berücksichtigt werden.

Es bleibt festzuhalten, daß das Startkapital für Wertpapierfirmen deutlich niedriger als das für Kreditinstitute ist, die gemäß der zweiten Bankrechtskoordinierungsrichtlinie ein Startkapital von 5 Millionen ECU, oder 1 Million ECU für Spezialinstitute mit Teillizenzen, vorweisen müssen.[27]

Für bereits bestehende oder durch Fusion neu entstehende Wertpapierfirmen kann die Zulassung auch aufrechterhalten werden, wenn diese die Mindestkapitalanforderungen nicht erfüllen.[28] Die Eigenkapitalausstattung der Wertpapierfirma darf dann aber nicht unter den Stand des Stichtages – also dem Inkrafttreten der Kapitaladäquanzrichtlinie oder des Fusionszeitpunktes – absinken und muß graduell an die Mindesthöhe herangeführt werden.

3) Definition des „Wertpapierhandels (Trading-book)“

Das Trading-book ist der zentrale Begriff der Kapitaladäquanzrichtlinie, da damit der Hauptanwendungsbereich für die aufsichtsrechtlichen Normen festgelegt wird.[29]

Das Trading-book erfaßt im wesentlichen den Wertpapierhandelsbestand eines Instituts, das heißt den Bestand an Finanzinstrumenten, die ein Institut für Zwecke des Eigenhandels hält und die ein Marktpreisrisiko in sich bergen.[30]
Das sind Wertpapiere und Geldmarktpapiere und daraus abgeleitete Instrumente wie z.B. Zinsterminkontrakte, Optionen, Zins- und Währungsswaps, mit denen das Institut im Eigengeschäft kurzfristige Kursdifferenzen nutzen will oder die gegenüber anderen Teilen des Wertpapierhandelsbestands Sicherungsfunktionen haben. Dazu gehören auch Wertpapierpensions- und Wertpapierverleihgeschäfte und Forderungen in der Gestalt von Gebühren, Provisionen, Zinsen, Dividenden

---

[26] Vgl. Anhang IV zur KAD. Fraglich ist hierbei, ob auch die Gehälter als fixe Kosten mit einzubeziehen sind. Falls ja, so würde das bei den Freimaklern zu größeren Problemen führen, da in diesem Bereich die Gehälter einen überwiegendnen Teil der Kosten ausmachen, vgl. Burghof/Rudolph, S. 202.

[27] Vgl. Art. 4 der 2.BRKR.

[28] Vgl. Art. 3 Abs. 5 KAD

[29] Vgl. Gruner-Schenk, S. 281; Rudolph, ZBB 1994, S. 122.

[30] Vgl. Schulte-Mattler/Traber, S. 105; Maes, Sparkasse 1992, S. 528; Schulte-Mattler, Die Bank 1992, S. 461.

und Einschüssen auf börsengängige Finanzderivate, wenn sie in unmittelbarem Zusammenhang mit Trading-book-Positionen stehen.[31]
Dagegen ist die reine Vermittlung von Investmentanteile von der Trading-book-Definition ausgenommen, da es sich bei ihnen um standardisierte Produkte handelt, so daß das bloße Weiterleiten der Kauf- oder Verkaufsaufträge keine besonderen Risiken birgt. Sie unterliegen daher in vollem Umfang der Solvabilitätsrichtlinie.[32]

Mit der Voraussetzung, daß ein Institut die Wertpapiere „für Zwecke des Eigenhandels“ hält, wird entscheidend auf den Geschäftszweck – die Kursgewinnungsabsicht – der Institute abgestellt. Dadurch wird den nationalen Gesetzgebern ein ausreichender Auslegungsspielraum eröffnet, um nationale Besonderheiten zu berücksichtigen. Außerdem liefert der Geschäftszweck das Kriterium zur Abgrenzung des Handelsbuches, wenn die Entscheidung über die Zuordnung direkt beim Abschluß des Geschäftes getroffen und dokumentiert wird. Damit fallen Wertpapiere der Liquiditätsreserve schon vom Kriterium der Zweckbestimmung aus dem Bereich des Handelsbuches heraus.[33]

Als Folge müssen Wertpapiere, die unter das Trading-book fallen, die Eigenkapitalanforderungen der Kapitaladäquanzrichtlinie erfüllen, während andere Wertpapiere genauso wie Kreditgeschäfte nach der Solvabilitätsrichtlinie mit Eigenkapital unterlegt werden müssen. Dies gilt in gleichem Maße für universal tätige Kreditinstitute wie auch für selbständige Wertpapierfirmen.

4) Eigenmitteldefinition

Im Anhang V der Kapitaladäquanzrichtlinie sind zwei alternative Eigenmittelbegriffe normiert, die von den nationalen Aufsichtsbehörden angewendet werden können.
Diese alternative Möglichkeit ist eine Folge der Konzeption der Kapitaladäquanzrichtlinie, durch die Abgrenzung des Handelsbestandes für Kreditinstitute und Wertpapierfirmen gleichermaßen akzeptable Regelungen zu schaffen. Da-

---

31 Vgl. Kümpel, Rdnr. 19.75; Büschgen, Bankbetriebslehre, S. 299; Karg/Lindemann, Sparkasse 1997, S. 126 f.
32 Vgl. Ott, S. 12; Lamche, ZfgKw 1996, S. 834; Sohbi, AG 1994, S. 27; Schulte-Mattler, EuZW 1992, S. 603.
33 Vgl. Boos/Höfer, Die Bank 1995, S. 286; Schulte-Mattler, WM 1994, S. 1413.

durch sollte den Bedenken von Wettbewerbsnachteilen der Universalbanken gegenüber den Wertpapierfirmen des Trennbankensystems begegnet werden.[34]

Nach der ersten Definition der Eigenmittel[35] können die Institute ihre Risiken aus dem Handelsbuch mit dem Eigenkapital gemäß der Definition der Eigenmittelrichtlinie, das heißt mit Kern- und Ergänzungskapital unterlegen.

Alternativ dazu können die nationalen Aufsichtsbehörden über dieses Kern- und Ergänzungskapital hinaus weitere Kapitalien zur Abdeckung der Risiken zulassen.[36]
So können die von der Kapitaladäquanzrichtlinie erfaßten Risiken auch mit kürzerfristigen nachrangigen Verbindlichkeiten[37] bis zu einer Höhe von 150 Prozent des nicht im Kreditrisikobereich gebundenen Kernkapitals unterlegt werden.[38]
Die zuständigen Aufsichtsbehörden haben jedoch die Möglichkeit, die Verwendung kurzfristiger nachrangiger Verbindlichkeiten bis zu einer Höhe von 250 Prozent des Kernkapitals anzuerkennen.[39]
Demgegenüber müssen nach der Eigenmittelrichtlinie nachrangige Verbindlichkeiten eine Laufzeit von mindestens fünf Jahren aufweisen und sind lediglich bis zu maximal 50 Prozent des Kernkapitals bei Kreditinstituten anrechenbar.[40]
Die Anerkennung der nachrangigen Darlehen war einer der Hauptkritikpunkte von deutscher Seite bei den Verhandlungen , denn ursprünglich war vorgesehen, nur Wertpapierfirmen die Möglichkeit zu geben, nachrangige Darlehen in größe-

---

[34] Vgl. Hinkel, S. 312 f.; Gruner-Schenk, S. 282.
[35] Anhang V Nr. 1 KAD.
[36] Anhang V Nr. 2 KAD.
[37] Diese müssen eine Ursprungslaufzeit von mindestens zwei Jahren haben, dürfen ohne Genehmigung der Aufsichtsbehörden nicht vorzeitig rückzahlbar sein, und nicht getilgt oder mit Zins bedient werden, sofern dies ein Absinken der Eigenmittel unter 100 % des Gesamtbetrages der Eigenkapitalanforderungen zur Folge hätte (sog. Lock-in-Klausel), Anhang V NR. 4 KAD. Ausführlich zum kurzfristigen nachrangigen Kapital Vertneg, ÖBA 1997, S. 683 ff.
Das Abstellen auf die Ursprungslaufzeit statt auf die Restlaufzeit wird aber kritisch gesehen, da es bei einer Eigenkapitalregelung in erster Linie darauf ankommt, daß das als Eigenmittel anzuerkennende Fremdmittel dem Institut uneingeschränkt und möglichst lange zur Verfügung steht. Dies kann aber nur durch eine Anforderung über eine Mindestrestlaufzeit erreicht werden, vgl. Schulte-Mattler/Traber, S. 107.
[38] Anhang V Nr. 4 KAD.
[39] Anhang V Nr. 6 und 7 KAD.
[40] Vgl. Art. 4 Abs. 3 i.V.m. Art. 6 Abs. 1b) Eigenmittelrichtlinie.

rem Umfang als in der Eigenmittelrichtlinie vorgesehen, als haftende Eigenmittel geltend zu machen.[41]
Diese Unterschiede hinsichtlich der Mindestlaufzeit und des Umfangs, in dem nachrangige Verbindlichkeiten angerechnet werden können, hätten einen Wettbewerbsvorteil für die Wertpapierfirmen bedeutet. Kurzfristige nachrangige Verbindlichkeiten mit zweijähriger Laufzeit sind nämlich aufgrund des mit der Laufzeit ansteigenden Kreditrisikos mit einem geringeren Zins als nachrangige Verbindlichkeiten mit fünfjähriger Laufzeit absetzbar. Für die Wertpapierfirmen hätten sich daher durch die Ausgabe solcher kurzfristiger nachrangiger Verbindlichkeiten wesentlich günstigere Refinanzierungsmöglichkeiten als für Kreditinstitute eröffnet, die die nicht so kurzfristigen Emissionen entsprechend höher hätten verzinsen müssen.[42]

Da die nunmehr verabschiedete Fassung der Kapitaladäquanzrichtlinie aber sowohl für Wertpapierfirmen als auch für Kreditinstitute gleichermaßen gilt, sind die geäußerten Bedenken gegenstandslos.
Wertpapierfirmen müssen aber, wenn sie mehr als 200 Prozent kürzerfristige nachrangige Verbindlichkeiten nutzen wollen, verschiedene illiquide Aktiva, wie z.B. Sachanlagen oder Beteiligungen, von den Eigenmitteln abziehen.

Desweiteren können Nettogewinne aus Handelsbuchaktivitäten in unbegrenzter Höhe als Eigenkapitalbestandteile in Anspruch genommen werden. Abzuziehen sind dabei die vorhersehbaren Minderungen durch Steuern, Abgaben und Ausschüttungen.
Jedoch dürfen diese Nettogewinne nicht bereits als Zwischengewinne bzw. offene Reserven nach der Eigenmittelrichtlinie berücksichtigt worden sein.[43] Dadurch wird eine Doppelbelegung des Eigenkapitals verhindert und die Eigenmittel müssen entweder auf die Risikopositionen der Solvabilitätsrichtlinie oder auf die der Kapitaladäquanzrichtlinie aufgeteilt werden.

Gerechtfertigt wird die Anrechenbarkeit der weiteren Eigenkapitalbestandteile damit, daß Handelspositionen oft zum Marktwert neu bewertet werden, womit der Tatsache Rechnung getragen wird, daß diese Positionen kürzerfristig und mit einem Marktrisiko behaftet sind. Der Eigenkapitalbedarf zur Unterlegung

---

[41] Vgl. Gruner-Schenk, S. 284. So war es auch noch im Entwurf zur Kapitaladäquanzrichtlinie vom Januar 1992 – Kom (90) endg. - SYN 257, Brüssel, den 23. Mai 1990 – vorgesehen.
[42] Vgl. Maes, Sparkasse 1992, S. 528 f.
[43] Anhang V Nr. 2b KAD.

des Marktrisikos ist daher in der Regel weit größeren Schwankungen ausgesetzt als jener zur Abdeckung des Kreditrisikos, und es könnte eine flexiblere Eigenkapitalquelle angemessen sein.[44]

Allerdings ist die Anwendung der zweiten Eigenmitteldefinition auf die Eigenkapitalunterlegung der mit Marktrisiken behafteten Geschäfte im Rahmen des Wertpapierhandels der Wertpapierfirmen und Kreditinstitute beschränkt.

5) Risikobereiche und Eigenkapitalanforderungen

Der Wertpapierhandel des Handelsbuches ist mit verschiedenen Risiken verbunden, die in der Kapitaladäquanzrichtlinie wie folgt aufgeführt werden und damit unter ihre Eigenkapitalanforderungen fallen.[45]

a) Risikobereiche

aa) Das Positionsrisiko für Zins- und Aktienkursänderungen wird sowohl als spezifisches Risiko als auch als allgemeines Marktrisiko erfaßt (Anhang I KAD).

bb) Fremdwährungsrisiken sind nicht nur im Wertpapierhandelsgeschäft sondern im gesamten Fremdwährungsgeschäft, also bei allen Bankgeschäften, mit Eigenkapital zu unterlegen (Anhang III KAD).

cc) Die Abwicklungs- und Ausfallrisiken bestimmter noch nicht abgewickelter Geschäfte des Trading-book sind ebenfalls mit Eigenkapital zu unterlegen (Anhang II KAD).

dd) Schließlich werden die Großrisiken im Handelsbuch beschränkt, wobei die Vorschriften der Großkreditrichtlinie zu beachten sind, zum Teil gelten aber auch Ausnahmeregeln (Anhang VI KAD).

Die Vorschriften der Kapitaladäquanzrichtlinie finden auf der Ebene der Einzelinstitute genauso Anwendung wie auf Konzernebene.

---

[44] Vgl. Basler Ausschuß für Bankenaufsicht, Aufsichtliche Behandlung von Marktrisiken, S. 9.

[45] Vgl. Boos/Höfer, Die Bank 1995, S. 286 ff.; Kolbeck, Zur Entwicklung der Bankenaufsicht in der Bundesrepublik Deutschland, S. 1010; Schulte-Mattler/Traber, S. 112 ff.; Rudolph, ZBB 1994, S. 123 ff.; Gröschel/Maes, S. 27 ff.

b) Eigenkapitalanforderungen

In der Kapitaladäquanzrichtlinie sind Eigenkapitalanforderungen für Positionsrisiken der genannten Risikobereiche festgelegt.

Grundsätzlich werden die Eigenkapitalanforderungen für die einzelnen Risikobereiche wie folgt ermittelt:[46]

- Zunächst werden die einbeziehungspflichtigen Geschäfte (angesetzt mit ihren Bemessungsgrundlagen, in der Regel die Marktwerte) gegenübergestellt und die jeweils offene Position als Saldo der aktivischen und passivischen Beträge ermittelt.
- In einem zweiten Schritt werden für die offenen Positionen dann die Eigenmittelanforderungen entsprechend den vorgegebenen Verfahren zur Risikoquantifizierung und Eigenmittelunterlegungssätzen ermittelt.
- Schließlich werden die für die einzelnen Risikobereiche ermittelten Eigenmittelanforderungen zu einem Gesamteigenmittelbetrag addiert, über den das Institut täglich verfügen muß.

aa) Positionsrisiko

Von grundlegender Bedeutung ist, daß in der Kapitaladäquanzrichtlinie die Bestimmungen zur Ermittlung der erforderlichen Eigenmittel für das Positionsrisikos aus dem Handelsbuch, das heißt im Zinsrisikobereich wie auch im Aktienkursrisikobereich, nach dem sogenannten „Baukastenprinzip“ („Building Block Approach“) ermittelt werden.[47]

Dieses Baukastenprinzip besteht in einer getrennten Erfassung der Risiken im Zinsbereich wie auch im Aktienbereich, die auf allgemeine Marktentwicklungen zurückgehen, und den Risiken, die emittentenspezifischen Kursbewegungen geschuldet sind. Das Gesamtrisiko ergibt sich dann als Summe aus dem spezifischen Risiko und dem allgemeinen Marktrisiko.[48]

---

[46] Vgl. Trouet, ZfgKw 1996, S. 837 ff.; Betge, S. 184; Schulte-Mattler, WM 1994, S. 1414; Sohbi, AG 1994, S. 27.

[47] Vgl. Johanning, ZBB 1996, S. 288; Gruner-Schenk, S. 290; Schulte-Mattler, Die Bank 1992, S. 461.

Das spezifische Risiko erfaßt das Risiko einer Preisänderung aufgrund einer möglichen Bonitätsverschlechterung des Emittenten eines Finanztitels bzw. des Emittenten eines zugrundeliegenden Instruments und ist somit Ausdruck des Adressenausfallrisikos. Das allgemeine Marktrisiko mißt dagegen das Risiko einer Preisänderung aufgrund einer allgemeinen Änderung des Zinsniveaus oder einer allgemeinen Bewegung am Aktienmarkt oder bei den Wechselkursen und ist folglich Ausdruck der Marktvolatilität. Die Schwankungen stehen also gerade nicht im Zusammenhang mit den spezifischen Merkmalen des Wertpapiers.[49]

Zur Quantifizierung des allgemeinen Marktrisikos werden von der Kapitaladäquanzrichtlinie alternativ drei sehr komplizierte Rechenmodelle, nämlich die Jahresband-, die Durations- und die Sensivitätsmethode zur Verfügung gestellt.[50]

Als „Baukastenprinzip" wird das Berechnungsschema zur Ermittlung der Eigenkapitalanforderungen bezeichnet, weil jedem einzelnen Finanzinstrument in bezug auf das spezifische und das allgemeine Marktrisiko getrennte Eigenkapitalanforderungen zugerechnet werden. Dabei werden für die spezifischen und die allgemeinen Marktrisiken unterschiedliche Kategorien gebildet. Die Eigenkapitalanforderungen aus den spezifischen und den allgemeinen Marktrisiken der Instrumente werden dann addiert, wobei die kritische Annahme der Additivität der Risiken getroffen wird, und ergeben die Eigenkapitalanforderungen der Positionsrisiken.[51]

Es sind also vier Schritte zur Ermittlung der Positionsrisiken im Zins- und Aktienbereich nach dem Baukastenprinzip erforderlich:

- Zuerst werden die Nettopositionen der einzelnen Instrumente als Saldo der Kauf- und Verkaufspositionen festgestellt.
- Im zweiten Schritt erfolgt die Ermittlung der spezifischen Risiken und deren Eigenkapitalunterlegung.
- Dann wird das allgemeine Risiko und dessen Eigenkapitalunterlegung festgestellt, bevor sich

---

48 Vgl. Schulte-Mattler/Traber, S. 112; Gröschel/Maes, S. 23.
49 Vgl. Burghof/Rudolph, S. 171.
50 Ausführlich dazu, siehe Boos/Höfer, Die Bank 1995, S. 288 ff.; Schulte-Mattler, Die Bank 1992, S. 462 ff.
51 Vgl. Rudolph, ZBB 1994, S. 123.

- im vierten Schritt die Eigenkapitalunterlegung als Addition aus den Schritten zwei und drei ergibt.

bb) Fremdwährungs-, Adressen- und Abwicklungsrisiko, Großrisiko

Neben den Eigenkapitalanforderungen für besondere Risiken der Geschäfte des Handelsbuches legt die Kapitaladäquanzrichtlinie generelle Eigenkapitalanforderungen zur Erfassung von Fremdwährungsrisiken fest. Diese Regelungen waren erforderlich, da allein die Eigenkapitalanforderungen für Geschäfte des Handelsbuches nicht zu einer vollständigen Gleichstellung von Kreditinstituten und Wertpapierfirmen führte.[52]

Erwähnenswert ist, daß die Großrisiken, also das Engagement bei einem einzelnen Kunden, die dem Trading-book zugeordnet sind, mit den dem Anlagebestand zugeordneten Großrisiken nach der Großkreditrichtlinie zusammenzurechnen sind, um die Risiken aus dem Trading-book und dem Kreditbereich insgesamt zu begrenzen.[53] Dabei gelten die Regelungen der Großkreditrichtlinie im wesentlichen auch für Großrisiken des Trading-books. Zur Erfassung der Marktrisiken werden sie jedoch entsprechend durch die Kapitaladäquanzrichtlinie ergänzt. Danach darf grundsätzlich die Summe der Risiken aus dem Handels- und dem Nicht-Handelsbuch nicht die in der Großkreditrichtlinie enthaltene Schwelle von 25 Prozent der Eigenmittel übersteigen. In dieser kumulativen Verrechnungsmöglichkeit der Großrisiken wird eine Begünstigung von Wertpapierfirmen bei der Behandlung von Großrisiken gesehen.[54]

Für die Berechnung des Fremdwährungsrisikos und des Adressen- und Abwicklungsrisikos (darunter werden die Gefahren von Verlusten aus noch nicht vollständig abgewickelten Handelsgeschäften zusammengefaßt) bestehen verschiedene Berechnungsmethoden.[55]

---

[52] Vgl. Betge, S. 194.

[53] Vgl. Anhang VI KAD.

[54] Vgl. Gröschel, Sparkasse 1993, S. 229. Auf die unterschiedliche Behandlung von Großrisiken bei Wertpapierfirmen und Kreditinstituten (genau genommen handelt es sich dabei um die Unterschiede bei Handelsbuchinstituten und Nicht-Handelsbuchinstituten) wird später unter Teil II, C. III. 4) genauer eingegangen.

[55] Siehe Anhang II, III, IV KAD. Im Rahmen dieser Arbeit soll auf die einzelnen Berechnungsmethoden nicht eingegangen werden, da die Arbeit an dieser Stelle damit zu stark in den betriebswirtschaftlichen Bereich geraten würde und es keine wesentlichen Ergebnisse für die Zielsetzung der Arbeit bringen würde.

6) Interne Modelle

Ursprünglich war in der Kapitaladäquanzrichtlinie die Anerkennung interner Modelle zur Messung und Erfassung von Marktrisiken als Alternative zu Standardmeßverfahren zu Aufsichtszwecken nicht vorgesehen.[56] Lediglich im Zinsrisikobereich[57] und zur Erfassung des Fremdwährungsrisikos[58] sollten die Institute nach der Erteilung einer Erlaubnis durch die zuständige Aufsichtsbehörden interne Modelle zur Erfassung der Marktrisiken anwenden dürfen.

Diese Regelung wurde aber als unbefriedigend angesehen, da im Gegensatz zur Kapitaladäquanzrichtlinie in der Baseler Eigenkapital-Empfehlung[59] die internen Modelle anerkannt wurden. Als Folge hätten international tätige Kreditinstitute aus der EU neben den internen Modellen auch weiterhin eine Berechnung nach dem Standardverfahren durchführen müssen. Daraus hätte eine kostenintensive Doppelrechnung resultiert, die zu Wettbewerbsnachteilen geführt hätten.[60]

Um diesen Mehraufwand bei den Instituten zu vermeiden, wurde im Frühjahr 1996 von der EU-Kommission mit den Arbeiten zur Anpassung der Kapitaladäquanzrichtlinie an die Baseler Marktrisikoregelungen begonnen. Im Jahr 1997 legte sie dann einen Vorschlag zur Änderung der Kapitaladäquanzrichtlinie (= KAD II) vor.[61] Die Brüsseler Kommission strebte damit parallele Regelungen zu den Baseler Marktrisiko-Empfehlungen an. 1998 wurde die Kapitaladäquanzrichtlinie dann endgültig geändert[62], so daß die Institute nun auch nach dieser

---

Vgl. ausfürlich zu den unterschiedlichen Berechnungsmethoden Betge, S. 185 ff; Burghof/Rudolph, S. 171 ff.;Boos/Höfer, Die Bank 1995, S. 287 ff; Schulte-Mattler, Die Bank 1992, S. 461 ff.

56 Vgl. Büschgen, Bankbetriebslehre, S. 300; Braes/Mann, Sparkasse 1996, S. 253; Trouet, ZfgKw 1996, S. 838.

57 Anhang I Nr. 8 KAD.

58 Anhang III Nr. 7 KAD.

59 Vgl. Baseler Ausschuß für Bankenaufsicht, Änderung der Eigenkapitalvereinbarung zur Einbeziehung von Marktrisiken, Basel Januar 1996; Baseler Ausschuß für Bankenaufsicht, Internationale Konvergenz der Eigenkapitalmessung und Eigenkapitalanforderungen, Basel, Juli 1988; abgedruckt bei Consbruch/Möller/Bähre/Schneider, 23.03.

60 Vgl. Meyer, WM 1997, S. 1641; Flesch, ZfgKw 1996, S. 1051.

61 Vorschlag für eine Richtlinie des Europäischen Parlaments und des Rates zur Änderung der Richtlinie 93/6/EWG des Rates über die angemessene Eigenkapitalausstattung von Wertpapierfirmen und Kreditinstituten, Abl. Nr. C 240 vom 06.08.1997.

62 Richtlinie 98/31/EWG, Abl. Nr. L 204 vom 21.07.1998, S. 13 ff.

Richtlinie die Eigenmittelanforderungen für Marktrisiken auf der Basis interner Risikosteuerungsmodelle berechnen können.

7) Konsolidierung

Um eine wettbewerbliche Gleichbehandlung von Universalbanken und Kreditinstituten mit selbständigen Wertpapierhäusern zu erzielen, war die Einbeziehung von Wertpapiertöchtern in die bankaufsichtliche Konsolidierung ein wichtiger Punkt und wurde vor allem von deutscher Seite gefordert.[63]
Vor der Verabschiedung der Kapitaladäquanzrichtlinie wurden Wertpapierfirmen von der Konsolidierungsrichtlinie nämlich nur erfaßt, wenn sie einer Unternehmensgruppe zuzurechnen waren, der mindestens ein Kreditinstitut angehörte. Finanzinstitutsgruppen, denen kein Kreditinstitut angehört, wurden dagegen vom Anwendungsbereich der Konsolidierungsrichtlinie nicht erfaßt.[64] Allerdings wurde es für erstrebenswert erachtet, einen gemeinsamen Rahmen für die Beaufsichtigung von Wertpapierfirmen auf konsolidierter Basis zu schaffen.[65]
Nunmehr gelten die Vorschriften der Konsolidierungsrichtlinie und der Kapitaladäquanzrichtlinie in Kombination auch für reine Wertpapierfirmengruppen.[66]

Allerdings können die zuständigen Aufsichtsbehörden Ausnahmen von der Konsolidierungspflicht reiner Wertpapierfirmengruppen vorsehen, wenn die einzelnen Wertpapierfirmen die Anforderungen der Kapitaladäquanzrichtlinie jeweils auf individueller Basis erfüllen, die schwer realisierbaren Aktiva vom Eigenkapital abgezogen werden und interne Überwachungs- und Kontrollmöglichkeiten im bezug auf die Refinanzierungsquellen der gruppenangehörigen Institute bestehen.[67] Durch diese Ausnahme von der Konsolidierungspflicht entstehen allerdings keine Vorteile hinsichtlich der Eigenkapitalanforderungen.[68]

---

[63] Vgl. Boos/Höfer, Die Bank 1995, S. 362; Gröschel, Sparkasse 1993, S. 229; Maes, Sparkasse 1992, S. 528.
[64] Vgl. Präambel, Abs. 24 der KAD: *„Die zweite Konsolidierungsrichtlinie gilt nicht für Gruppen, die eine Wertpapierfirma/Wertpapierfirmen, jedoch kein Kreditinstitut umfassen"*.
[65] Vgl. Präambel, Abs. 24 der KAD.
[66] Vgl. Art. 7 Abs. 3 KAD.
[67] Vgl. Art. 7, Abs. 4 KAD.
[68] Vgl. Gruner-Schenk, S. 315.

8) Bewertung

Mit der Kapitaladäquanzrichtlinie wurde die Zielsetzung verfolgt, die bankenaufsichtsrechtlichen Regelungen hinsichtlich der Eigenkapitalunterlegung der Geschäfte von Kreditinstituten und Wertpapierfirmen zu vereinheitlichen und insofern eine Gleichstellung von Kreditinstituten und Wertpapierfirmen zu erreichen, also das sogenannte Level-Playing-Field herzustellen.

Diese Gleichstellung ist grundsätzlich erfolgt.[69] Allerdings ist eine vollkommene Gleichbehandlung der Kreditinstitute und der Wertpapierfirmen nicht zustande gekommen.

a) Unterschiedliches Anfangskapital

So bestehen auch weiterhin Unterschiede bezüglich des Mindestanfangskapitals zwischen Wertpapierfirmen und Kreditinstituten[70], so daß Wettbewerbsvorteile für Wertpapierfirmen in Form eines erleichterten Marktzutritts bestehen. Jedoch wären ohne diese geringere Anfangskapitalanforderung kleinere Wertpapierfirmen, die in einigen Mitgliedstaaten existieren und die das für Kreditinstitute erforderliche Anfangskapital nicht erbringen können, aus dem Markt verdrängt worden, ohne daß es aus dem Grund des Anlegerschutzes dringend erforderlich gewesen wäre.[71] Dadurch sind auch die unterschiedlichen Schwellen innerhalb der Gruppe der Wertpapierfirmen zu erklären, denn hierbei handelt es sich um eine sehr inhomogene Gruppe, die nicht in jeder Hinsicht vergleichbar ist.

Andererseits wurde von den Wertpapierfirmen aber angeführt, daß die Kreditinstitute, die das Wertpapiergeschäft betreiben, im Vergleich zu den Wertpapierfirmen leichter dazu in der Lage sind, die mit der Kapitaladäquanzrichtlinie verbundenen Eigenmittelanforderungen zu erfüllen.[72] Denn für die Kreditinstitute stellt die Verpflichtung, Eigenkapital vorzuhalten, keine neue Entwicklung dar und die Kapitalbasis war in der Regel von Anfang an größer als bei den Wertpa-

---

[69] Vgl. Schieber, WM 1999, S. 2289; Stark, Auszüge aus Presseartikeln 1999, S. 2; Betge, S. 196; Artopoeus, B.Bl. 1995, S. 529; Kolbeck, Zur Entwicklung der Bankenaufsicht in der Bundesrepublik Deutschland, S. 1012; Sohbi, AG 1994, S. 31; Schulte-Mattler, Die Bank 1992, S. 460.

[70] Vgl. Anhang V der KAD.

[71] Vgl. Burghof/Rudolph, S. 169; Brittan, S. 19.

[72] Vgl. Trouet, Derivate und Wirtschaftsaufsicht, S. 93; Sohbi, AG 1994, S. 29 f.

pierfirmen. Somit soll ihnen die Umstellung auf die neue Rechtslage leichter fallen.
Dennoch können nur durch die Schaffung weitestgehend gleicher Eigenmittelanforderungen für Wertpapierfirmen und Kreditinstitute gleiche Wettbewerbsbedingungen geschaffen werden. Denn mit dem Argument der Wertpapierfirmen wird deutlich, daß sie bis zur Verabschiedung der Kapitaladäquanzrichtlinie geringeren aufsichtsrechtlichen Anforderungen ausgesetzt waren. Die Kreditinstitute hatten zuvor eine höhere Kostenstruktur als die Wertpapierfirmen. Sie mußten zur Erfüllung der Eigenkapitalanforderungen mit Kosten verbundenes Eigenkapital schaffen. Die besseren Startbedingungen der Kreditinstitute beruhen also lediglich darauf, daß sie den Regelungen, die jetzt auch die Wertpapierfirmen erfüllen müssen, schon vorher unterworfen waren. Da den Wertpapierfirmen nach Verabschiedung der Kapitaladäquanzrichtlinie bis zur Umsetzung in nationales Recht aber ausreichend Zeit blieb[73] um sich neues Eigenkapital zu beschaffen, kann nicht von einer Benachteiligung der Wertpapierfirmen gesprochen werden.

b) Herabsetzung des Aufsichtsstandards

Jedoch hat die Schaffung von gleichen Wettbewerbsbedingungen zwangsläufig auch eine Reihe von Nachteilen zur Folge, da die Angleichung der Wettbewerbsbedingungen nicht unbedingt auf aufsichtsrechtliche Erfordernisse, sondern hauptsächlich auf wettbewerbspolitische Erwägungen zurückzuführen ist. Dabei mußten zwangsläufig Kompromisse von allen Beteiligten eingegangen werden. Diese Kompromisse führten teilweise zu einer Herabsetzung der bankenaufsichtsrechtlichen Anforderungen.
So wurde durch die Kapitaladäquanzrichtlinie den darin behandelten Marktrisiken ein grundsätzlich kurzfristigerer Charakter zugebilligt als den übrigen Bankrisiken. Daher dürfen zur Ermittlung der Risikobegrenzungsgröße für diese Darlehen nachrangige Darlehen schon ab einer Laufzeit von zwei Jahren und Nettogewinne aus dem Wertpapierhandel in relativ großem Umfang eingerechnet werden.[74] Der eigentliche Hintergrund für diese Regelung liegt aber wohl darin,

---

[73] Die am 15.03.1993 verabschiedete Kapitaladäquanzrichtlinie war von den Mitgliedstaaten gemäß Art. 12 Abs. 1 i.V.m. Art. 31 Abs. 2 WDR bis zum 31.12.1995 in nationales Recht umzusetzen. In der Bundesrepublik Deutschland wurden die Regelungen sogar erst mit der Sechsten KWG-Novelle umgesetzt, die teilweise am 29.10.1997, größtenteils aber erst am 01.01.1998, die Eigenmittelvorschriften sogar erst am 01.10.1998 in Kraft traten.

[74] Siehe oben Teil II, C. II. 4).

auch für die Wertpapierfirmen angelsächsischen Typs Vorschriften zu schaffen, die von ihnen auch erfüllt werden können. Denn diese Wertpapierfirmen hatten zuvor mit nur sehr geringem haftendem Eigenkapital am Markt agiert und es bestanden kaum Möglichkeiten für sie, sich neues Eigenkapital von „härterem“ Charakter zu beschaffen. Um sie nicht vom Markt zu drängen, wurde daher der Eigenkapitalbegriff dahingehend erweitert, daß auch sie den Eigenkapitalvorschriften der Kapitaladäquanzrichtlinie genügen konnten.[75] Dadurch wurde im Grundsatz die Erfüllung der Bindungsfunktion des Eigenkapitals gefährdet, was auch zu einem Risiko für das gesamte Finanzsystem werden kann. Damit hat sich im Ergebnis die Kapitaladäquanzrichtlinie noch weiter als die Eigenmittelrichtlinie von dem von deutscher Seite geforderten „harten“ Eigenkapitalbegriff entfernt.[76] Dies läßt sich gerade in Zeiten sinkender Margen und damit einhergehend steigender Risikobereitschaft seitens der Institute[77] nur mit Argumenten des Wettbewerbs, nicht aber aus den eigentlichen Gründen, die hinter der Beaufsichtigung des Finanzmarktes stehen, also Anleger- und Vertrauensschutz und Schutz der Funktionsfähigkeit des Finanzmarktes (sog. Marktgründe), rechtfertigen. Diese Regelungstendenz steht im Gegensatz zu dem Prinzip, daß eine Regulierung eigentlich die Marktentwicklung widerspiegeln soll und nicht die treibende Kraft für eine Marktveränderung sein darf.[78] Eine Regulierung des Marktes, die zugleich auch eine Einschränkung desselben darstellt, soll nur erfolgen, wenn seine Stabilität oder seine Funktionsfähigkeit in Gefahr ist.
Lediglich die Tatsache, daß die aufsichtsrechtlichen Anforderungen insgesamt durch die Kapitaladäquanzrichtlinie erhöht wurden läßt die Ausdehnung der anrechenbaren Eigenkapitalelemente als vertretbar erscheinen. Dadurch können die Institute die zusätzlichen Belastungen zumindest teilweise auffangen.

c) Keine Anerkennung von Diversifikationseffekten

Andererseits berücksichtigt die Kapitaladäquanzrichtlinie genausowenig wie die Solvabilitätsrichtlinie die unterschiedliche Struktur der Portefeuilles. So wird ein

---

[75] Vgl. Burghof/Rudolph, S. 138, Fußnote 49; Artopoeus, B.Bl. 1995, S. 530; So auch die Begründung zum Entwurf der Kapitaladäquanzrichtlinie, Absatz 14. Dort wird die Notwendigkeit des Abzugs schwer realisierbarer Aktiva aufgrund der Geschäftsstruktur von Wertpapierfirmen betont.

[76] Vgl. Trouet, Derivate und Wirtschaftsaufsicht, S. 90; Artopoeus, B.Bl. 1995, S. 530.

[77] Vgl. Crowder, F.A.Z. vom 28.01.1999, S. 33; Meister, Auszüge aus Presseartikeln 1999, S. 1; Artopoeus, BI 12/96, S. 16; Cartellieri, Die Bank 1990, S. 371; Schneider, WM 1990, S. 1655.

[78] Vgl. Welteke, zitiert nach F.A.Z. vom 20.11.1999, S. 13.

allgemeiner Eigenkapitalfaktor von 4 Prozent auf die Bruttoposition, das heißte der Summe der offenen und aufgerechneten Positionen festgesetzt, ohne daß die Bonität des jeweiligen Unternehmens berücksichtigt wird.[79] Dadurch wird einer Aktie mit einem sehr guten Rating das gleiche spezifische Risiko zugeordnet wie der Aktie eines Unternehmens mit einem sehr schlechten Rating. Somit werden bei Zugrundelegung pauschaler Unterlegungssätze diversifizierte und nicht diversifizierte Aktienportefeuilles einer identischen Eigenmittelunterlegung unterworfen. Bei einem gut diversifizierten Portefeuille wird der Risikogehalt der Position aber fast ausschließlich vom Marktrisiko bestimmt. Insofern überschätzt die reine Addition der Einzelrisiken das Risiko der Gesamtposition erheblich, da der Diversifikationsgrad des Portefeuilles und die Korrelationseffekte keine Berücksichtigung finden.[80]
Zwar sind von dieser Regelung sowohl Universalbanken als auch Wertpapierfirmen betroffen, so daß unter diesem Gesichtspunkt keiner einen Wettbewerbsvorteil erlangt. Jedoch führt diese Vorschrift zu höheren Eigenkapitalkosten bei den Instituten, indem unnötigerweise Eigenmittel vorgehalten werden muß, die aufsichtsrechtlich nicht gerechtfertigt sind.

d) Mangelnde Berücksichtigung der Risikokompensation

Auch muß man sich fragen, ob die weitgehende Wettbewerbsneutralität von Universalbanken und Wertpapierfirmen überhaupt sinnvoll ist.
Bei Universalbanken besteht nämlich die Möglichkeit der Risikokompensation zwischen Trading-book und Anlagebuch. So kann eine Wertpapierfirma, die in ihren Handelsaktivitäten dieselben Risiken wie der Handelsbereich eines Kreditinstituts eingeht, die Risiken aus dem Handelsbereich nicht mit dem Kredit- und Einlagengeschäft oder anderen Sparten des Bankgeschäfts kompensieren.[81] Gerade dieser Kompensation sorgt aber für eine gewisse Ertragsstabilität und, was noch entscheidender ist, auch zu einer Stabilität des Instituts. Das ist gerade in Phasen, in denen das Handelsgeschäft von extremen Schwankungen betroffen ist, von eminent wichtiger Bedeutung für die Existenz des Instituts und damit auch für die Solidität des gesamten Finanzwesens.

---

79 Vgl. Anhang I Nr. 31 ff. KAD.

80 Vgl. Karg, B.Bl. 1997, S. 394; Betge, S. 196; Artopoeus, B.Bl. 1995, S. 532; Rudolph, ifo Studien 1995, S. 107; Sohbi, AG 1994, S. 29.

81 Vgl. Kloepfer, F.A.Z. vom 10.04.1999, S. 13; Flesch, ZfgKw 1996, S. 1048; Schneider, WM 1990, S. 1655; Hüfner in Stadler/Völk, S. 115; im Ergebnis auch Schwintowski/Schäfer, Bankrecht, § 2 Rdnr. 102.

e) Unterschiedliches Regulierungsbedürfnis

Es stellt sich aber die Frage, ob Wertpapierfirmen, einmal abgesehen von dem wettbewerbsrechtlichen Aspekt des „same business – same risk – same regulation“ überhaupt in dem gleichen Maße beaufsichtigt werden müssen wie Kreditinstitute. Es könnte nämlich aus der Kapitaladäquanzrichtlinie eine Überregulierung der Wertpapierfirmen in Form von unangemessen hohen Eigenkapitalanforderungen resultieren.[82]

Grundsätzlich sind hohe Eigenkapitalanforderungen zu begrüßen, da dadurch die Insolvenzwahrscheinlichkeit eines Institutes reduziert wird und damit auch die Gefahr eines allgemeinen Bank-Runs mit den daraus resultierenden Kosten für die gesamte Volkswirtschaft abnimmt.[83]
Allerdings ist bei Wertpapierfirmen diese Gefahr nicht in dem gleichen Maße gegeben wie bei Kreditinstituten. Die negativen Auswirkungen der Insolvenz einer Wertpapierfirma dürften deutlich hinter denen der Insolvenz eines Kreditinstituts zurückbleiben.[84] Dafür spricht zum einen die unterschiedliche Kundenstruktur von Kreditinstituten und Wertpapierfirmen. Daher kommt bei den Kreditinstituten dem Einlegerschutz eine größere Bedeutung zu als den Anlegerschutzzielen im Wertpapierbereich. Zudem sind im Wertpapierbereich die nicht so schutzbedürftigen institutionellen Investoren von sehr großer Bedeutung.[85] Zum anderen hat der Run auf ein Kreditinstitut weitreichendere Folgen für Kreditnehmer und Einleger der Bank, da dadurch die volkswirtschaftliche Aufgaben der Kreditinstitute nicht mehr erfüllt werden kann, als die Insolvenz einer Wertpapierfirma. Dadurch werden nämlich nur die Emittenten und Käufer der Wertpapiere betroffen und die Auswirkungen auf die übrige Volkswirtschaft sind begrenzt.

Da nun die Wertpapierfirmen nicht so regulierungsbedürftig wie Kreditinstitute sind, stellen die Eigenkapitalanforderungen der Kapitaladäquanzrichtlinie eine Überregulierung dar.

---

[82] Vgl. Rudolph, in: Aktienmärkte im Finanzsystem, S. 260; Kolbeck, Zur Entwicklung der Bankenaufsicht in der Bundesrepublik Deutschland, S. 1012.

[83] Darauf, daß eine höhere Eigenkapitalausstattung das Management eines Institutes auch zur Eingehung höherer Risiken veranlassen, weil die Gefahr einer Insolvenz dadurch geringer ist, und damit kontraproduktiv wirken kann, soll hier nicht näher eingegangen werden.

[84] Vgl. Reischauer/Kleinhans, § 13 a Anm. 2; Betge, S. 214; Burghof/Rudolph, S. 175.

[85] Vgl. o.V., „Der Markt für Übernahmen wächst“, F.A.Z. vom 12.11.1999, S. 25.

Aus Wettbewerbsgründen ist also der weniger regulierungsbedürftige Sektor der Wertpapierfirmen auf das höhere Niveau des Bankensektors angehoben worden. Nur so können sich Wertpapierfirmen und Kreditinstitute auf denselben Märkten im Wettkampf um dieselben Kunden gleichberechtigt gegenüber stehen.

f) Erhöhter Aufwand und Kosten

Insgesamt führen die Regelungen der Kapitaladäquanzrichtlinie zu steigenden Eigenmittelanforderungen.[86] Diese resultieren aus der mangelnden Anerkennung von Diversifikationseffekten und der Tatsache, daß Positions- und Fremdwährungsrisiken mit Eigenkapital unterlegt werden müssen und nicht mehr wie zuvor lediglich durch Obergrenzen limitiert werden.
Zu den steigenden Eigenmittelanforderungen kommen noch die sonstigen Kosten, die für die Institute infolge der Kapitaladäquanzrichtlinie anfallen. In erster Linie sind dabei die Kosten zu nennen, die aus der Umsetzung der Regeln über die Eigenmittelausstattung resultieren. Für die Kalkulation der jeweilige Risiken gibt die Kapitaladäquanzrichtlinie mathematische Formeln vor, die nur von wenigen Experten angewendet werden können, deren Bedeutung aber gerade in der Zeit der wachsenden Märkte für Derivate enorm ist.[87] Die Institute müssen also hochbezahlte Fachleute einstellen oder qualifizierte Mitarbeiter aus anderen Aufgabenbereichen abziehen, um diese Formeln anwenden zu können.

Auch darf nicht übersehen werden, daß die Kreditinstitute nach der Kapitaladäquanzrichtlinie nun aufgrund des funktionalen Ansatzes einer zweifachen Aufsicht unterliegen. Zum einen unterliegen sie wie bisher der Solvenzaufsicht durch das Bundesaufsichtsamt für das Kreditwesen, und zum anderen führt das Bundesaufsichtsamt für den Wertpapierhandel die Marktaufsicht über die Wertpapierdienstleistungen durch. Zwar arbeiten die beiden Aufsichtsbehörden zusammen und ergänzen sich, aber trotzdem bedeutet die Aufsicht durch eine zweite Aufsichtsbehörde einen erhöhten Aufwand und damit steigende Kosten für die Kreditinstitute.[88] Durch den Kontakt mit zwei Behörden mit unterschiedlicher Leitung, Tradition und Größe werden die beaufsichtigten Institute in be-

---

[86] Vgl. Betge, S. 196 f.; Kolbeck, Zur Entwicklung der Bankenaufsicht in der Bundesrepublik Deutschland, S. 1012; Schulte-Mattler, WM 1998, S. 1962; ders. EuZW 1994, S. 496; Sohbi, AG 1994, S. 29 f.

[87] Vgl. Troberg, in Schimansky/Bunte/Lwowski, § 135 Rdnr. 12.

[88] Vgl. Becker, in Kümpel/Ott, Nr. 700, S. 13; Blumer, S. 142.

sonderem Maße belastet und es kann zu Rechtsunsicherheiten bei den sich überschneidenden gesetzlichen Regelungen kommen.[89]
Zudem erfordert eine getrennte Aufsicht doppelte Vereinbarungen und Erörterungen in den internationalen Gremien, was eine weitere Belastung für die sowieso schon unterbesetzten Aufsichtsbehörden darstellt.[90]

Die Gefahr der steigenden Kosten liegt darin begründet, daß die Institute die Kosten an den Kunden in Form höherer Gebühren weitergeben, und die Kunden die Marktpreisrisiken daraufhin in den nicht regulierten – und damit kostengünstigeren – Sektor nicht-finanzieller Unternehmen verlagern könnten.
Damit würde das Ziel der Kapitaladäquanzrichtlinie, gleiche Aufsichtsregeln für gleiche Geschäfte zu schaffen, in Frage gestellt. Konsequenz wäre, daß auch die Marktpreisrisiken nicht-finanzieller Unternehmen der Aufsicht unterworfen werden müßten.[91] Dadurch würde die sowieso schon überregulierten Finanzplätze[92] noch mehr reguliert, was der Attraktivität für Anleger und Investoren abträglich wäre. Auch müßten die Aufsichtsbehörden der Länder, die ja schon durch die Umsetzung der Kapitaladäquanzrichtlinie zusätzlich belastet sind, weiterer Unternehmen beaufsichtigen, was zu einer Überlastung der Aufsichtsbehörde und damit einer nicht mehr so effizienten Aufsicht führen würde.

Es bleibt festzuhalten, daß Wertpapierfirmen nicht aus Gründen des Anlegerschutzes oder der Stabilität des Finanzsystems der Aufsicht unterworfen wurden, sondern daß allein wettbewerbspolitische Gründe dafür ausschlaggebend waren. Dabei sind aber sowohl für die Wertpapierfirmen als auch für die Kreditinstitute Nachteile entstanden, was sich insbesondere in gestiegenen Kosten ausdrückt.

III. Umsetzung im KWG

Die Regelungen der Kapitaladäquanzrichtlinie wurden durch die sechste KWG-Novelle in deutsches Recht transformiert. Die Umsetzung erfolgte nur teilweise

---

[89] Vgl. Assmann/Schneider, § 2 Rdnr. 81; Bliesener, S. 96 ff.

[90] Vgl. Miletzki, ZfgKw 2000, S. 176.

[91] Das wird zum Teil auch erwartet und für nötig gehalten, vgl. Schulte-Mattler, ZBB 1994, S. 338; in diesem Sinne auch Tietmeyer, in Deutschen Bundesbank, Monatsbericht Mai 1999, S. 9 f.

[92] Zur Überregulierung des Finanzplatzes Deutschland vgl. Schröder, ZfgKw 1997, S. 1174; Gleske, ZfgKw 1997, S. 262; Lehnhoff, BI 12/1996, S. 9; Kohlhaussen, zitiert nach Handelsblatt vom 11.11.1996, „Kohlhaussen kritisiert schiefe Schlachtordnung"; Folz, ZfgKw 1996, S. 1181.

im Kreditwesengesetz. Teilbereiche der Kapitaladäquanzrichtlinie wurden in den an das Kreditwesengesetz anknüpfenden Verwaltungsvorschriften des Bundesaufsichtsamt für das Kreditwesen geregelt. So wurden die Eigenkapitalunterlegungsvorschriften für Marktrisiken in einer überarbeiteten Fassung des Grundsatzes I[93] niedergelegt, der zuvor schon die Eigenkapitalunterlegungsvorschriften für die Adressenausfallrisiken beinhaltete. Die Richtlinienvorgaben zur ermittlung der kreditnehmerbezogenen Handelsbuchpositionen wurden durch eine Änderung der Kreditbestimmungsverordnung nach § 22 KWG[94] in deutsches Recht transformiert.
Damit wurden die bewährten Regelungsstrukturen der deutschen Bankenaufsicht fortgeführt.

Unmittelbar im Kreditwesengesetz wurden dagegen die Regelungen der Kapitaladäquanzrichtlinie hinsichtlich der Abgrenzung des Handelsbuches, der Eigenmittel, der Großrisiken und der konsolidierten Beaufsichtigung von Institutsgruppen normiert.

1) Abgrenzung Handelsbuchinstitut/Nichthandelsbuchinstitut

Seit der Sechsten KWG-Novelle werden in der Bundesrepublik Deutschland die Kreditinstitute in sogenannte Handelsbuchinstitute und sogenannte Nichthandelsbuchinstitute unterteilt. Die Differenzierung der beaufsichtigten Institute in Handelsbuch- und Nichthandelsbuchinstitute ist die zentrale Neuregelung des Kreditwesengesetzes.[95] Insbesondere für die Großkreditvorschriften und die Anwendbarkeit der Regelungen des Grundsatzes I hinsichtlich der Eigenkapitalsunterlegungspflicht für Zins- und Aktienkursrisiken hat die Zuordnung Konsequenzen.

Die Legaldefinition zu diesen Begriffen findet sich in §§ 13 Abs. 1 und 13 a Abs. 1 KWG. Nach § 13 Abs. 1 S. 1 KWG ist ein Nichthandelsbuchinstitut ein

---

93 Grundsätze über die Eigenmittel und die Liquidität der Kreditinstitute, abgedruckt bei Consbruch/Möller/Bähre/Schneider, 3.01.

94 Die bisherige Kreditbestimmungsverordnung wird nunmehr durch die Großkredit- und Millionenkreditverordnung (GroMiKV) ersetzt. Darin sind insbesondere die Definition der sogenannten Handelsbuch-Gesamtposition, die die Grundlage für § 13a KWG bildet, sowie die entsprechenden Anzeige- und Anrechnungserleichterungen i.S.d. §§ 13 ff. KWG geregelt. Abgedruckt bei Consbruch/Möller/Bähre/Schneider, 2.11.

95 Vgl. Beck/Samm, Band I, § 1 Rdnr. 409; Meixner, NJW 1998, S. 864; Trouet, ZfgKw 1998, S. 765; Boos, Die Bank 1997, S. 121; Karg, B.Bl. 1997, S. 391.

Institut, das nach § 2 Abs. 11 KWG von den Vorschriften über das Handelsbuch freigestellt ist. Demgegenüber gilt nach § 13 a Abs. 1 S. 1 KWG ein Institut, das nicht nach § 2 Abs. 11 KWG von den Vorschriften über das Handelsbuch freigestellt ist, als Handelsbuchinstitut. Entscheidende Bedeutung für die Abgrenzung kommt damit der Bagatellregelung in § 2 Abs. 11 KWG, die aus der Kapitaladäquanzrichtlinie übernommen wurde, zu. In dieser Vorschrift sind die Bagatellgrenzen aus der Kapitaladäquanzrichtlinie[96] für das Handelsbuch normiert. Bei ihrer Einhaltung ist ein Institut davon befreit, die äußerst komplexen und komplizierten Vorschriften, die am Begriff des Handelsbuchs anknüpfen, zu befolgen. Die personelle und finanzielle Belastung, die aus der Umsetzung der neuen Vorschriften resultiert, wird damit geringer als für Handelsbuchinstitute sein.[97]

Halten die Institute die entsprechenden Grenzen ein, so sind sie nach dem Gesetzeswortlaut automatisch von den Handelsbuchvorschriften befreit. Sie sind lediglich verpflichtet, das Bundesaufsichtamt für das Kreditwesen und die Deutsche Bundesbank unverzüglich darüber zu informieren. Das Bundesaufsichtsamt dür das Kreditwesen kann die Freistellung jedoch im Rahmen seines pflichtgemäßen Ermessens mit Auflagen oder anderen Nebenbestimmungen versehen. Kritisch gesehen wird dabei, daß es hierfür keine gesetzliche Rechtsgrundlage, insbesondere nicht in der Kapitaladäquanzrichtlinie, gibt.[98]

Allerdings müssen auch Nichthandelsbuchinstitute ein getrenntes Anlage- und Handelsbuch führen.[99] Nur so können sie nachweisen, daß jederzeit die EG-rechtlichen Vorgaben für die Freistellung eingehalten werden. Auf die erwartete[100] und vorgesehene Verpflichtung der Nichthandelsbuchinstitute, jeweils zum Schluß eines jeden Geschäftstages die Gesamtsumme der Positionen ihres Handelsbuchs zu ermitteln, wurde verzichtet.[101] Stattdessen hat ein Nichthandelsbuchinstitut die Einhaltung der Bagatellgrenze durch geeignete organisatorische

---

96 Siehe oben Teil II, C. II 1).

97 Vgl. Reischauer/Kleinhans, § 13 Anm. 2; Schiller/Wiedemeier, ZfgKw 1998, S. 758; Karg/Lindemann, Sparkasse 1997, S. 126.

98 Vgl. Mielk, WM 1997, S. 2206, der davon ausgeht, daß es sich hierbei um ein redaktionelles Versehen handelt, da sich die Freistellung eines Instituts bereits direkt aus dem Gesetz ergibt.

99 Vgl. Regierungsentwurf zur Sechsten KWG-Novelle, BR-DS 963/96, Besondere Begründung 4. jj).

100 Vgl. Karg, B.Bl. 1997, S. 391.

101 Vgl. C&L Deutsche Revision, S. 77.

Maßnahmen sicherzustellen.[102] Eine Beschreibung der dafür implementierten Verfahren, sowie die Aufschlüsselung der Berechnungsergebnisse und eine Aufschlüsselung der Positionen ist von dem entsprechenden Institut für das Bundesaufsichtsamt für das Kreditwesen und die Deutsche Bundesbank auf Abruf vorzuhalten. Zusätzlich haben die Nichthandelsbuchinstitute quartalsweise Meldungen an die zuständigen Zweigstellen der Landeszentralbank abzugeben.[103]

Eine Ausnahme von der Bagatellregelung des § 2 Abs. 11 S. 1 KWG stellt die Regelung des § 2 Abs. 11 S. 4 letzte Alternative KWG dar. Danach können Institute, die eigentlich unter die Bagatellregelung fallen, auf freiwilliger Basis die Anforderungen der Kapitaladäquanzrichtlinie erfüllen. Somit können auch kleinere Institute, die aber trotzdem über das nötige Fachwissen zur Beachtung der Vorgaben der Kapitaladäquanzrichtlinie verfügen, in den Genuß der Vorteile der Kapitaladäquanzrichtlinie, wie zum Beispiel die Verrechnung gegenläufiger Positionen, kommen.[104]

a) Definition des Handelsbuches

Das Handelsbuch wird in § 1 Abs. 12 KWG definiert und lehnt sich dabei eng an Art. 2 Nr. 6 KAD an.
Das Handelsbuch wird in einem ersten Schritt explizit definiert und das Anlagebuch in einem zweiten Schritt negativ abgegrenzt.

Positionen des Handelsbuches sind alle:[105]

- Finanzinstrumente, handelbare Forderungen und Anteile, die das Institut zum Zwecke des Wiederverkaufs im Eigenbestand hält oder von dem Institut übernommen werden, um bestehende oder zu erwartende Unterschiede zwischen den Kauf- und Verkaufspreisen oder Preis- und Zinsschwankungen kurzfristig zu nutzen, damit ein Eigenhandelserfolg erzielt wird.
- Bestände und Geschäfte zur Absicherung von Marktrisiken des Handelsbuches und damit im Zusammenhang stehende Refinanzierungsgeschäfte.
- Aufgabegeschäfte sowie

---

[102] § 24 S. 1 GroMiKV
[103] § 25 GroMiKV.
[104] Vgl. Büschgen, Bankbetriebslehre, S. 1121; Mielk, WM 1997, S. 2206.
[105] § 1 Abs. 12 S. 1 KWG.

- Forderungen in Form von Gebühren, Provisionen, Zinsen, Dividenden und Einschüssen, die mit den Posten des Handelsbuches unmittelbar verknüpft sind.

Daneben stellt § 12 Abs. 1 S. 2 KWG klar, daß Pensions-, Darlehens- sowie vergleichbare Geschäfte auf Positionen des Handelsbuches diesem auch in jedem Fall zuzurechnen sind. Explizit herausgenommen aus der Handelsbuchabgrenzung sind dagegen Devisen, Rechnungseinheiten und Derivate im Sinne des § 1 Abs. 11 S. 4 Nr. 5 KWG, also solche Derivate, deren Wert vom Börsen- oder Marktpreis von Waren oder Edelmetallen abhängt.[106]

Grundsätzlich müssen also drei Kriterien erfüllt sein, um ein Geschäft dem Handelsbuch zuzuordnen: das Geschäft muß zum einen ein Finanzinstrument betreffen, des weiteren ein Marktrisiko beinhalten und schließlich ein Handelsgeschäft darstellen.

§ 1 Abs. 12 KWG läßt damit den Instituten einen großen Spielraum bei der Zuordnung der verschiedenen Geschäfte zum Handelsbuch oder zum Anlagebuch. Damit dieser Freiraum nicht mißbraucht wird, hat die Zuordnung zum Handelsbuch nach institutsintern festgelegten nachprüfbaren Kriterien zu erfolgen, die dem Bundesaufsichtsamt für das Kreditwesen und der Deutschen Bundesbank mitzuteilen sind.[107] Die Einhaltung dieser Kriterien ist vom Abschlußprüfer im Rahmen der Jahresabscglußprüfung zu überprüfen.

aa) Definition der Finanzinstrumente

Wesentlich für die Abgrenzung des Handelsbuches ist der Begriff der Finanzinstrumente, der in § 1 Abs. 11 KWG niedergelegt ist.[108]
Die Definition des Begriffs Finanzinstrumente ist aus Art. 1 Nr. 4 und 5 WDR sowie aus dem Anhang B zur WDR abgeleitet.[109]

Unter dem Begriff der Finanzinstrumente werden die vier Finanzproduktsgattungen verstanden:[110]

---

[106] Vgl. § 1 Abs. 12 S. 3 KWG.
[107] § 1 Abs. 12 S. 5 KWG.
[108] Vgl. Boos, Die Bank 1997, S. 121; Karg, B.Bl. 1997, S. 392.
[109] Vgl. C&L Deutsche Revision, S. 55; Karg/Lindemann, Sparkasse 1997, S. 126.

- Handelbare Wertpapiere
- Geldmarktinstrumente
- Devisen oder Rechnungseinheiten
- Derivate

Der Begiff der „Geldmarktinstrumente“ ist bewußt als Auffangtatbestand definiert worden, um nicht wertpapiermäßig verbriefte oder als Wertrechte ausgestaltete Forderungsrechte, die auf dem Geldmarkt gehandelt werden, zu erfassen.[111] Darunter fallen zum Beispiel kürzerfristige Schuldscheindarlehen oder bestimmte Unternehmensgeldpapiere.[112]

bb) Interne Zwecksetzung

Neben der Voraussetzung, daß das Geschäft ein Finanzinstrument betreffen muß, ist die interne Zwecksetzung, mit dem Geschäft einen Eigenhandelserfolg erzielen zu wollen, entscheidendes Zuordnungskriterium zum Handels- oder Anlagebuch.[113]

Als Eigenhandelserfolg wird dabei ein positives Handelsergebnis, das heißt einen Nettoertrag aus Finanzgeschäften, bezeichnet. Das Handelsergebnis ist nach § 340c Abs. 1 HGB als (Netto-)Ertrag oder Aufwand aus Finanzgeschäften zu zeigen.[114]
Damit sind alle Geschäfte, deren Ergebnisse in die aufgeführten Positionen der Gewinn- und Verlustrechnung der Institute eingehen, als Handelsbuchpositionen zu behandeln. Da an die handelsrechtlichen Bilanzierungsvorschriften angeknüpft wird, ist davon auszugehen, daß als Positionen des Handelsbuches alle Positionen des bilanziellen Handelsbestandes auszuweisen sind. Dazu gehören nicht die Wertpapiere der Liquiditätsreserve und des Anlagebestandes.[115]

---

[110] Zur näheren Erläuterung der einzelnen Finanzinstrumente vgl. C&L Deutsche Revision, S. 57 ff.; Karg, B.Bl. 1997, S. 392 f.
[111] Vgl. Regierungsentwurf zur Sechsten KWG-Novelle, BR-DS 963/96, Besondere Begründung zu § 1 Abs. 11.
[112] Vgl. Ott, S. 10.
[113] Vgl. Zerwas/Hanten, ZfgKw 2000, S. 48; Beck/Samm, Band I, § 1 Rdnr. 398; Fischer, in Schimansky/Bunte/Lwowski, Nachtrag zu §§ 125-133 Rdnr. 53.
[114] Vgl. Regierungsentwurf zur Sechsten KWG-Novelle, BR-DS 963/96, Besondere Begründung zu § 1 Abs. 12.
[115] Vgl. zum Eigenhandelserfolg und dem Begriff des „Eigenhandels“ allgemein Krumnow/Sprißler/Bellavite-Hövermann/Kemmer/Steinbrücker, § 340 c HGB Rdnr. 19 ff.

b) Definition des Anlagebuches

Das Anlagebuch eines Instituts von allen Geschäften, die nicht dem Handelsbuch zuzurechnen sind, gebildet.[116] Das Anlagebuch bildet somit aufsichtsrechtlich betrachtet eine Restgröße[117], zu der die Wertpapiere des Anlagevermögens und grundsätzlich die der Liquiditätsreserve und die für diese Positionen abgeschlossenen Sicherungsgeschäfte gehören.[118] Der Anwendungsberich des Anlagebuches ist also im wesentlichen auf die Positionen des bilanziellen Handelsbestandes begrenzt.
Neben den Geschäften, die aufgrund des fehlenden Eigenhandelscharakters hier einzuordnen sind, gehören zum Anlagebuch die Devisenkassageschäfte (nicht jedoch Devisentermin- oder Devisenoptionsgeschäfte), Rechnungseinheiten sowie Waren- oder Edelmetallderivate.[119]

c) Abgrenzung

Zur Abgrenzung, ob ein Institut Handelsbuch- oder Nichthandelsbuchinstitut ist, sind nach § 2 Abs. 11 S. 2 KWG Derivate entsprechend dem Nominalwert oder dem Marktpreis der ihnen zugrundeliegenden Instrumente anzusetzen. Alle übrigen Finanzinstrumente sind im Handelsbuch mit ihrem Nennwert oder Marktpreis zu berücksichtigen. Nach § 2 GroMiKV sind alle Finanzinstrumente, die Bilanzaktiva nach § 19 KWG darstellen, mit dem Buchwert zuzüglich Einzelwertberichtigungen, abzüglich der Posten wegen der Erfüllung oder der Veräußerung von Forderungen aus Leasing-Verträgen bis zu den Buchwerten der diesen zugehörigen Leasing-Gegenständen anzusetzen (bereinigter Buchwert).

Insgesamt ist die Abgrenzung des Handelsbuches durch die unmittelbare Anknüpfung an das Rechnungswesen relativ leicht möglich, so daß es in diesem Bereich nicht zu nennenswerten Problemen kommen dürfte.[120]

---

116 Vgl. § 1 Abs. 12 S. 4 KWG.
117 Zu diesem Begriff vgl. Beck/Samm, Band I, § 1 Rdnr. 408; Kohls, Rdnr. 10; Fischer, in Schimansky/Bunte/Lwowski, Nachtrag zu §§ 125-133 Rdnr. 52; Mielk, BI 12/96, S. 36.
118 Vgl. Deutschen Bundesbank, Monatsbericht Januar 1998, S. 65.
119 Vgl. Beck/Samm, Band I, § 1 Rdnr. 406 und 408; Ott, S. 11.
120 Vgl. Karg, B.Bl. 1997, S. 395.

2) Eigenmittelausstattung gem. § 10 KWG

Mit dem Inkrafttreten der Sechsten KWG-Novelle und der Neufassung des Grundsatzes I des Bundesaufsichtsamtes für das Kreditwesen haben sich als Folge der Kapitaladäquanzrichtlinie zum 1. Oktober 1998 einige wesentliche Änderungen ergeben, die sich einerseits auf die Zusammensetzung der Eigenmittel eines Instituts, andererseits auf die Berechnung der notwendigen Eigenmittel für die einzelnen unterlegungspflichtigen Positionen beziehen.
Darüberhinaus wurde die Novellierung des Kreditwesengesetzes zur redaktionellen Überarbeitung der Eigenmittelvorschriften genutzt.[121]

a) Neuer Eigenmittelbegriff

Der bis zur Sechsten KWG-Novelle gebräuchliche Begriff des „haftenden Eigenkapitals“ wird nunmehr durch die umfassendere Bezeichnung der “Eigenmittel“ als Maßgröße für das Verlustdeckungspotential eines Kreditinstituts ersetzt.
So wird durch § 10 KWG neben den schon bekannten Eigenmittelbestandteilen Kernkapital (Abs. 2a) und Ergänzungskapital (Abs. 2b) der Begriff der Drittrangmittel (Abs. 2c) als weitere Kategorie von Ergänzungsmitteln in das Kreditwesengesetz eingeführt.

aa) Kern- und Ergänzungskapital

Bei den Kategorien des Kern- und Ergänzungskapitals haben sich keine grundlegenden Änderungen ergeben.[122] Diese beiden Kategorien bilden gemeinsam das haftende Eigenkapital.

---

[121] Vgl. Boos, Die Bank 1997, S. 121; Karg/Lindemann, Sparkasse 1997, S. 128.

[122] Es haben sich lediglich Änderungen hinsichtlich der Anerkennung der Vermögenseinlagen stiller Gesellschafter, der Anerkennung des freien Vermögens des Inhabers oder persönlich haftenden Gesellschafters eines Kreditinstituts sowie bei der Anerkennung der Rücklagen ergeben, die jedoch keine besondere praktische Relevanz haben. Ausführlicher dazu C&L Deutsche Revision, S. 101; Boos, Die Bank 1997, S. 122; Fischer, in Schimansky/Bunte/Lwowski, Nachtrag zu §§ 125-133 Rdnr. 83.

bb) Drittrangmittel

§ 10 Abs. 2c KWG definiert den von der Kapitaladäquanzrichtlinie vorgegebenen Begriff der „Drittrangmittel“. Die Drittrangmittel dürfen ausschließlich zur Unterlegung der Handelsbuchrisiken (Marktpreis- sowie Ausfallrisiken) einschließlich Optionsrisiken sowie der Fremdwährungs- und Rohwarenrisiken herangezogen werden.[123] Allerdings müssen diese Risiken nicht zwingend mit Drittrangmitteln unterlegt werden. Sie sind vielmehr voll durch höherwertige Eigenkapitalformen wie Kern- oder Ergänzungskapital ersetzbar. Diese können dann aber nicht für die Unterlegung anderer Risiken verwendet werden.

Die Drittrangmittel können nur bis zu einem Betrage berücksichtigt werden, der zusammen mit dem freien Ergänzungskapital (d.h. Ergänzungskapital, das nicht zur Unterlegung der Risiken aus dem Anlagebuch nach den Vorgaben des Kreditwesengesetzes benötigt wird) 250 Prozent des freien Kernkapitals (d.h. Kernkapital, das nicht zur Unterlegung der Risiken aus dem Anlagebuch nach den Vorgaben des Kreditwesengesetzes benötigt wird) nicht übersteigt.[124] Bei den Wertpapierhandelsunternehmen liegt diese Kappungsgrenze bei 200 Prozent des freien Kernkapitals[125], es sei denn schwer realisierbare Aktiva (§ 10 Abs. 2c S. 5 KWG) werden von den Drittrangmitteln abgezogen. Die geringere Kappungsgrenze bei den Wertpapierfirmen trägt der höheren Ergebnisvolatilität, das heißt den kurzfristigeren und mit größeren Schwankungen verbundenen Geschäfte dieser Institute Rechnung.[126]

Ohne diese Limitierung wäre eine unbegrenzte Vermehrung der anrechenbaren Drittrangmittel durch höhere Buchgewinne aus Handelsgeschäften möglich. Als Folge könnte der erlaubte Umfang der Marktrisikopositionen erheblich vergrößert werden, was aber kontraproduktiv zur Zielsetzung – der Begrenzung der Marktrisiken – wäre.[127]

Bei den Drittrangmitteln handelt es sich um die Nettogewinne und die kurzfristigen nachrangigen Verbindlichkeiten mit einer Ursprungslaufzeit von mindes-

---

[123] Vgl. Boos, Die Bank 1997, S. 123; Karg/Lindemann, Sparkasse 1997, S. 128; Vertneg, ÖBA 1997, S. 683.

[124] Vgl. § 10 Abs. 2c S. 2 KWG.

[125] Vgl. § 10 Abs. 2c S. 4 KWG.

[126] Vgl. Büschgen, Bankbetriebslehre, S. 1118; Regierungsentwurf zur Sechsten KWG-Novelle, BR-DS 963/96, Besondere Begründung zu § 10.

[127] So Hölscher, ZfgKw 1998, S. 748.

tens zwei Jahren. Sie sind in vollem Umfang durch überschüssiges Genußrechtskapital oder längerfristige nachrangige Verbindlichkeiten substituierbar.

(1) Nettogewinne

Der Nettogewinn ist eine fiktive Größe. Er ergibt sich als anteiliger Gewinn, der bei einer Glattstellung aller Handelsbuchpositionen realisiert würde, abzüglich aller vorhersehbaren Abgaben und Ausschüttungen sowie des bei einer Liquidation des Unternehmens voraussichtlich entstehende Verlustes aus dem Anlagebuch.[128]

Der Berücksichtigung der Nettogewinne als Drittrangmittel steht jedoch ihre aufwendige Berechnung entgegen. Daher wird erwartet, daß die deutschen Institute von dieser Eigenmittelkomponente keinen Gebrauch machen werden, oder allenfalls für große, bilanztechnisch aufwendig ausgestattete Institute in Betracht kommt.[129]

(2) Kurzfristige Nachrangverbindlichkeiten

Wesentlich gößere Bedeutung als den Nettogewinnen kommt den kurzfristigen nachrangigen Verbindlichkeiten in bezug auf die Anrechnung als Drittrangmittel zu.[130]

Die kurzfristigen nachrangigen Verbindlichkeiten sind ähnlich ausgestaltet, wie die als Ergänzungskapital zweiter Klasse anerkannten langlaufenden Nachrangverbindlichkeiten des § 10 Abs. 5a KWG. Sie müssen also gem. § 10 Abs. 7 KWG

- im Falle des Konkurses oder der Liquidation des Instituts erst nach Befriedigung aller nicht nachrangigen Gläubiger zurückerstattet werden,
- eine Mindestlaufzeit von nur zwei Jahren haben,

---

[128] § 10 Abs. 2c S.1 Nr. 1 KWG.

[129] Vgl. Fischer, in Hölscher, ZfgKw 1998, S. 748; C&L Deutsche Revision, S. 112; Schimansky/Bunte/Lwowski, Nachtrag zu §§ 125-133 Rdnr. 86.

[130] Vgl. Jahresbericht des Deutschen Sparkassen und Giroverbandes 1997, S. 37; Vertneg, ÖBA 1997, S. 683.

- die Aufrechnung des Rückerstattungsanspruchs gegen Forderungen des Instituts muß ausgeschlossen sein und für die Verbindlichkeit dürfen keine vertraglichen Sicherheiten durch das Institut oder durch Dritte gestellt werden,
- eine sogenannte Lock-in-Klausel enthalten, wonach auf die Verbindlichkeit weder Tilgungs- noch Zinszahlungen geleistet werden müssen, wenn dies die Nichterfüllung der gesetzlichen Eigenmittelanforderungen zur Folge hätte und vorzeitige Zins- und Tilgungszahlungen dem Institut zurückzuerstatten sind.

Von Bedeutung ist in diesem Zusammenhang die Möglichkeit der Umwidmung von langfristigen in kurzfristige Nachrangverbindlichkeiten. Gemäß § 10 Abs. 5a S. 2 KWG dürfen die längerfristigen nachrangigen Verbindlichkeiten mit einer Restlaufzeit von weniger als zwei Jahren nämlich dann nur noch zu 40 Prozent dem haftenden Eigenkapital zugerechnet werden. Nach der Umwidmung können die nachrangigen Verbindlichkeiten dann teilweise oder in voller Höhe (abhängig von der Kappungsgrenze des § 10 Abs. 2b S. 3 KWG) als Drittrangmittel berücksichtigt werden. Voraussetzung ist aber, daß eine lock-in-Klausel mit dem jeweiligen Gläubiger vereinbart ist oder noch vereinbart werden kann.[131]

Die Einbeziehung der Drittrangmittel in die Eigenmittelbestandteile führt zu einer weiteren Aufweichung des Eigenkapitalbegriffs. Allerdings ist zu berücksichtigen, daß durch die sogenannte lock-in-Klausel die Haftqualität der kurzfristigen nachrangigen Verbindlichkeiten besser als die der als Ergänzungskapital anerkannten Nachrangverbindlichkeiten ist.[132] Dabei sollte aber nicht übersehen werden, daß sich bei ihnen wegen der kurzfristigen Laufzeit das Problem der Anschlußfinnazierung wesentlich stärker als bei den schon länger als Eigenkapital zugelassenen Nachrangverbindlichkeiten ergibt.

---

[131] Eine solche Umwidmung ist auch schon in der Begründung zur Gesetzesänderung vorhergesehen worden, vgl. Regierungsentwurf zur Sechsten KWG-Novelle, BR-DS 963/96, Besondere Begründung, zu Nummer 16 p) : *„Das neue Regelwerk steht einer vertraglichen Ausgestaltung oder nachträglichen Umgestaltung längerfristiger nachrangiger Verbindlichkeiten in dem Sinne, daß sie in der Auslaufphase als Drittrangmittel berücksichtigt werden können, nicht entgegen."*

[132] Vgl. Mielk, WM 1997, S. 2207 f.; Artopoeus, B.Bl. 1995, S. 530.

b) Dynamisierter Eigenmittelbegriff

Durch die Sechste Novelle des Kreditwesengesetzes ist es zu einer Dynamisierung der Eigenmittelvorschriften gekommen. Dadurch wird das statische Konzept des haftenden Eigenkapitals weitgehend aufgehoben.

Zum einen besteht nunmehr eine Abhängigkeit der für die Unterlegung von Handelsbuch- bzw. Marktpreisrisikopositionen einbringbaren Drittrangmittel in Relation zu dem für die Risiken des Anlagebuchs nicht verbrauchten Kernkapital, das heißt zum freien Kernkapital. Da Drittrangmittel bis zu einem Betrag von 250 Prozent des freien Kernkapitals eingesetzt werden können, kann ein Institut im gleichen Maße mehr Drittrangmittel in seine Eigenmittelunterlegung der Handelsbuch- bzw. Marktpreisrisikopositionen einbeziehen, wie der Betrag des freien Kernkapitals zunimmt.[133] Zum anderen heißt dies die Aufgabe des Bilanzstichtagsprinzips und des Eigenkapitalfestsetzungsverfahrens durch das Bundesaufsichtsamt für das Kreditwesen.[134]

Bis zur Sechsten KWG-Novelle war für die Bemessung des haftenden Eigenkapitals grundsätzlich die letzte für den Schluß eines Geschäftsjahres festgestellte Bilanz maßgeblich. Zwischenzeitliche Änderungen der Eigenmittel konnten nur in bestimmten Fällen durch eine ausdrückliche Zulassung des Bundesaufsichtsamtes für das Kreditwesen berücksichtigt werden.[135] Dadurch konnte das Bundesaufsichtsamt für das Kreditwesen den tatsächlichen Kapitalzu- oder abfluß nur mit einer erheblichen Zeitverzögerung registrieren. Seit dem 1. Januar 1998 müssen die Institute ihre aktuelle Eigenkapitalsituation berücksichtigen.[136] Es wurde aber von der geplanten Pflicht zur täglichen Bestimmung des Eigenkapitals Abstand genommen.[137] Stattdessen müssen die Institute die Eigenmittelanforderungen zwar ständig einhalten, sie müssen sie aber nur zum Ende jeden Kalendarmonats berechnen.[138] Ansonsten wäre auf eine Vielzahl von Instituten eine kaum zu bewältigende Belastung zugekommen.[139] Allerdings

---

[133] Vgl. C&L Deutsche Revision, S. 41; Mielk, BI 12/96, S, 37 f.

[134] Vgl. Reischauer/Kleinhans, § 13 Anm. 3; Boos, Die Bank 1997, S. 122; Karg/Lindemann,, Sparkasse 1997, S. 129.

[135] Vgl. Mielk, WM 1997, S. 2208; Fischer, in Schimansky/Bunte/Lwowski, Nachtrag zu §§ 125-133 Rdnr. 89.

[136] Vgl. Reischauer/Kleinhans, § 13 Anm. 3; Schieber, WM 1999, S. 2290.

[137] Vgl. Jahresbericht des Deutschen Sparkassen- und Giroverbandes 1997, S. 37; Artopoeus, B.Bl. 1995, S. 530.

[138] § 2 Abs. 3 Grundsatz I.

[139] Vgl. Mielk, BI 12/96, S. 38.

müssen die Institute ihre Großkredite täglich zum Geschäftsschluß[140] berechnen.[141] Da das Vorliegen eines Großkredits an dem Eigenkapital bzw. den Eigenmitteln eines Instituts gemessen wird, ist also grundsätzlich eine tägliche Ermittlung des Eigenkapitals bzw. der Eigenmittel zum Geschäftsschluß erforderlich. Von der Verpflichtung zur täglichen Berechnung der Großkredite können sich die Nicht-Handelsbuchinstitute befreien lassen[142], die Handelsbuchinstitute aber ausdrücklich gemäß § 36 Abs. 1 S. 2 KWG nicht, so daß im Ergebnis nur die Handelsbuchinstitute der Belastung der täglichen Eigenmittelberechnung ausgesetzt sind.

Die Dynamisierung erfaßt dabei die meisten konstitutiven und Abzugskomponenten des haftenden Eigenkapitals und sämtliche Komponenten der Drittrangmittel. Sie erfaßt dagegen nicht den Reingewinn, eventuelle Zwischengewinne, offene Rücklagen und den Sonderposten für allgemeine Bankrisiken. Diese Positionen bleiben statisch und können außerhalb der jährlichen Bilanzfeststellung nur noch durch die Aufstellung von Zwischenabschlüssen – mit den Einschränkungen des § 10 Abs. 3 KWG – verändert werden.[143]

Insgesamt ist die Dynamisierung der Eigenmittelbestandteile positiv zu bewerten. Denn hierdurch erfolgt eine Entlastung der Institute und der Aufsicht. Nimmt ein Institut zum Beispiel Genußrechtskapital auf, so kann es dieses sofort als Ergänzungskapital anrechnen, ohne daß es wie bisher einer förmlichen Anerkennung durch die Bankenaufsicht bedarf.[144] Insgesamt kommt es zu einem Abbau der zuvor erforderlichen Eigenkapitalüberdeckung aufgrund der Zeitverzögerung zwischen der Eigenkapitalaufnahme und der aufsichtsrechtlichen Anerkennung dieses Eigenkapitals. Zuwächse in der Form externer Eigenmittel oder Abgänge von auslaufenden befristeten Eigenkapitalkomponenten werden sofort berücksichtigt. Damit werden die Institute hinsichtlich der Eigenkapitalkosten entlastet.[145]

---

[140] Geschäftsschluß ist gemäß § 1 Abs. 2 GroMiKV täglich um 24.00 Uhr MEZ oder MESZ.

[141] Vgl. § 31 Abs. 1 S. 1 GroMiKV für Nicht-Handelsbuchinstitute und § 36 Abs. 1 S.1 GroMiKV für Handelsbuchinstitute.

[142] Vgl. § 31 Abs. 2 S. 1 GroMiKV.

[143] Vgl. Matzke/Seifert, ZBB 1998, S. 158; Mielk, WM 1997, S. 2208. Eine tabellarische Aufzählung der einzelnen statischen und dynamischen Eigenmittelbestandteile findet sich bei Boos, Die Bank 1997, S. 122, Abbildung 3 und 4.

[144] Vgl. Deutsche Bundesbank, Monatsbericht Januar 1998, S. 66.

[145] Vgl. Fischer, in Schimansky/Bunte/Lwowski, Nachtrag zu §§ 125-133 Rdnr. 89; Mielk, BI 12/96, S. 122; Artopoeus, B.Bl. 1995, S. 531.

3) Konsolidierung gem. § 10a KWG

Durch die Umsetzung der Richtlinien mußten auch die Konsolidierungsvorschriften erneut geändert werden. Dabei sind drei wesentliche Änderungen zu erwähnen:

a) Einbeziehung der Finanzdienstleistungsinstitute

Die nunmehr der Aufsicht unterfallenden Finanzdienstleistungsinstitute werden nach der Sechsten KWG-Novelle gemäß § 10a Abs. 2 S. 3 auch als übergeordnete Unternehmen in die bankaufsichtliche Konsolidierung einbezogen. Sie werden damit bei der Durchführung der Konsolidierung mit den Kreditinstituten gleich behandelt. Konsolidierungspflichtige nachgeordnete Unternehmen sind alle Institute, Finanzunternehmen oder Unternehmen mit bankbezogenen Hilfsdiensten, § 10a Abs. 2 S. 2 KWG.

Insgesamt ist somit eine weitere Ausweitung des Konsolidierungskreises zu verzeichnen.[146] So fallen jetzt auch Institute unter die Konsolidierungspflicht, wenn lediglich ein Tochterunternehmen eines der neu der Aufsicht unterfallenden Geschäfte des § 1 Abs. 1 und 1a KWG betreibt. Die Ausnahmeregelung des § 10 a Abs. 2 S. 5 KWG befreit nur solche Institute von der Konsolidierungspflicht, denen ausschließlich Unternehmen mit bankbezogenen Hilfsdiensten nachgeordnet sind. Dies führt insbesondere für kleinere Institute zu Problemen.
Durch die Neuregelung sind aber auch die Institute betroffen, die mit der Ausgliederung des Wertpapier- und Derivatgeschäfts auf ausländische Tochterunternehmen die Anwendung der Eigenkapitalvorschriften im Bereich dieser Geschäftsfelder zu umgehen versuchten.[147] Dieses Schlupfloch wird ihnen nun verstellt, da sich die Risiken der Tochterunternehmen auch auf die Mutterunternehmen und andere Gruppenmitglieder durchschlagen können.

b) Beschränkung auf Tochterunternehmen

Als wichtigste Neuregelung im Rahmen der Konsolidierungsvorschriften wird die Beschränkung der nachgeordneten Unternehmen auf die Tochterunterneh-

---

[146] Vgl. Kohls, Rdnr. 21 f.
[147] Vgl. Artopoeus, B.Bl. 1995, S. 530.

men eines Instituts (§ 1 Abs. 7 KWG i.V.m. § 290 HGB) und – wie bisher – Unternehmen, an denen eine qualifizierte Minderheitsbeteiligung besteht (§ 10a Abs. 4 KWG) angesehen.[148] Dadurch wird die Pflichtkonsolidierungsschwelle von 40 Prozent auf 50 Prozent plus 1 angehoben. Damit entfällt die Differenzierung gegenüber der Großkreditkonsolidierung, was zu einer Entlastung der Institute und einer Vereinfachung der Aufsicht führt.[149]

c) Marktrisikokonsolidierung

Die Institutsgruppen müsen nun neben den Adressenausfallrisiken auch marktrisikobehaftete Positionen in die Konsolidierung einbeziehen. Das ist zwar nicht unmittelbar aus § 10a KWG zu entnehmen, folgt aber aus der Verweisung auf die im Rahmen der Grundsätze maßgeblichen Posten.

Gem. § 10a Abs. 6 S. 13 KWG können gegenläufige marktrisikobehaftete Positionen innerhalb einer Gruppe nur unter relativ strengen Bedingungen verrechnet werden.[150] Eine Verrechnung ist nur möglich, wenn

- Die Unternehmen in die zentrale Risikosteuerung des übergeordneten Unternehmens einbezogen sind,
- Eigenmittel in der Gruppe angemessen verteilt sind und
- bei nachgeordneten Unternehmen mit Sitz in Drittstaaten gewährleistet ist, daß der freie Kapitalverkehr zu anderen gruppenangehörigen Unternehmen nicht durch örtliche Rechts- und Verwaltungsvorschriften behindert wird.

Besonders die an Anforderungen an die Einbeziehung in die zentrale Risikosteuerung des übergeordneten Unternehmens stellt eine besondere Belastung für die Unternehmen dar. Dies setzt nämlich voraus, daß das übergeordnete Unternehmen zeitnah über Positionsänderungen des nachgeordneten Unternehmens informiert wird und die nachgeordneten Unternehmen haben alle Grundsatzfragen der Risikosteuerung mit dem übergeordneten Unternehmen abzustimmen.[151]

---

[148] Vgl. Boos, Die Bank 1997, S. 123; Mielk, WM 1997, S. 2238; Fischer, in Schimansky/Bunte/Lwowski, Nachtrag zu §§ 125-133 Rdnr. 105.
[149] Vgl. Deutsche Bundesbank, Monatsbericht Januar 1998, S. 68; Büschgen, Bankbetriebslehre, S. 1158; C&L Deutsche Revision, S. 124.
[150] Vgl. Boos, Die Bank 1997, S. 123; Karg/Lindemann, Sparkasse 1997, S. 130.
[151] Vgl. Büschgen, Bankbetriebslehre, S. 1160; Mielk, WM 1997, S. 2238.

Durch die Einbeziehung in die zentrale Risikosteuerung soll verhindert werden, daß die gegenläufigen Positionen eines nachgeordneten Unternehmens von mehreren übergeordneten Unternehmen genutzt wird.[152]

4) Großkreditbestimmungen, §§ 13 bis 13b KWG

Nach wie vor ist das Kreditrisiko der Hauptgrund dafür, daß Kreditinstitute in Schwierigkeiten geraten oder im schlimmsten Fall sogar fallieren.[153] Dabei spielt der Ausfall besonders großer Kreditnehmer eine Hauptrolle.[154] Aus diesem Grunde ist der Limitierung von Großrisiken in der Sechsten KWG-Novelle wieder ein besonderes Gewicht zugemessen worden.[155]

In Folge der Umsetzung der Kapitaladäquanzrichtlinie wird auch bei den Großkreditbestimmungen nunmehr die Unterscheidung zwischen Handelsbuch- und Nichthandelsbuchinstituten vorgenommen. Die Vorschriften für Nichthandelsbuchinstitute, die im wesentlichen der alten Regelung entspricht, sind in § 13 KWG, die für Handelsbuchinstitute im gänzlich neugefaßten § 13a KWG normiert. Die Konsolidierung von Großrisiken wird jetzt in § 13b KWG geregelt.

a) Großkreditvorschriften für Nicht-Handelsbuchinstitute

Für die nicht von der Kapitaladäquanzrichtlinie betroffenen Nicht-Handelsbuchinstitute bringen die materiellen Neuerungen des § 13 KWG im wesentlichen Entlastungen.[156] Dies folgt aus dem Bestreben des Gesetzgebers, eine Deregulierung und eine Vereinfachung des Bankenaufsichtsrechts zu erreichen.[157]

---

[152] Vgl. Boos, Die Bank 1997, S. 123.

[153] Vgl. ; Fischer , F.A.Z. vom 29.11.1999, S. 24; Stehmann, F.A.Z. vom 09.08.1999, S. 23; Padoa-Schioppa, zitiert nach F.A.Z. vom 26. 02.1999; Meister, ZfgKw 1999, S. 148; Gaddum, Bankhistorisches Archiv (Beiheft 17), S. 45.

[154] Vgl. Artopoeus, ZfgKw 1999, S. 142; Szagunn/Haug/Ergenzinger, § 13 Rdnr. 1; Panowitz/Jung, § 13 Rdnr. 1; Bähre/Schneider, § 13 Anm. 1.

[155] Ein Großteil der Vorschriften und Definitionen im Zusammenhang mit dem Kreditgeschäft sind dabei nicht im Kreditwesengesetz, sondern in der neu erlassenen Groß- und Millionenkreditverordnung – abgedruckt bei Consbruch/Möller/Bähre/Schneider, 2.11 – geregelt.

[156] Vgl. C&L Deutsche Revision, S. 211; Karg/Lindemann, Sparkasse 1997, S. 130.

[157] Vgl. Deutsche Bundesbank, Monatsbericht Januar 1998, S. 61 und 70 f.

So besteht für Nicht-Handelsbuchinstitute nun die Möglichkeit, daß der Verordnungsgeber ihnen statt der unverzüglichen Anzeige eines Großkredits regelmäßige Sammelanzeigen erlaubt.[158] . Von dieser Ermächtigung ist auch Gebrauch gemacht worden, so daß sämtliche Großkredite nur noch quartalsweise gemeldet werden müssen.[159] Diese Angleichung der Meldetermine an die für Millionenkredite bedeutet eine erhebliche Erleichterung für die Institute.[160]

Auch wird die Anzeigepflicht für die Großkreditbeschlußfassung auf die Fälle beschränkt, in denen die festgesetzte einstimmige Beschlußfassung sämtlicher Geschäftsleiter bei der Gewährung eines Großkredits nicht innerhalb eines Monats nach Gewährung des Kredits nachgeholt wird.[161]

Hinsichtlich der Großkreditobergrenzen des § 13 Abs. 3 KWG ergeben sich gegenüber den bisherigen Bestimmungen keine Änderungen. Weiterhin wird ein Großkredit als ein solcher definiert und löst damit die Meldepflicht gegenüber der Deutschen Bundesbank aus, wenn die Kredite eines Instituts an einen Kreditnehmer 10 Prozent seines haftenden Eigenkapitals erreichen oder übersteigen.[162] Die Großkrediteinzelobergrenze gemäß § 13 Abs. 3 S. 1 KWG, ab der eine Zustimmung des Bundesaufsichtsamtes für das Kreditwesen erforderlich ist, bleibt bei 25 Prozent des haftenden Eigenkapitals des Instituts bestehen. Und die Großkreditgesamtobergrenze des § 13 Abs. 3 S. 5 KWG besagt auch nach der Sechsten KWG-Novelle, daß alle Großkredite zusammen ohne Zustimmung des Bundesaufsichtsamtes für das Kreditwesen das Achtfache des haftenden Eigenkapitals des Instituts nicht überschreiten dürfen.

Neu eingeführt wurde jedoch die Regelung des § 13 Abs. 3 S. 9 KWG. Danach kann das Bundesaufsichtsamt bei Überschreitungen der Einzelgroßkreditgrenze für einen begrenzten Zeitraum eine Befreiung von der Eigenkapitalunterlegungsverpflichtung ermöglichen, wenn die Überschreitung der Grenze durch die Verschmelzung von Kreditnehmern oder vergleichbare Ereignisse eingetreten ist und für das Nicht-Handelsbuchinstitut nicht vorhersehbar war. Als vergleichbare

[158] § 13 Abs. 1 S. 2 KWG.
[159] Vgl. §§ 30, 45 GroMiKV.
[160] Vgl. Reischauer/Kleinhans, § 13 Anm. 12; C&L Deutsche Revision, S. 214.
[161] § 13 Abs. 2 S. 5 KWG.
[162] § 13 Abs. 1 S. 1 KWG.

Ereignisse sind insbesondere die Bildung neuer oder die Erweiterung bestehender Kreditnehmereinheiten nach § 19 Abs. 2 KWG zu verstehen.[163]

b) Großkreditvorschriften für Handelsbuchinstitute

Handelsbuchinstitute müssen nach der Sechsten KWG-Novelle ihre Großengagements getrennt nach Anlagebuch und nach Handelsbuch ermitteln. Diese bilden zusammen dann die kreditnehmerbezogene Gesamtposition.

Dabei werden zwei Großkreditdefinitionsgrenzen vorgegeben. Ein Anlagebuch-Großkredit liegt vor, wenn die kreditnehmerbezogene Anlagebuch-Gesamtposition 10 Prozent des haftenden Eigenkapitals erreicht oder überschreitet.[164] Ein Gesamtbuch-Großkredit liegt demgegenüber vor, wenn die kreditnehmerbezogene Gesamtposition 10 Prozent der Eigenmittel erreicht oder überschreitet.[165]

Die kreditnehmerbezogene Gesamtposition bemißt sich also nicht anhand des haftenden Eigenkapitals, sondern an den Eigenmitteln und bezieht damit die Drittrangmittel mit ein. Andererseits gelten für die Handelsbuchinstitute grundsätzlich die gleichen Obergrenzen wie für Nicht-Handelsbuchinstitute. Die Grenze für den einzelnen Großkredit beträgt 25 Prozent und die Grenze für alle Großkredite zusammen 800 Prozent. Da die gleichen Obergrenzen gelten, haben Handelsbuchinstitute im Vergleich zu den Nicht-Handelsbuchinstituten im Anlagebuch einen größeren Spielraum, da sie nur die Anlagepositionen zu berücksichtigen haben, während das Nicht-Handelsbuchinstitut die Obergrenzen mit all seinen Positionen, das heißt neben den Anlagebuchpositionen auch die Handelsbuchpositionen, einhalten muß.[166] Dieser Nachteil der Nicht-Handelsbuchinstitute dürfte sich durch die Bagatellgrenze des § 2 Abs. 11 S.1 KWG aber nur begrenzt auswirken.

---

[163] Vgl. Regierungsentwurf zur Sechsten KWG-Novelle, BR-DS 963/96, Besondere Begründung, zu Nummer 22 a).

[164] § 13a Abs. 1 S. 3 zweiter Halbsatz KWG.

[165] § 13a Abs. 1 S. 3 erster Halbsatz KWG.

[166] Vgl. C&L Deutsche Revision, S. 233; Karg/Lindemann, Sparkasse 1997, S. 130; im Ergebnis auch Gröschel/Maes, S. 47 f.

Insgesamt haben die Handelsbuchinstitute nunmehr sechs Großkreditobergrenzen zu beachten:[167]

- die Anlagebuch-Großkrediteinzelobergrenze gemäß § 13a Abs. 3 S. 1 KWG, nach der die kreditnehmerbezogene Anlagebuchgesamtposition 25 Prozent des haftenden Eigenkapitals nicht überschreiten darf,
- die Anlagebuch-Großkreditgesamtobergrenze gemäß § 13a Abs. 3 S. 5 KWG, nach der alle Anlagebuchgroßkredite das Achtfache des haftenden Eigenkapitals nicht überschreiten dürfen,
- die Gesamtbuch-Großkrediteinzelobergrenze gemäß § 13a Abs. 4 S. 1 KWG, nach der die kreditnehmerbezogene Gesamtposition 25 Prozent der Eigenmittel nicht überschreiten darf,
- die Gesamtbuch-Großkreditgesamtobergrenze gemäß § 13a Abs. 4 S. 5 KWG, nach der die Gesamtbuchgroßkredite zusammen das Achtfache der Eigenmittel nicht überschreiten dürfen,
- die Obergrenze für die kreditnehmerbezogene Handelsbuch-Gesamtpo-sition gemäß § 13a Abs. 5 S. 1 KWG, nach der im Falle einer Überschreitung der Obergrenze nach § 13a Abs. 4 S. 1 oder 3 KWG die kreditnehmerbezogene Handelsbuch-Gesamtposition höchstens das Fünffache der Eigenmittel, die nicht zur Unterlegung von Risiken des Anlagebuchs benötigt werden, betragen und
- die Obergrenze für die Gesamt-Überschreitungsposition gemäß § 13a Abs. 5 S. 3 KWG, nach der die Gesamt-Überschreitungsposition nicht das Sechsfache der Eigenmitttel, die nicht zur Unterlegung von Risiken des Anlagebuchs benötigt werden, übersteigen darf.

Diese Aufstellung zeigt, daß Handelsbuchinstitute einen deutlich höheren Arbeitsaufwand hinsichtlich der Einhaltung und Überwachung der Grenzwerte gegenüber den Nicht-Handelsbuchinstituten, die ja nur zwei Großkreditobergrenzen einhalten müssen, haben. Dadurch werden Mitarbeiterkapazitäten gebunden und Kosten verursacht, die einen Wettbewerbsnachteil gegenüber den Nicht-Handelsbuchinstituten bewirken.

Als problematisch anzusehen ist weiter die Einbeziehung der Eigenmittel eines Handelsbuchinstitutes als Bezugsgröße zur Ermittlung der Großkredite. Da die Eigenmittel starken Schwankungen unterliegen können, kann ein Kredit, der an

---

[167] Vgl. im einzelnen zu den Obergrenzen C&L Deutsche Revision, S. 217 ff.; Mielk, WM 1997, S. 2239 ff.; Kohls, Rdnr. 8 ff.

einen Kreditnehmer gewährt wurde, durch die Änderung der Höhe der Eigenmittel an einem Tag einen Großkredit darstellen, am nächsten Tag aber wieder unter die Großkreditgrenze sinken oder es kann zu einer Überschreitung der Großkreditobergrenzen durch vom Institut nicht zu beeinflussenden Faktoren (wie zum Beispiel Wechselkursschwankungen) kommen.[168]

5) Millionenkredite

Neben den Kreditinstituten müssen jetzt auch Finanzdienstleistungsinstitute, die Eigenhandel betreiben[169], und Finanzunternehmen, die das Factoring betreiben[170], Millionenkredite melden. Ein Millionenkredit liegt vor, wenn die Verschuldung eines Kreditnehmers bei einem Institut zu einem Zeitpunkt während der dem Meldetermin vorhergehenden drei Kalendermonate drei Millionen DM oder mehr betragen hat.[171]
Die geplante Verpflichtung der Leasingunternehmen zur Millionenkreditanzeige[172] wurde nicht durchgesetzt, da aufgrund der Ausgestaltung von Leasingverträgen in Deutschland Leasinggeber kein den Kreditgebern vergleichbares Risiko tragen.[173]

Mit der Erweiterung der Gruppe der meldepflichtigen Institute ist eine Steigerung der Aussagekraft des Evidenzsystems erreicht worden die der Stabilität des Finanzsystems zugute kommt.[174]

---

[168] Vgl. Reischauer/Kleinhans, § 13a Rdnr. 9; C&L Deutsche Revision, S. 219 f.
[169] § 1 Abs. 1a S. 2 Nr. 4 KWG.
[170] § 1 Abs. 3 S. 1 Nr. 2 KWG.
[171] Vgl. § 14 Abs. 1 S. 1 KWG.
[172] Vgl. Regierungsentwurf zur Sechsten KWG-Novelle, BR-DS 963/96, Nr. 24: *„Finanzunternehmen im Sinne des § 1 Abs. 3 S. 2 und 3 ...“.*
[173] Vgl. Beschlußempfehlung und Bericht des Finanzausschusses, BT-DS 13/7627, Einzelbegründung, Zu Nummer 24 (S. 163).
[174] Vgl. Mielk, WM 1997, S. 2242; Fischer, in Schimansky/Bunte/Lwowski, Nachtrag zu §§ 125-133 Rdnr. 117. Teilweise wird gefordert, daß eine solche Evidenzzentrale international eingerichtet wird, bei der die Verbindlichkeiten großer Kreditnehmer gegenüber dem Bankensystem erfaßt werden und von den Banken und Aufsichtsbehörden jederzeit abgerufen werden können, vgl. Artopoeus, ZfgKW 1999, S. 145.

6) Anerkennung interner Modelle

Im Rahmen der Umsetzung der Kapitaladäquanzrichtlinie, durch die neben der Novellierung des Kreditwesengesetzes auch der Grundsatz I wesentlich überarbeitet und neugefaßt wurde, wird den Instituten jetzt das Wahlrecht eingeräumt, anstatt der in den Vorschriften des Dritten, Vierten, Fünften oder Sechsten Abschnitts des Grundsatzes I vorgegebenen Standardverfahren zur Ermittlung der Eigenmittelunterlegungsbeträge für Marktrisikopositionen nach § 2 Abs. 2 S. 3 Grundsatz I geeignete eigene mathematisch-statistische Verfahren der internen Risikosteuerung zu verwenden, sofern das Bundesaufsichtsamt ihre Eignung auf Antrag des Instituts schriftlich bestätigt hat.[175]

Damit wird den Instituten der Weg zu einer mehr qualitativ ausgerichteten Bankenaufsicht eröffnet.[176]

7) Bewertung

Wie die kurze Darstellung der wichtigsten Änderungen des Kreditwesengesetzes schon zeigt, ist durch die Sechste KWG-Novelle eine erneute Verkomplizierung des Kreditwesengesetzes eingetreten. Das bedeutet wiederum einen großen Anpassungsbedarf für die Finanzwirtschaft, insbesondere da die Änderungen des Kreditwesengesetz nur einen Teilbereich der Neuregelungen darstellt. Wesentliche Änderungen haben darüber hinaus auch das Wertpapierhandelsgesetz, der sehr bedeutsame Grundsatz I und die Kreditbestimmungsverordnung erfahren.
Im Ergebnis muß man sich fragen, ob das Kreditwesengesetz in seiner jetzigen Form überhaupt noch verständlich ist und somit die Grundlage für die Geschäftstätigkeit der Institute sein kann, wenn – wie teilweise (wohl etwas übertrieben, aber in der Kernaussage zutreffend) nur noch cirka 150 Personen das Kreditwesengesetz verstehen und selbst Banker in den obersten Führungsgremien der Institute teilweise die Änderungen des Kreditwesengesetzes nur noch in den zentralen Grundzügen studieren, die Details aber nicht mehr lesen.[177]

Allerdings ist nicht primär der deutsche Gesetzgeber der Schuldige, daß das Kreditwesengesetz immer komplizierter und unübersichtlicher geworden ist und

[175] § 32 Grundsatz I.

[176] Siehe zur qualitativen Bankenaufsicht und den Einzelheiten der internen Risikosteuerungsmodelle oben, Teil I, B. VI. 2).

daher kaum noch lesbar ist. Vielmehr ist diese Entwicklung zum einen auf die Finanzmärkte selbst zurückzuführen, die sich immer schneller entwickeln und neue Instrumente hervorbringen. Zum anderen hat der deutsche Gesetgeber in letzter Zeit – und insbesondere auch wieder bei der Sechsten KWG-Novelle – insbesondere Vorgaben aus den Richtlinien der EG umgesetzt. Dadurch ist die ehemals komplexe, aber verständliche Struktur des Kreditwesengesetzes aufgelöst worden und zu einem in Teilbereichen unverständlichen und komplizierten Flickwerk geworden.

Dem deutschen Gesetzgeber ist aber der Vorwurf zu machen, daß er über die Vorgaben der Richtlinien hinaus teilweise noch strengere Anforderungen für die deutschen Institute im Kreditwesengesetz normiert hat und so die Belastungen für die deutschen Institute erhöht hat.

a) Umgekehrte Diskriminierung

Mit der Umsetzung der Kapitaladäquanzrichtlinie durch die Sechste KWG-Novelle hat der Gesetzgeber wiederum zum Teil höhere Anforderungen für die Institute geschaffen, als dies nach den Vorgaben der Richtlinien erforderlich gewesen wäre. Damit entstehen den deutschen Institute Nachteile gegenüber solchen Instituten, die mit den deutschen Instituten im Wettbewerb stehen, aber in Mitgliedsländern beheimatet sind, die bei der Umsetzung der Kapitaladäquanzrichtlinie keine darüberhinausgehenden Anforderungen aufgestellt haben. Dies stellt eine sogenannte Inländerdiskriminierung (auch: umgekehrte Diskriminierung oder discrimination à rebours) dar.[178]

aa) Gemeinschaftsrechtliche Zulässigkeit

Eine solche Inländerdiskriminierung ist gemeinschaftsrechtlich irrelevant.[179] Nach der Rechtsprechung des EuGH erfassen die Grundfreiheiten keine rein inländischen Sachverhalte, sondern nur solche, die die Grenzen der Mitgliedstaa-

---

177 Vgl. o.V., Gerangel um die richtige Eigenkapitalunterlegung, ZfgKw 1999, S. 160.

178 Siehe zu diesem Thema umfassend Epiney, Umgekehrte Diskriminierungen.

179 Vgl. Royla, S. 79; Giegerich, JuS 1997, S. 428; Schilling, JZ 1994, S. 9; Schöne, RIW 1989, S. 451.

ten überschreiten.[180] So ist nur die Benachteiligung von EG-Ausländern gegenüber Inländern verboten, nicht aber deren Benachteiligung gegenüber EG-Ausländern. Das Diskriminierungsverbot gilt nicht für die Fälle, in denen sich eine Ungleichbehandlung für dem Gemeinschaftsrecht unterstehende Personen aus Unterschieden der einzelnen Rechtsordnungen der verschiedenen Mitgliedstaaten ergibt, sofern diese Rechtsordnung auf alle ihrem Anwendungsbereich unterfallende Personen und Unternehmen nach objektiven Merkmalen und ohne Rücksicht auf die Staatsangehörigkeit der Betroffenen Anwendung findet.[181] Da die ausländischen Institute aufgrund des Prinzips der Herkunfslandkontrolle nicht der deutschen Rechtsordnung unterfalle, müssen die Wettbewerbsverzerrungen, die sich aus der unterschiedlichen Umsetzung der Richtlinien in den verschiedenen Mitgliedsländern ergeben, gemeinschaftsrechtlich also hingenommen werden. Auch gegen die Richtlinie als solche kann nicht aus Gemeinschaftsrecht vorgegangen werden. Denn die Ungleichbehandlung der deutschen Kreditinstitute gegenüber den anderen Instituten in den Mitgliedstaaten resultiert aus der unterschiedlichen Umsetzung der Richtlinien in das jeweilige nationale Recht und geht somit nicht vom EG-Gesetzgeber aus.[182] Die Richtlinie als solche schafft noch keine Benachteiligungen in einzelnen Mitgliedsländern.

bb) Zulässigkeit nach nationalem Verfassungsrecht

Allerdings könnte die Inländerdiskriminierung gegen das Grundgesetz verstoßen, wenn Deutsche schlechter behandelt werden als EG-Ausländer. In Betracht kommt dabei ein Verstoß gegen den allgemeinen Gleichheitssatz (Art. 3 Abs. 1 GG) und gegen das Grundrecht der Berufsfreiheit (Art. 12 Abs. 1 GG).

(1) Verstoß gegen Art. 3 Abs. 1 GG

Art. 3 Abs. 1 GG ist verletzt, wenn eine Gruppe von Normadressaten – hier die deutschen Kreditinstitute – im Vergleich zu anderen Normadressaten – hier die EG-ausländischen Institute – anders behandelt wird, obwohl zwischen beiden Gruppen keine Unterschiede von solcher Art und solchem Gewicht bestehen,

---

180 Vgl. nur EuGH Slg. 1992-I,353,356f. (Rs. C-332/90 – Stehen I); Slg. 1982,3723,3736 (Rs. 35, 36/82, -Morson-); Slg. 1979,399,410 (Rs. 115/78, -Knoors-).

181 So EuGH Slg. 1969,1,16 (Rs. 14/68, -Wilhelm-).

182 Vgl. Royla, S. 79.

daß sie die ungleiche Behandlung rechtfertigen könnten.[183] Fraglich ist allerdings, ob Art. 3 Abs. 1 GG auf die Fallgruppe der Inländerdiskriminierung überhaupt anwendbar ist. Dies ist nicht der Fall, da die Ungleichbehandlung auf gemeinschaftsrechtlichem Sekundärrecht beruht, also auf die Legislativakte verschiedener Hoheitsträger zurückzuführen ist.[184] Es liegt keine Regelung durch einen Hoheitsträger vor. Daher kann der deutsche Gesetzgeber eine Vergleichsgruppe – die der EU-ausländischen Institute – nicht „behandeln", weil sie seiner autonomen Regelungsgewalt entzogen ist. Es ist anerkannt, daß unterschiedliche Regelungen verschiedener Gesetzgeber, wie z.B. zwischen Bund und Ländern, nicht verboten sind.[185] Ansonsten wäre der deutsche Gesetzgeber verpflichtet, Regelungen aus anderen Mitgliedstaaten der EU auf interne Sachverhalte zu erstrecken. Dadurch verlöre er seine Regelungsautonomie.

(2) Verstoß gegen Art. 12 Abs. 1 GG

Die Vorschriften des deutschen Rechts, die Inländerdiskriminierungen hervorrufen können, sind überwiegend Berufsausübungs- oder Berufswahlregeln, die daher am einheitlichen Grundrecht des Art. 12 GG nach der vom Bundesverfassungsgericht entwickelten Drei-Stufen-Theorie[186] zu messen sind, und zwar im Rahmen der Prüfung der Verhältnismäßigkeit des Eingriffes in die Berufsfreiheit.[187] Dabei wirkt das Gemeinschaftsrecht aber nicht in rechtlicher Weise auf diese Prüfung ein, da die nationalen Gemeinschaftsbelange nicht mit den zwingenden Allgemeininteressen des Gemeinschaftsrecht identisch sein müssen. Das Gemeinschaftsrecht wirkt jedoch in tatsächlicher Hinsicht auf die Prüfung ein, da der Umstand, daß ein Teil der Wettbewerber auf dem heimischen Markt nicht an die betreffenden Vorschriften gebunden ist, bei der Prüfung der Geeignetheit, Erforderlichkeit und Verhältnismäßigkeit im engeren Sinne des Eingriffes in die Berufsfreiheit Berücksichtigung finden muß.[188]

---

[183] Vgl. BVerfGE 88,5,12; 82,60,86.

[184] Vgl. BverwGE 35,268,275; BverwGE, BayVBl. 1987, S. 698,699; Royla, S. 80, Fn. 196; Giegerich, JuS 1997, S. 429; Lackhoff/Raczinski, EWS 1997, S. 116 f.; a:A. Epiney, S. 426 ff.; Kleier, RIW 1988, S. 629.

[185] Vgl. BVerfGE 42,20,27; 27,175,179.

[186] Siehe zur Drei-Stufen-Theorie BverfGE 13,97; 7,377.

[187] Vgl. Lackhoff/Raczinski, EWS 1997, S. 116; König, AöR 118, S. 600.

[188] Vgl. Giegerich, JuS 1997, S. 429 ff.; König, AöR 118, S. 603 (mit Beispielen); Fastenrath, JZ 1987, S. 177 f.

Inländerdiskriminierungen können also grundsätzlich einen Verstoß gegen Art. 12 GG darstellen. Ob tatsächlich ein Verstoß vorliegt ist Frage des Einzelfalls.

cc) Einzelne diskriminierende Regelungen

Eine Verschärfung gegenüber den Anforderungen der Kapitaladäquanzrichtlinie stellt die Anzeigeverpflichtung hinsichtlich der Überschreitung der Großkreditgrenze dar. Während in der Kapitaladäquanzrichtlinie lediglich eine vierteljährliche Meldung der Überschreitung der festgelegten Obergrenzen für die Institute vorgeschrieben ist[189], verlangt § 13a Abs. 5 S. 2 KWG eine unverzügliche Anzeige der dort genannten Obergrenzen. Dadurch soll eine genauere Abbildung der Kreditrisiken der Kreditinstitute erreicht werden, um so drohende Gefahren im Bereich der Adressenausfallrisiken besser erkennen und abwenden zu können.

Auch bei der Anerkennung der Drittrangmittel stellt das Kreditwesengesetz höhere Anforderungen an die Institute. So sieht die Kapitaladäquanzrichtlinie für die Berücksichtigung der Drittrangmittel lediglich eine Begrenzung der kurzfristigen nachrangigen Verbindlichkeiten vor.[190] Im Kreditwesengesetz werden darüber hinaus auch die Nettogewinne in die Kappung mit einbezogen.[191] Auch wenn die Nettogewinne als reine Buchgewinne sehr starken Schwankungen unterliegen und daher eine Begrenzung aufsichtsrechtlich sinnvoll oder gar nötig ist[192], bedeutet diese Regelung eine Benachteiligung der deutschen Institute.

Zudem müssen nach dem neuen Grundsatz I, auf den § 10 a KWG verweist, Marktpreisrisiken in die Konsolidierung einbezogen werden. Dadurch soll verhindert werden, daß gegenläufige Positionen eines Tochterunternehmens von mehreren übergeordneten Unternehmen genutzt werden. Diese Einbeziehung in die zentrale Risikosteuerung ist zwar sinnvoll, verursacht aber auch Aufwand und Kosten. Da die EG-Richtlinien eine solche Verpflichtung nicht vorsehen, bedeutet auch diese Regelung einen Nachteil für die deutschen Kreditinstitute.

Die dargestellten Regelungen, die die deutschen Kreditinstitute gegenüber Kreditinstituten mit Sitz in anderen Mitgliedsländern diskriminieren, stellen Eingrif-

---

[189] Anhang VI Nr. 8 Bedingung 5) KAD.
[190] Vgl. Anhang V Nr. 4 KAD.
[191] Vgl. § 10 Abs. 2b i.V.m. Abs. 4a KWG.

fe in die Berufsausübung dar. Solche Eingriffe müssen, um nicht verfassungswidrig zu sein, dem Grundsatz der Verhältnismäßigkeit entsprechen, d.h. sie müssen geeignet und erforderlich sein, um den erstrebten Zweck zu erreichen, sowie auch verhältnismäßig im engeren Sinne, d.h. die Schwere des Eingriffs und das Gewicht der ihn rechtfertigenden Gründe müssen im angemessenen Verhältnis zueinander stehen.[193] Bei Eingriffen in die Berufsausübung muß sich der Gesetzgeber nach der Drei-Stufen-Theorie auf sachgerechte und vernünftige Erwägungen berufen können.[194] Die diskriminierenden Regelungen im Bankenaufsichtsrecht sollen die Sicherheit und Stabilität des deutschen Bankenwesens erhöhen. Sie sind dazu geeignet und erforderlich (wie bereits unter den einzelnen diskriminierenden Regelungen dargestellt) und belasten die deutschen Kreditinstitute auch nicht in einem unerträglichen Maße. Etwas anderes ergibt sich auch nicht unter Berücksichtigung der Tatsache, daß Wettbewerber aus anderen Mitgliedstaaten nicht diesen diskriminierenden Regelungen unterliegen, da der Richtliniengeber mit den Richtlinien, aus deren Umsetzung sich die diskriminierenden Regelungen ergeben, nur einen Mindeststandard schaffen wollte und ausdrücklich strengere Anforderungen zugelassen hat.[195] Der deutsche Gesetzgeber befindet sich damit bei der Rechtfertigung der diskriminierenden Regelungen durch sachgerechte und vernünftige Gründe nicht in einem Wertungswiderspruch zu den Regelungen der EG-Richtlinien.[196]

Im Ergebnis können die deutschen Kreditinstitute daher die diskriminierenden Regelungen nicht wegen eines Verstoßes gegen Art. 12 GG angreifen.

---

[192] So die Gesetzesbegründung, vgl. BR-DS 963/96, Zu Nummer 16 e).

[193] Vgl. BverfGE 63, 131, 144; 61, 126, 134; 48, 396, 400 f.

[194] Siehe Nachweise zur Drei-Stufen-Theorie bei Fn. 185.

[195] Vgl. nur Erwägungsgründe zur KAD Abs. 6.

[196] Anders z.B. bei dem Versuch, das Reinheitsgebot für deutsches Bier beizubehalten. Dabei hat der deutsche Gesetzgeber die Beibehaltung mit dem Schutz der Verbraucher vor gesundheitlichen Schäden begründet. Der EuGH war aber offensichtlich davon ausgegangen, daß keine Gesundheitsrisiken für den Verbraucher bestehen (vgl. EuGH, Rs. 178/84 (Kommission/Bundesrepublik Deutschland), Slg. 1987, 1227 ff.). Daher konnte sich der deutsche Gesetzgeber mit dem Hinweis auf den Gesundheitsschutz nicht mehr auf einen sachgerechten und vernünftigen Grund stützen. Siehe näher dazu König, AöR 118, S. 603 ff.

b) Bagatell- und Ausnahmeregelungen

Auf besondere Kritik – gerade seitens der Sparkassen und der Genossenschaftsbanken – ist die Bagatellgrenze für die Befreiung von den Handelsbuchvorschriften gestoßen.[197] Teilweise wird befürchtet, daß Institute sich von ihrem gesamten Handelsbuch trennen müßten, da sie ansonsten unter die kostenintensiven Anforderungen für Handelsbuchinstitute fallen würden.[198] Deswegen hat der Deutsche Bundestag die Bundesregierung gebeten, sich für eine Erhöhung für die Nichtbeachtung der Handelsbuchvorschriften in der Kapitaladäquanzrichtlinie – und damit als Folge auch im Kreditwesengesetz – einzusetzen.[199]
Aber nicht nur die Bagatellgrenze für die Befreiung von den Handelsbuchvorschriften ist auf Kritik gestoßen. So ist vielfach gefordert worden, daß für kleinere Institute, die ihr Geschäft nicht grenzübergreifend betreiben, weitere Ausnahme- und Bagatellregelungen eingeführt werden müssten.[200] Dies wird damit begründet, daß die Neuregelungen, die zu der Ausweitung der Regelungen und damit auch zu dem erhöhten Aufwand und den gestiegenen Kosten für die Institute geführt haben nur aufgrund der Tätigkeiten der sog. Global Player erlassen worden sind. Diese Regelungen sind für die kleineren Institute aber gar nicht erforderlich, weil von ihnen auch keine besondere Gefahr für das internationale Finanzsystem ausgeht. Daher soll der *„kreditwirtschaftliche Mittelstand“* von der Anwendung besonders komplexer und anspruchsvoller Vorschriften ausgenommen sein, wenn die Vorschrift nach Art und Umfang in einem Mißverhältnis zu den von diesen Kreditinstituten betriebenen Tätigkeiten steht. Im Ergebnis würde dies bedeuten, daß ein doppelter aufsichtsrechtlicher Standard geschaffen würde. Auf der einen Seite gäbe es Regeln für allein im nationalen Bereich tätige Kreditinstitute und europäische (oder sogar weltweite) für international agierende Kreditinstitute.[201] Dieses Ansinnen der kleineren Kreditinstitute

---

[197] Vgl. Folz, ZfgKw 1996, S. 1181; Lehnhoff, ZfgKw 1997, S. 1170.

[198] Vgl. nur Schröder, ZfgKw 1997, S. 1174, der den Fall einer Sparkasse nennt, die mit einer Bilanzsumme von 750 Millionen DM vor den Mindestanforderungen an das Betreiben von Handelsgeschäften kapituliert und ihre gesamten Aktienbestände verkauft hat.

[199] Vgl. Deutsche Bundesbank, Monatsbericht Januar 1998, S. 65. Dies könnte durch das sogenannte Komitologieverfahren geschehen. Aufgrund der sekundärrechtlichen Ermächtigung des Artikels 10 der KAD kann die Europäische Kommission im Rahmen des Komitologieverfahrens, beraten durch den beratenden Bankenausschuß, generell-abstrakte Regelungen zur Anpassung der Bagatellgrenzen unter Berücksichtigung der wirtschaftlichen und währungspolitischen Entwicklungen erlassen.

[200] Vgl. Schröder, ZfgKw 1997, S. 1172; Lehnhoff, ZfgKw 1997, S. 1170.

[201] Dies wird teilweise als „KWG light“ bezeichnet, vgl. Gleske, ZfgKw 1997, S. 263; Kohlhaussen, ZfgKw 1996, S. 1188.

ist verständlich, da sie von den Kosten der Bankenaufsicht in besonderem Maße belastet werden.[202]
Dieses Lösung würde ein aufwendiges Meldesystem erfordern, so daß die Vorteile der unter die Ausnahmeregeln fallenden Kreditinstitute dadurch verpuffen würden.

Auf der anderen Seite spiegeln die aufsichtsbedingten Aufwendungen für international tätige Kreditinstitute deren erhöhtes Risikopotential wieder und haben insoweit ihre Berechtigung.[203] Ein Doppelstandard bei den aufsichtsrechtlichen Vorschriften würde die international tätigen Kreditinstitute aber auf nationaler Ebene diskriminieren. Es würde zu Wettbewerbsnachteilen gegenüber den kleineren Kreditinstituten kommen, die nur auf dem Heimatmarkt tätig sind. Eine solche Entwicklung sollte vermieden werden, denn der deutsche Finanzmarkt, der extrem fragmentiert ist und auf dem ein besonders starker Wettbewerb herrscht, ist trotz fortschreitender Internationalisierung auch für die Global Player unter den deutschen Kreditinstituten noch immer der wichtigste Markt und macht den Hauptteil ihrer Geschäftstätigkeit aus.
Aus diesem Grunde muß ein unterschiedlicher Standard der Aufsicht für rein national und international tätige Kreditinstitute verhindert werden.

Eine weitere Konsequenz unterschiedlicher Aufsichtsstandards könnte sein, daß Kreditinstitute die Aufnahme ihrer Tätigkeit in Mitgliedstaaten der EU wieder von den regulatorischen Konsequenzen abhängig machen.[204] Damit würde aber den Bestrebungen der Harmonisierung des Bankenaufsichtsrechts und der Schaffung eines gemeinsamen Marktes entgegengewirkt.

Das Dilemma besteht also wieder einmal darin, daß nicht aus Marktgründen, sondern aus Wettbewerbsgründen Regelungen geschaffen worden sind, die auch für Institute gelten, die an sich nicht einer Beaufsichtigung in der Form, in der sie nun erfolgt, bedurft hätten.

---

[202] So werden kleine Unternehmen in Folge des Fixkostencharakters der administrationsbedingten Leistungen um mehr als das zwanzigfache höher belastet als die großen Unternehmen, Lehnhoff, ZfgKw 1997, S. 1170.
[203] Vgl. Trouet, ZfgKw 1996, S. 840.
[204] Vgl. Gleske, ZfgKw 1997, S. 263.

D. Zusammenfassung der Ergebnisse

Durch die in den EG-Richtlinien gewählte enge Definition des Begriffes „Kreditinstitut“ ist es zu einer Verkomplizierung der Aufsicht über den Finanzmarkt gekommen. Es hat sich gezeigt, daß durch diesen Ansatz zur Harmonisierung des Bankenaufsichtsrechts ein immer weiterer Regelungsbedarf bestand. Zum einen forderten die reinen Wertpapierfirmen den sogenannten „Europäischen Paß“, damit sie ihre Produkte und Dienstleistungen in allen Mitgliedstaaten der EU ohne eine erneute Zulassung anbieten konnten. Zum anderen forderten die Universalbanken eine gleiche aufsichtsrechtliche Behandlung – insbesondere hinsichtlich der Eigenkapitalanforderungen – der reinen Wertpapierfirmen, da sie mit ihnen in einem bedeutsamen Teil des Marktes im Wettbewerb stehen. Um diesen Forderungen gerecht zu werden, wurden die Wertpapierdienstleistungsrichtlinie und die Kapitaladäquanzrichtlinie verabschiedet.

Insgesamt ist durch die Verabschiedung dieser beiden Richtlinien und der Umsetzung in den einzelnen nationalen Rechtsordnungen eine Regelung getroffen worden, die für die deutschen Kreditinstitute akzeptabel ist und durch die Wettbewerbsverzerrungen weitestgehend abgebaut worden sind. Dies ist aber auf Kosten der Lesbarkeit des Kreditwesengesetzes erfolgt und hat eine unnötige Verkomplizierung der Bankenaufsicht zur Folge gehabt. und die Verkomplizierung hätte durch eine weite Definition des Begriffes „Kreditinstitut“, wie sie im deutschen Kreditwesengesetz gewählt wurde, verhindert werden können. Denn dadurch wäre die Zweite Bankrechtskoordinierungsrichtlinie und die Eigenmittel- bzw. Solvabilitätsrichtlinie auch auf die Wertpapierfirmen anzuwenden gewesen. Damit hätte ein „level playing field“ für Kreditinstitute und Wertpapierfirmen bestanden. Die gegen eine weite Fassung des Begriffes „Kreditinstitut“ vorgebrachten Bedenken, daß einige Mitgliedstaaten in der EG nicht in der Lage seien, die damit verbundene steigende Zahl von zu beaufsichtigenden Unternehmen aufsichtsrechtlich zu bewältigen, greifen nicht durch. Denn nach Verabschiedung der Wertpapierdienstleistungsrichtlinie müssen die Unternehmen, gegen deren Beaufsichtigung sich einige Mitgliedstaaten gewehrt haben, ohnehin beaufsichtigt werden.

Zudem ist durch die Verabschiedung der Wertpapierdienstleistungsrichtlinie und der Kapitaladäquanzrichtlinie zwar eine weitestgehende, aber doch keine vollkommene Wettbewerbsgleichheit hergestellt worden. Es bestehen immer noch Nachteile für die Universalbanken gegenüber den reinen Wertpapierfirmen. Zwar ist das deutsche Bankenwesen nach wie vor ertragsstark und profitabel.[1] Jedoch muß darauf geachtet werden, daß dies auch in Zukunft der Fall bleibt. Dabei kann im Zeitalter der immer schneller fortschreitenden Globalisierung jeder noch so kleine Wettbewerbsnachteil diese bestehende positive Ausgangslage gefährden.

Aber auch für die reinen Wertpapierfirmen sind Nachteile durch die Kapitaladäquanzrichtlinie entstanden. Sie sind aus Wettbewerbsgründen und nicht aus Marktgründen auf das Regulierungsniveau der Kreditinstitute angehoben worden. Dafür bestand kein Bedürfnis, weil von den Wertpapierfirmen eine wesentlich geringere Gefahr für das Finanzsystem als solches ausgeht und weil die Gläubiger der Wertpapierfirmen aufgrund der Kundenstruktur auch nicht so schutzbedürftig wie die Gläubiger der Kreditinstitute sind. Eine Regulierung, die nicht aus Marktgründen erfolgt, kann aus volkswirtschaftlicher Sicht aber bedenklich sein.

Es stellt sich also die Situation dar, daß keine vollkommene Gleichstellung zwischen Universalbanken und reinen Wertpapierfirmen erreicht wurde, für beide Gruppen aber Nachteile entstanden sind. Dabei sind die Nachteile für die Universalbanken gravierender, da sie nun durch die reinen Wertpapierfirmen Konkurrenten auf dem gesamten EU-Mark haben, die zum Teil weniger reguliert sind als sie selbst. Demgegenüber müssen die reinen Wertpapierfirmen durch die Kapitaladäquanzrichtlinie deutlich strengere Regulierungen als zuvor beachten, können diesen Nachteil aber durch den Ausbau neuer Geschäfte in Märkten, zu denen sie nun aufgrund des europäischen Passes Zutritt haben, kompensieren.

Für die deutschen Kreditinstitute hat die von der EG gewählte Doppelstrategie zur Folge, daß sie nunmehr einer zweifachen Aufsicht unterliegen, nämlich der des Bundesaufsichtsamtes für das Kreditwesen und der des Bundesaufsichtsamtes für den Wertpapierhandel. Eine solche doppelte Aufsicht bindet aber Mitarbeiter der Kreditinstitute und verursacht zusätzliche Kosten.

---

1 Vgl. Schütz, ZfgKw 1996, S. 1188, der das deutsche Bankenwesen als „*gesund und profitabel*“ bezeichnet..

Die dargestellten Probleme ließen sich durch ein einheitliches – und nicht nur harmonisiertes – Aufsichtsrecht der EG mit einer zentralen Aufsichtsbehörde reduzieren. Eine solche „Totalharmonisierung" des Aufsichtsrechts ist zur Zeit aber Utopie, da unterschiedliche nationale Vorschriften in anderen Bereichen, etwa im Steuer-, Sozialsicherungs- und Rechtssystem[2], einer Vereinheitlichung (noch) entgegenstehen. Trotzdem wird die Forderung nach einer europäischen Aufsichtsbehörde, die dann naturgemäß auf der Grundlage einheitlicher Vorschriften für alle Mitgliedstaaten tätig sein wird, gerade von Bankenseite immer wieder laut.[3] Zudem ist äußerst fraglich, ob sich ein Konsens bei den Mitgliedstaaten für solch ein Vorhaben finden ließe. Trotzdem sollte eine solche Vereinheitlichung angestrebt werden, da so die Sicherheit der internationalen Finanzmärkte besser gewährleistet werden könnte und Wettbewerbsverzerrungen zwischen den einzelnen Mitgliedstaaten durch unterschiedliche Umsetzungen der Richtlinien verhindert werden könnten. Auch würde der europäische Bankenmarkt und damit die Stellung Europas in der Weltwirtschaft gestärkt.

Dadurch bliebe auch für den deutschen Gesetzgeber kein Raum, teilweise schärfere Anforderungen im Kreditwesengesetz zu normieren, als dies nach den Vorgaben der entsprechenden Richtlinien erforderlich wäre. Dadurch werden die deutschen Kreditinstitute im Vergleich zu den Instituten aus anderen Mitgliedstaaten der EU benachteiligt. Eine solche „umgekehrte Diskriminierung" könnte bei einem einheitlichen europäischen Bankenaufsichtsrecht nicht mehr erfolgen.

Solange diese Möglichkeit aber noch nicht besteht, sollte in Betracht gezogen werden, ob der geltende enge Kreditinstitutsbegriff nicht durch den weiten Kreditinstitutsbegriff nach deutschem Vorbild ersetzt werden kann. Dadurch böte sich die vielfach geforderte Möglichkeit zur Deregulierung des Aufsichtsrechts, da eine Vereinfachung und Reduzierung der Regelungen erfolgen könnte.

Aber auch wenn eine Vereinfachung und Reduzierung der Regelungen so weit wie möglich erfolgt, bleibt das Bankenaufsichtsrecht eine schwierige und kom-

---

2 Vgl. Schuster, zitiert nach F.A.Z. vom 13.11.1999, S. 27; Kloepfer, F.A.Z. vom 22.3.1999, S. 22; Stark, Auszüge aus Presseartikeln, Nr. 42 vom 23.6.1999, S. 3.

3 Vgl. Breuer, F.A.Z. vom 31.1.2001, S. 33. Nach einer Umfrage des Zentrums für Europäische Wirtschaftsforderung im April 2000 haben sich 68 Prozent der Befragten (182 Finanzexperten aus Banken, Bankverbänden, Versicherungen und großen Industrieunternehmen) für eine zentrale europäische Bankenaufsicht ausgesprochen, vgl. Guennemann/Szczesny, F.A.Z. vom 19.5.2000, S. 26.

plizierte Materie, die sich aufgrund der Entwicklungen im Finanzsektor auch weiterhin fortentwickeln wird.

Literaturverzeichnis

Achterberg, Norbert/ Püttner, Norbert — Besonderes Verwaltungsrecht, Band I
Heidelberg 1990

Ackermann, Josef — Kapitalmarktprodukte: Erzwingt der Wettbewerb einen kürzeren Innovationszyklus?
ZfgKw 2000, S. 27

Adrian, Reinhold/ Heidorn, Thomas — Der Bankbetrieb
14. Aufl., Wiesbaden 1996

Akmann, Michael — Die EG-Eigenmittelrichtlinie
ZfgKw 1990, S. 186

Alsheimer, Herbert — Das haftende Eigenkapital der Kreditinstitute
RIW 1993, S. 111

Arnold, Wolfgang — Zitiert nach F.A.Z. vom 17.11.1999, S. 29:
„Bankenverband mit Lösungsvorschlag für Eigenkapitalfrage“

Arnold, Wolfgang — Bankenwettbewerb und Bankenaufsicht – Perspektiven der EG-Bankrechtsharmonisierung
In: Georg Ress (Hrsg.), Vorträge, Reden und Berichte aus dem Europa-Institut/ Nr. 233
Saarbrücken 1991

Arnold, Wolfgang — Trennbank- oder Universalbanksystem, Wohin führt die EG-Bankrechtsharmonisierung
Börsenzeitung vom 30.09.1989, S. 14

Arnold, Wolfgang/ Boos, Karl-Heinz — Die neuen Bestimmungen des Kreditwesengesetzes
Die Bank 1993, S. 273

Artopeus, Wolfgang	Aktuelle Entwicklungen in der Bankenaufsicht Vortrag bei der Jahresversammlung des Hessischen Bankverbandes am 4. März 1999 in Frankfurt a.M. **www.bakred.de**
Artopoeus, Wolfgang	„Eine Deregulierung, die auf eine Abrüstung der Aufsicht hinausliefe, kann es nicht geben" ZfgKw 1997, S. 1152
Artopoeus, Wolfgang	Kreditrisiken aus bankaufsichtlicher Sicht BI 12/1996, S. 14
Artopoeus, Wolfgang	Zitiert nach F.A.Z. vom 21.9.1999, S. 33: „Aufsicht will Kreditinstitute schärfer überwachen"
Artopoeus, Wolfgang	Erfahrungen und Ansichten eines Aufsehers ZfgKw 1999, S. 142
Artopoeus, Wolfgang	Neue Aufgaben im Wandel des Marktes Betriebswirtschaftliche Blätter 1995, S. 528
Assmann, Heinz-Dieter/ Schneider, Uwe H.	Wertpapierhandelsgesetz 2. Aufl., Köln 1999
Assmann, Heinz-Dieter/ Buck, Petra	Europäisches Kapitalmarktrecht EWS 1990, S. 110, 190, 220
Bader, Udo-Olaf	1992 – und was dann? In: Hannes Rehm (Hrsg.), Perspektiven für den Europäischen Bankenmarkt, S. 73 Bonn 1989
Bader, Udo-Olaf	Die Entwicklung des europäischen Bankenaufsichtsrechts In: Hans E. Büschgen/Uwe H. Schneider (Hrsg.), Der europäische Binnenmarkt 1992, S. 17 Frankfurt am Main 1990

Bader, Udo-Olaf	Die Kreditwirtschaft auf dem Weg in den Binnenmarkt Betriebswirtschaftliche Blätter 1988, S. 474
Bader, Udo-Olaf	Die EG-Bankrechtsharmonisierung, Stand und Ausblick In: Walther Hadding/Reinhard Welter (Hrsg.), Rechtsfragen bei Bankleistungen im Europäischen Binnenmarkt, S. 173 Köln 1994
Bading, Arnold/ Holzer, Siegfried/ Wirsching, Heinz	Kreditwesengesetz Neuwied, Stand: 34. Ergänzungslieferung, 1/1999
Bähre, Inge Lore/ Schneider, Manfred	KWG-Kommentar 3. Aufl., München 1986
Baltensperger, Ernst	Die Regulierung des Bankensektors Wirtschaftswissenschaftliches Studium 1988, S. 53
Baron, Peter	Zitiert nach F.A.Z. vom 15.05.1999, S. 25: „Der Big Bang in Japan ist eine wirkliche Reform"
Baseler Ausschuß für Bankenaufsicht	Aufsichtliche Behandlung von Marktrisiken, Vorschlag des Basler Ausschusses für Bankenaufsicht zur Konsultation Basel, April 1993
Basler Ausschuß für Bankenaufsicht	Internationale Konvergenz der Eigenkapitalmessung und Eigenkapitalanforderungen Basel, Juli 1988
Basler Ausschuß für Bankenaufsicht	A New Capital Adequacy Framework Basel, Juni 1999
Basler Ausschuß für Bankenaufsicht	Erläuternde Angaben zur Neuen Basler Eigenkapitalvereinbarung http://www.bis.org.

Bauer, Klaus-Albert — Das Recht der internationalen Bankenaufsicht: Bankauslandsniederlassungen im Aufsichtsrecht der USA und der Bundesrepublik Deutschland
Dissertation, Tübingen 1983
Baden-Baden 1985

Beck, Hanno — Großen Reichtum mit wenig Risiko gibt es nur im Märchen
F.A.Z. vom 5.2.2001, S. 40

Beck, Heinz/
Samm, Carl-Theodor — Gesetz über das Kreditwesen
Heidelberg, Stand: 82. Ergänzungslieferung, 11/2000

Beham, Bernd — Bankenaufsicht und EG-Bankengesetzgebung
BI 4/1990, S. 29

Benner, Klaus-Dieter — Zitiert nach F.A.Z. vom 08.09.1997, S. 17: „KWG-Novelle hilft kaum gegen grauen Kapitalmarkt"

Berger, Klaus Peter — Die Eigenkapitalausstattung der Banken nach neuem EG-Recht
BB 1989, S. 1017

Berndt, Holger — Mehr Mut zum Regelungsverzicht
Sparkasse 1996, S. 572

Betge, Peter — Bankbetriebslehre
Berlin u.a. 1996

Beutler, Bengt/
Bieber, Roland/
Pipkorn, Jörn/
Streil, Jochen — Die Europäische Union, Rechtsordnung und Politik
4. Aufl., Baden-Baden 1993

Bieg, Hartmut — Aktions- und Reaktionsmöglichkeiten der Kreditwirtschaft im Prozeß der Bankenregulierung
ZfgKw 1997, S. 59

Bieg, Hartmut — Auswirkungen der Bankrichtlinien der Europäischen Gemeinschaften auf die Bankaktivitäten im Gemeinsamen Markt
In: Georg Ress (Hrsg.), Vorträge, Reden und Berichte aus dem Europa-Institut/ Nr. 190
Saarbrücken 1989

Blasi, Ronald W./ Schneider, Uwe H. — Bankrecht in einem weltweiten Bankenmarkt
BI 4/1990, S. 24

Blaurock, Uwe — Wege zur Rechtseinheit im Zivilrecht Europas
In: Christian Starck (Hrsg.): Rechtsvereinheitlichung durch Gesetz, S. 90
Göttingen 1992

Blaurock, Uwe — Das Bankwesen im Gemeinsamen Markt
Einleitung
Baden-Baden 1981

Bleckmann, Albert — Das Recht der Europäischen Union und der Europäischen Gemeinschaften
6. Aufl., Köln u.a. 1996

Bleibaum, Ernst — Die Rechtsprechung des BGH zur Staatshaftung im Bereich der Bankenaufsicht
Dissertation, Würzburg 1983
Würzburg 1983

Bliesener, Dirk H. — Aufsichtsrechtliche Verhaltenspflichten beim Wertpapierhandel
Dissertation, Hamburg 1997/98
Berlin u.a. 1998

Blum, Jürg/ Hellwig, Martin	Die makroökonomischen Wirkungen von Eigenkapitalvorschriften für Banken In: Dieter Duwendag (Hrsg.), Finanzmärkte, Finanzinnovationen und Geldpolitik, S. 41 Berlin 1996
Blumer, Andreas	Bankenaufsicht und Bankenprüfung Dissertation, St. Gallen 1995 Bern 1996
Böer, Björn Peter	Mit Bankenfusionen zum Anlageerfolg F.A.Z. vom 7.6.1999, S. 35
Boos, Karl-Heinz	EG-Richtlinie über die Beaufsichtigung von Kreditinstituten auf konsolidierter Basis EuZW 1992, S. 406
Boos, Karl-Heinz	Entwurf einer Sechsten KWG-Novelle Die Bank 1997, S. 119
Boos, Karl-Heinz/ Mentrup, Horst	EG-Bankrechtsharmonisierung BI 1/1989, S. 14
Boos, Karl-Heinz/ Höfer, Birgit	Die Kapitaladäquanzrichtlinie Teil I: Die Bank 1995, S. 285 Teil II: Die Bank 1995, S. 359
Boos, Karl-Heinz/ Fischer, Reinfrid/ Schulte-Mattler, Hermann	Kreditwesengesetz München 2000
Bopp, Richard	Europäische Aufsicht über Kreditinstitute Frankfurt am Main 1982
Börner, Bodo	Die fünfte Freiheit des Gemeinsamen Marktes: Der freie Zahlungsverkehr In: Walter Hallstein/Hans-Jürgen Schlochauer (Hrsg.),Festschrift für Carl Friedrich Ophüls aus Anlass seines siebzigsten Geburtstages Karlsruhe 1965

Böttger, Günter — Der Vorschlag für eine Richtlinie des Rates über Wertpapierdienstleistungen
In:Hans E. Büschgen/Uwe H. Schneider (Hrsg.), Der europäische Binnenmarkt 1992, S. 263
Frankfurt am Main 1990

Braes, Sören/
Mann, Thomas — Risikomanagement in Banken und Sparkassen
Sparkasse 1996, S. 253

Bräuer, Norbert — Zitiert nach F.A.Z. vom 17.08.1999, S. 29:
„Ratingagenturen sind Gewinner der BIZ-Kapitalvorschläge“

Breuer, Rolf-E. — Der Finanzplatz Deutschland auf dem Weg zum Gemeinsamen Markt
In: Rosemarie Kolbeck (Hrsg.), Chancen und Risiken der deutschen Banken im Gemeinsamen Markt, S. 41
Frankfurt am Main 1989

Breuer, Rolf-E. — Zitiert nach F.A.Z. vom 18.2.2000, S. 14:
„Globale Kapitalmärkte stellen neue Anforderungen an die Aufsicht“

Breuer, Rolf-E. — „Wir leiden unter 15 Aufsichtsbehörden in 15 EU-Ländern“
F.A.Z. vom 31.1.2001, S. 33

Brittan, Leon — Auf dem Weg zu einem einheitlichen europäischen Wertpapiermarkt
In: Arbeitsgemeinschaft der deutschen Wertpapierbörsen (Hrsg.), Jahresbericht 1989, S. 6
Frankfurt am Main 1990

Bühler, Wolfgang/ Schmidt, Andreas	Bank-Risikomanagement mit internen Modellen In: Dieter Duwendag/Werner Hildenbrand (Hrsg.): Finanzmärkte im Spannungsfeld von Globalisierung, Regulierung und Geldpolitik, S. 69 Berlin 1998
Bundesministerium der Finanzen	Bericht der Studienkommission: „Grundsatzfragen der Kreditwirtschaft“ Bonn 1979
Burgard, Ulrich	Bankrechtstag 1993: Grundfragen der Harmonisierung des Bank- und Börsenrechts WM 1993, S. 1741
Burghof, Hans-Peter/ Rudolph, Bernd	Bankenaufsicht Wiesbaden 1996
Büschgen, Hans E.	Bankbetriebslehre 5. Auflage, Wiesbaden 1998
Büsselmann, Elke	Bankenaufsicht und marktbezogenes Eigenkapital Dissertation, Frankfurt am Main 1992 Wiesbaden 1993
C&L Deutsche Revision	6. KWG-Novelle und neuer Grundsatz I Frankfurt am Main 1998
Calliess, Christian/ Ruffert, Matthias	Kommentar zu EU-Vertrag und EG-Vertrag Neuwied 1999
Cartellieri, Ulrich	Überkapazität erzwingt Auslese Die Bank 1990, S. 366
Chambers, Derek	Zitiert nach F.A.Z. vom 2.2.1999, S. 29 „Bankenfusion in Frankreich treibt die Aktienkurse“
Claussen, Carsten Peter	Bank- und Börsenrecht München 1996

Consbruch, Johannes/ Möller, Annemarie/ Bähre, Inge Lore/ Schneider, Manfred — Kreditwesengesetz München, Stand: 61. Ergänzungslieferung, August 2000

Cordewener, Karl-Friedrich — Internationale Gremien für Bankenaufsichtsfragen Sparkasse 1990, S. 505

Crowdcr, Neil — Die Bankenlandschaft wird sich verändern F.A.Z. vom 28.01.1999, S. 33

Degenhart, Heinrich — Zweck und Zweckmässigkeit bankaufsichtlicher Eigenkapitalnormen Berlin 1987

Deutsche Bundesbank — Die Vierte Novelle des Kreditwesengesetzes – ein weiterer Schritt zum europäischen Bankenmarkt In: Monatsbericht Januar 1993, S. 35

Deutsche Bundesbank — Bankinterne Risikosteuerungsmodelle und deren bankaufsichtliche Eignung In: Monatsbericht Oktober 1998, S. 69

Deutsche Bundesbank — Finanzkonglomerate und ihre Beaufsichtigung In: Monatsbericht April 1994, S. 49

Deutsche Bundesbank — Die Sechste Novelle des Kreditwesengesetzes In: Monatsbericht Januar 1998, S. 61

Deutscher Sparkassen- und Giroverband — 6. KWG-Novelle verkündet In: Jahresbericht des Deutschen Sparkassen- und Giroverbandes 1997, S. 37 Bonn 1998

Drukarczyk, Jochen — Eigenkapitalanforderungen an Kreditinstitute und internationale Bankrechtsharmonisierung Die Betriebswirtschaft 1989, S. 789

Duwendag, Dieter — <<Europa-Banking>> - ein Überblick In: Dieter Duwendag (Hrsg.), Europa-Banking, S. 13 Baden-Baden 1988

Eberhartinger, M.	Konvergenz und Neustrukturierung der Grundfreiheiten EWS 1997, S. 43
Ehlers, Dirk	Ziele der Wirtschaftsaufsicht Köln u.a. 1997
Ehlers, Dirk/ Lackhoff, Klaus	Anmerkung zum Urteil des EuGH vom 30.11.1995 JZ 1996, S. 467
Emmerich, Volker	Auf dem Weg zum europäischen Binnenmarkt WM 1990, S. 1
Emmerich, Volker	Der einheitliche europäische Bankenbinnenmarkt 1992 FLF 1988, S. 179
Emmert, Frank	Europarecht München 1996
Engel, Hans-Georg	Zitiert nach F.A.Z, vom 22.12 1999, S. 33 „Auslandsbanken beklagen die Zersplitterung der Bankenaufsicht“
Epiney, Astrid	Umgekehrte Diskriminierungen Habilitationsschrift, Mainz 1994 Köln u.a. 1995
Erwe, Peter/ Waltz, Peter	Zur unmittelbaren Geltung der Wertpapierdienstleistungsrichtlinie für deutsche Zweigniederlassungen von EU-Wertpapierfirmen WM 1997, S. 806
Everling, Oliver	Bemessung von Bankeigenmitteln In: Deutsche Bundesbank (Hrsg.), Auszüge aus Presseartikeln, Nr. 30 vom 6. Mai 1999, S. 16.

Everling, Ulrich	Der Gegenstand des Niederlassungsrechts in der Europäischen Gemeinschaft In: Georg Ress (Hrsg.), Vorträge, Reden und Berichte aus dem Europa-Institut, Nr. 208 Saarbrücken 1990
Fastenrath, Ulrich	Inländerdiskriminierung JZ 1987, S. 170
Finsterbusch, Stephan	Blaue Briefe an den Mittelstand F.A.Z. vom 7.2.2001, S. 32
Fischer, Reinfrid/ Klanten, Thomas	Bankrecht 2. Aufl., Köln 1996
Fischer, Thomas R.	Die Risiken des klassischen Kreditgeschäfts werden stets unterschätzt F.A.Z. vom 29.11.1999, S. 24
Fitchew, Geoffrey	Die Grundlinien der europäischen Bankrechtsentwicklung Der Langfristige Kredit 1987, S. 44
Flesch, Johann Rudolf	EU, BIZ und IOSCO – Anforderungen und Regulierungskosten der Bankenaufsicht ZfgKw 1996, S. 1042
Follak, Klaus-Peter	Der Eigenkapitalbegriff: Eckpfeiler einer internationalen Harmonisierung der Bankenaufsicht Teil I: ÖBA 1988, S. 527 Teil II: ÖBA 1988, S. 667
Follak, Klaus-Peter	Die Vereinheitlichung der Bankenaufsicht in Europa ÖBA 1990, S. 151
Folz, Willibald	„Warum soll sich eine Bank, die nicht auf dem Markt der Global Players auftritt, an deren Regeln halten?“ ZfgKw 1996, S. 1180

Gaddum, Johann Wilhelm — Implementierung der EG-Richtlinien in das deutsche Kreditwesengesetz
In: Deutsche Bundesbank (Hrsg.), Auszüge aus Presseartikeln, Nr. 26 vom 27. März 1990, S. 2

Gaddum, Johann Wilhelm — Nationale Aufsicht für ein Banking ohne Grenzen
In: Deutsche Bundesbank (Hrsg.), Auszüge aus Presseartikeln, Nr. 78 vom 4. Oktober 1989, S. 1

Gaddum, Johann Wilhelm — Harmonisierung der Bankenaufsicht in der EG
In: Dieter Duwendag (Hrsg.), Europa-Banking, S. 111
Baden-Baden 1988

Gaddum, Johann Wilhelm — Auf dem Weg zu einem europäischen Bankenaufsichtsrecht
In: Deutsche Bundesbank (Hrsg.), Auszüge aus Presseartikeln, Nr. 52 vom 20. Juli 1988, S. 1

Gaddum, Johann Wilhelm — Möglichkeiten der Bankenaufsicht zur Vermeidung und Überwindung von Bankenkrisen
Bankhistorisches Archiv, Beiheft 17, S. 45

Gaddum, Johann Wilhelm — Die aufsichtsrechtlichen Rahmenbedingungen des internationalen Bankgeschäfts
In: Hans E. Büschgen/Kurt Richolt (Hrsg.), Handbuch des internationalen Bankgeschäfts, S. 45
Wiesbaden 1989

Geiger, Rudolf — EG-Vertrag
München 1993

Giegerich, Thomas — Europarecht und deutsches Recht – Wechselwirkungen in der Fallbearbeitung
JuS 1997, S. 426

Gleske, Christoph L.	Wettbewerb und Wettbewerbsverzerrung im Bankgeschäft – ein Nachtrag ZfgKw 1997, S. 260
Grabitz, Eberhard/ Hilf, Meinhard	Das Recht der Europäischen Union Altband I: EUV, Art. 1-136a EGV (Maastrichter Fassung) München, Stand: 16. Ergänzungslieferung, Juli 2000
Groeben, Hans von der/ Thiesing, Jochen/ Ehlermann, Claus-Dieter	Kommentar zum EWG-Vertrag Band I: Artikel 1-84 4. Aufl., Baden-Baden 1991
Gröschel, Ulrich	Bundesrepublik Deutschland In: Gesellschaft zur Förderung der wissenschaftlichen Forschung über das Spar- und Girowesen e.V. (Hrsg.): Kreditinstitute im europäischen Binnenmarkt 1993, S. 27 Stuttgart 1990
Gröschel, Ulrich	Risiken der Negativauslese an Finanzmärkten Sparkasse 1988, S. 457
Gröschel, Ulrich	Von der 4. Zur 7. KWG-Novelle Sparkasse 1993, S. 225
Gröschel, Ulrich/ Maes, Uwe	Eigenkapitalanforderungen nach der Kapitaladäquanzrichtlinie Stuttgart 1994
Groß, Thomas	Die administrative Föderalisierung der EG JZ 1994, S. 596
Grottke, Sybille	Die EG-Wertpapierdienstleistungs-Richtlinie EuZW 1993, S. 440
Grundmann, Stefan	Das europäische Bankaufsichtsrecht wächst zum System Heidelberg 1990

Gruner-Schenk, Petra — Harmonisierung des Bankenaufsichtsrechts
Dissertation, Berlin 1995
Berlin 1995

Guennemann, Dirk-Christian/ Szczesny, Andrea — Die Banken wollen eine europäische Bankenaufsicht
F.A.Z. vom 19.5.2000, S. 26

Haberman, G. — Capital Requirements of Commercial and Investment Banks: Contrasts in Regulation
In: Federal Reserve Bank of New York Quarterly Review, Vol. 12/1987 No. 3, S. 1

Hafke, Heinz-Christian — Bankenaufsicht
In: Hermann-Josef Bunte/Rolf Stober (Hrsg.), Lexikon des Rechts der Wirtschaft (LdRW), B 20
Neuwied, 37. Ergänzungslieferung, Stand: 12/1999

Hagenmüller, Karl Friedrich — Der Bankbetrieb, Band I: Strukturlehre – Kapitalbeschaffung der Kreditinstitute
4. Aufl., Wiesbaden 1976

Hailbronner, Kay/ Nachbaur, Andreas — Die Dienstleistungsfreiheit in der Rechtsprechung des EuGH
EuZW 1992, S. 105

Hartmann, Manfred — Ökonomische Aspekte der Reform des KWG
Stuttgart 1977

Hartwig, Karl-Hans/ Thieme, H. Jörg — Vorwort
In: Karl-Hans Hartwig/H. Jörg Thieme (Hrsg.), Finanzmärkte: Funktionsweise, Integrationseffekte und ordnungspolitische Konsequenzen
Stuttgart 1999

Hellenthal, Ludger — Das Bankenaufsichtsrecht der Europäischen Gemeinschaft
Dissertation, Münster 1991/92
Berlin 1992

Hellwig, Martin — Systemische Risiken im Finanzsektor
In: Dieter Duwendag/Werner Hildenbrand (Hrsg.), Finanzmärkte im Spannungsfeld von Globalisierung, Regulierung und Geldpolitik, S. 123
Berlin 1998

Herdegen, Matthias — Internationales Wirtschaftsrecht
2. Auflage, München 1995

Herdegen, Matthias — Bundesbank und Bankenaufsicht: Verfassungsrechtliche Fragen
WM 2000, S. 2121

Herrhausen, Alfred — Bankpolitik auf dem Weg nach Europa
In: Dieter Duwendag (Hrsg.), Europa-Banking, S. 235
Baden-Baden 1988

Hinkel, Klaus — Niederlassungsfreiheit für Kreditinstitute im Bankenbinnenmarkt
Dissertation, Frankfurt am Main 1996
Weimar 1997

Hoffmann, Diether — Neue Rahmenbedingungen für den EG-Bankenmarkt
ZfgKw 1990, S. 178

Hoffmann, Diether — Banken- und Börsenrecht der EWG
Baden-Baden 1990

Hölscher, Reinhold — Eigenmittelunterlegung von Marktpreisrisiken im Grundsatz I
ZfgKw 1998, S. 747

Honold, Eduard — Die Bankenaufsicht
Dissertation, Mannheim 1956
Mannheim 1956

Horn, Christian/Müller, Christoph — Neue Entwicklungen bei der Kreditrisikosteuerung
F.A.Z. vom 14.02.2000, S. 32

Horn, Christian/ Küchle, Oliver — Implementierung von Value-at-Risk-Methoden in Kreditbereichen
ZfgKw 2000, S. 244

Horn, Norbert — Europäisches Wirtschaftsrecht, Euroland und Kreditwirtschaft: Harmonisierung und Wettbewerb
ZfgKw 2000, S. 16

Horn, Norbert — Zur Entwicklung des Finanzbinnenmarktes in Phase 3 der Europäischen Währungsunion
ZBB 1999, S. 1

Horn, Norbert — Bankrecht auf dem Weg nach Europa
ZBB 1989, S. 107

Horn, Norbert — Entwicklungslinien des europäischen Bank- und Finanzdienstleistungsrechts
ZBB 1994, S. 130

Huang, Scilla — Bankenregulierung und Wettbewerbsfähigkeit
Dissertation, Zürich 1992
Bern u.a. 1992

Huber, Herwart — Bankenkrisen und neues Insolvenzrecht
ZBB 1998, S. 193

Hüfner, Martin — Auswirkungen des EG-Binnenmarktes auf die Bankwirtschaft
In: Wilfried Stadler/Karl Völk (Hrsg.), EG-Binnenmarkt, S. 112
Wien 1989

Humm, Hubert — Bankenaufsicht und Währungssicherung
Dissertation, Würzburg 1988
Berlin 1989

Jakobs, Georg — Qualität der deutschen Bankenaufsicht in Gefahr
Handelsblatt vom 19.8.1999, zitiert nach Deutsche Bundesbank (Hrsg.), Auszüge aus Presseartikeln, Nr. 56 vom 23. August 1999, S. 14

Jarass, Hans D.	Grundfragen der innerstaatlichen Bedeutung des EG-Rechts Köln u.a. 1994
Jarass, Hans D.	Die Niederlassungsfreiheit in der Europäischen Gemeinschaft RIW 1993, S. 1
Jentsch, Werner	Eigenkapitalausstattung und Risikoerfassung bei Wertpapiergeschäften In: Hans E. Büschgen/Uwe H. Schneider (Hrsg.), Der europäische Binnenmarkt 1992, S. 285 Frankfurt am Main 1990
Jentsch, Werner	Die EG-Wertpapierdienstleistungsrichtlinie WM 1993, S. 2189
Johanning, Lutz	Value-at-Risk-Modelle zur Ermittlung der bankaufsichtlichen Eigenkapitalunterlegung beim Marktrisiko im Handelsbereich ZBB 1996, S. 287
Jung, Mathias	Finanzdienstleister – Fristablauf für Erstanzeige ZfgKw 1998, S. 200
Jung, Matthias/ Schleicher, Bettina	Neue gesetzliche Regelungen für Finanzdienstleister – Die 6. KWG-Novelle Berlin 1998
Karg, Manfred	Bedeutsame Abgrenzung des Handelsbuches Betriebswirtschaftliche Blätter 1997, S. 391
Karg, Manfred/ Lindemann, Jan Henning	Regierungsentwurf der 6. KWG-Novelle Sparkasse 1997, S. 123

Kaufmann, Stephan/ Schier, Sabine	„Der Wettbewerb führt zu Herdenverhalten" Berliner Zeitung vom 1.11.1999, zitiert nach Deutsche Bundesbank (Hrsg.), Auszüge aus Presseartikeln, Nr. 70 vom 5. November 1999, S. 7
Kilian, Wolfgang	Europäisches Wirtschaftsrecht München 1996
Kleier, Ulrich F.	Freier Warenverkehr (Art. 30 EWG-Vertrag) und die Diskriminierung inländischer Erzeugnisse RIW 1988, S. 623
Klein, Eckart	Grundrechtliche Schutzpflichten des Staates NJW 1989, S. 1633
Kloepfer, Inge	„Die Mode der Übernahmen im Finanzbereich wird bald kippen" F.A.Z. vom 22.03.1999, S. 22
Kloepfer, Inge	Abschied von der heilen Bankenwelt F.A.Z. vom 10.4.1999, S. 13
Kluge, Olav	Die Mindestharmonisierung des Bankrechts ZfgKw 1990, S. 182
Klügel, Karl	Bankenaufsichtsrecht und Skalenerträge Dissertation, Augsburg 1995 Wiesbaden 1996
Knobl, Peter	Europabankrecht In: Stefan Griller (Hrsg.), Banken im Binnenmarkt, S. 25 Wien 1992
Kohlhaussen, Martin	Zitiert nach Handelsblatt vom 11.11.1996: „Kohlhaussen kritisiert schiefe Schlachtordnung"
Kohls, Rainer	Bankrecht 2. Aufl., München 1997

Kolbeck, Rosemarie	Zur Entwicklung der Bankenaufsicht in der Bundesrepublik Deutschland In: Wilfried Feldenkirchen/Frauke Schönert-Röhlk/Günther Schulz (Hrsg.), Wirtschaft, Gesellschaft, Unternehmen, Festschrift für Hans Pohl zum 60. Geburtstag, 2. Teilband, S. 993 Stuttgart 1995
Kollmann, Andreas	Das Konzernprivileg der 6. KWG-Novelle WM 1998, S. 1569
König, Doris	Das Problem der Inländerdiskriminierung – Abschied von Reinheitsgebot, Nachtbackverbot und Meisterprüfung? AöR 118 (1993), S. 591
Koppensteiner, Hans-Georg	Bankenaufsicht und Bankengruppen Heidelberg 1991
Kopper, Hilmar	Bankstrategische Aspekte des EG-Binnenmarktes In: Hans E. Büschgen/Kurt Richolt (Hrsg.), Handbuch des internationalen Bankgeschäfts, S. 479 Wiesbaden 1989
Kort, Michael	Schranken der Dienstleistungsfreiheit im europäischen Recht JZ 1996, S. 132
Kremer, Arnold	Bankwirtschaft und Wirtschaftspolitik Karlsruhe 1993
Krümmel, Hans-Jacob	Bankaufsichtsziele und Eigenkapitalbegriff Frankfurt am Main 1983
Krümmel, Hans-Jacob	Bankpolitische Normen und ihre Wirkung auf das Bankgeschäft Kredit und Kapital 1975, S. 524
Krumnow, Jürgen	Kreditrisikomanagement bei der Deutschen Bank ZfgKw 1999, S. 118

Krumnow, Jürgen — Die Bedeutung des Europäischen Gemeinschaftsrechts für die Reform des Kreditwesengesetzes
In: Georg Ress (Hrsg.), Vorträge, Reden und Berichte aus dem Europa-Institut/ Nr. 231
Saarbrücken 1991

Krumnow, Jürgen — „Es darf auf Dauer keinen Bestandsschutz für einzelne Banken geben“
ZfgKw 1997, S. 1160

Krumnow, Jürgen — Zitiert nach Börsen-Zeitung vom 28.9.1994, S. 3:
„Transparenz bei Derivaten verbessern“

Krumnow, Jürgen/ Sprißler, Wolfgang Bellavite-Hövermann, Yvette/ Kemmer, Michael/ Steinbrücker, Hannelore — Rechnungslegung der Kreditinstitute
Stuttgart 1994

Kümpel, Siegfried — Die Organleihe im Rahmen der neuen Kapitalmarktaufsicht
WM-Festgabe für Thorwald Hellner vom 9.Mai 1994, S. 35

Kümpel, Siegfried — Bank- und Kapitalmarktrecht
2. Aufl., Köln 2000

Kümpel, Siegfried/ Ott, Claus — Kapitalmarktrecht
Berlin, Stand: Ergänzungslieferung 12/2000

Kuntze, Wolfgang — Zusammenarbeit der Bankaufsichtsbehörden
ZfgKw 1993, S. 18

Kuntze, Wolfgang — Vielfalt der gesetzlichen Bestimmungen steht einer Harmonisierung im Weg
Handelsblatt vom 14.11.1989, S. B.3

Kuntze, Wolfgang | Die bankaufsichtsrechtlichen Perspektiven des europäischen Binnenmarktes 1993
In: Deutsche Bundesbank (Hrsg.), Auszüge aus Presseartikeln, Nr. 2 vom 10. Januar 1991, S. 3

Kuntze, Wolfgang | Zur Entwicklung des Kreditwesengesetzes aus Sicht der Bankenaufsicht
In: Bernd Rudolph (Hrsg.), Bankpolitik nach der KWG-Novelle, S. 11
Frankfurt am Main 1986

Kurth, Ekkehard | Problematik grenzüberschreitender Wertpapieraufsicht
WM 2000, S. 1521

Lackhoff, Klaus | Die Niederlassungsfreiheit des EGV – nur ein Gleichheits- oder auch ein Freiheitsrecht?
Berlin u.a. 1999

Lackhoff, Klaus/ Raczinski, Bernd | Umgekehrte Diskriminierung
EWS 1997, S. 109

Lamche, Werner | Anmerkungen zur Umsetzung der Kapitaladäquanzrichtlinie und der Mindestanforderungen an Handelsgeschäfte
ZfgKw 1996, S. 831

Lanzke, Gert Uwe | Aktuelle Entwicklung der EG-Bankrechts-koordinierung
WM 1988, S. 397

Lanzke, Gert Uwe | Umsetzung und Anwendung der europäischen Bankrichtlinien durch die Mitgliedstaaten
WM 1994, S. 2001

Leadem, Susan R. | Der Kreditwirtschaft steht ein tiefgreifender Wandel bevor
Sonderbeilage Handelsblatt vom 22.5.1997: Banken International, S. B 7

Lehnhoff, Jochen	Bankenaufsichtsrecht – Ausnahmeregelungen für kleine und mittlere Kreditinstitute Vortrag auf dem 9. Europa-Seminar der Börsen-Zeitung am 30. Januar 1998 in Frankfurt am Main: „Der Europäische Binnenmarkt für Finanzdienstleistungen“
Lehnhoff, Jochen	„Letztlich braucht die deutsche Kreditwirtschaft einen sofortigen und absoluten Regulierungsstop auf allen Ebenen“ ZfgKw 1997, S. 1167
Lehnhoff, Jochen	Die Deutsche Kreditwirtschaft braucht einen Regulierungsstopp Sonderbeilage Handelsblatt vom 22.05.1997: Banken International, S. B9, B11
Leister, Klaus Dieter	Wandel der Kreditwirtschaft im Europäischen Binnenmarkt in: Martin Henssler/Thomas M. Kolbeck/Hans-Werner Moritz/Hannes Rehm (Hrsg.), Europäische Integration und globaler Wettbewerb, S. 269 Heidelberg 1993
Lenz, Carl Otto	EG-Vertrag Aufl., Köln u.a. 1994
Löwe, Claus	Die Banken brauchen neue Betriebsgrößen F.A.Z. vom 7.9.1998, S. 27
Lusser, Markus	Internationale Harmonisierung von Bankenrecht und Finanzmarktaufsicht: Ziele und Probleme ZBB 1989, S. 101
Maes, Uwe	Inhaltliche Regelungen der Kapitaladäquanzrichtlinie Sparkasse 1992, S. 527

Matzke, Dirk/ Seifert, Eckhard	Die Eigenmittelausstattung von Kreditinstituten gemäß § 10 KWG ZBB 1998, S. 152
Mayer, Helmut	Das Bundesaufsichtsamt für das Kreditwesen Düsseldorf 1981
Meister, Edgar	Zitiert nach F.A.Z. vom 01.10.1999, S. 25: „Meister: Die deutschen Banken müssen sich einig sein“
Meister, Edgar	Zitiert nach F.A.Z. vom 04.12.1999, S. 26: „Veränderte Aufgaben für die Bankenaufsicht“
Meister, Edgar	Zitiert nach F.A.Z. vom 17.03.2000, S. 15: „Meister: Bankenaufsicht für die Bundesbank“
Meister, Edgar	Zitiert nach F.A.Z. vom 25.11.1998, S. 17: „Tietmeyer:Finanzmärkte sind kein Kasino“
Meister, Edgar	Zitiert nach F.A.Z. vom 13.3.2000, S. 17, 19: „Ohne Bankenaufsicht bedeutungslos“
Meister, Edgar	Aktuelle Herausforderungen an die Bankenaufsicht aus Sicht der Deutschen Bundesbank In: Deutsche Bundesbank (Hrsg.), Auszüge aus Presseartikeln, Nr. 9 vom 3. Februar 1995, S. 6
Meister, Edgar	Zitiert nach F.A.Z. vom 2.2.1999, S. 18: „Notenbank soll nicht insolvente Banken retten“

Meister, Edgar — Bankenaufsicht im Zeitalter der Globalisierung
In: Deutsche Bundesbank (Hrsg.), Auszüge aus Presseartikeln, Nr. 9 aus 1999, S. 1

Meister, Edgar — „Die adäquate Bemessung und Kapitalunterlegung des Kreditrisikos ist das zentrale Thema der Aufsicht“
ZfgKw 1999, S. 148

Meixner, Rüdiger — Neuerungen im Bankenaufsichts- und Kapitalmarktrecht
NJW 1998, S. 862

Metzger, Jochen — EG-Wertpapierdienstleistungsrichtlinie als Herausforderung für die Wertpapiermärkte
Sparkasse 1993, S. 361

Meyer, Wilhelm — Änderung der Kapitaladäquanz-Richtlinie (CAD II)
WM 1997, S. 1641

Meyer-Horn, Klaus — Die Bankenpolitik der EG
Der Langfristige Kredit 1988, S. 170

Mielk, Holger — Die wesentlichen Neuregelungen der 6. KWG-Novelle
Teil I: WM 1997, S. 2200
Teil II. WM 1997, S. 2237

Mielk, Holger — Wichtige Neuregelungen des Diskussionsentwurfs zur 6. KWG-Novelle
BI 12/1996, S. 35

Miletzki, Rainer — Organisation der Finanzaufsicht in Deutschland
ZfgKw 2000, S. 174

Mösbauer, Heinz — Staatsaufsicht über die Wirtschaft
Köln u.a. 1990

Möschel, Wernhard — Eine Systematik von Bankenregulierungszielen
In: Festschrift für Walter Stimpel zum 68. Geburtstag am 29.11.1985
Berlin u.a. 1985

Möschel, Wernhard	Wurzeln der Bankenaufsicht In: Festschrift für Theodor Heinsius zum 65. Geburtstag am 25. September 1991, S. 575 Berlin und New York 1991
Möschel, Wernhard	Das Wirtschaftsrecht der Banken Habilitationsschrift Bielefeld WS 1971/72 Frankfurt am Main 1972
Müller, Lothar	Der europäische Binnenmarkt und seine Auswirkungen auf die Kreditgenossenschaften aus Sicht der Notenbank In: Deutsche Bundesbank (Hrsg.), Auszüge aus Presseartikeln, Nr. 90 vom 15. November 1989, S. 6
Müller, Lothar	Der europäische Bankenmarkt und seine Auswirkungen auf die Kreditgenossenschaften aus Sicht der Notenbank ZfgG 1990, S. 113
Müller, Lothar	Auswirkungen der europäischen Bankrechtsharmonisierung auf deutsche Kreditinstitute In: Jörg Baetge (Hrsg.), Rechnungslegung und Prüfung 1992, S. 27 Düsseldorf 1992
Müller, Werner A.	Bankenaufsicht und Gläubigerschutz Baden-Baden 1981
Niethammer, Thomas	Die Ziele der Bankenaufsicht in der Bundesrepublik Deutschland Dissertation, Tübingen 1987 Berlin 1990
o.V.	Ein EG-„Grundgesetz" für Banken Börsenzeitung vom 04.08.1989, S. 3
o.V.	Bankenverbände kritisieren Baseler Revision F.A.Z. vom 31.03.2000, S. 14

o.V. | Finanzinstitute verstärken Kritik am externen Rating
F.A.Z. vom 28.01.2000, S. 25

o.V. | Weniger Banken, mehr Geschäftsstellen
F.A.Z. vom 18.1.2000, S. 24

o.V. | Gerangel um die richtige Eigenkapitalunterlegung
ZfgKw 1999, S. 160

o.V. | Wissenschaftler fordern Konzept zu Bankenkrisen
F.A.Z. vom 25.6.1998, S. 26

o.V. | Immer mehr Banken entwickeln eigene Risikosteuerungsmodelle
F.A.Z. vom 20.10.1998

o.V. | Aufsicht will Kreditinstitute schärfer überwachen
F.A.Z. vom 21. 9.1999, S. 33

o.V. | Neuer Anlauf zur Bankenreform in Amerika
F.A.Z. vom 12.2.1999, S. 13

o.V. | Das Trennbankensystem in Amerika wankt
F.A.Z. vom 3.7.1999, S. 14

o.V. | Die Vereinigten Staaten schaffen das Trennbankensystem ab
F.A,Z. vom 25.10.1999, S. 17

o.V. | Der Markt für Übernahmen wächst
F.A.Z. vom 12.11.1999, S. 25

o.V. | Bilanzunwirksame Geschäfte deutscher Kreditinstitute
ZfgKw 1998, S. 792

o.V. | Allianz und Dresdner bestätigen Pläne für Zusammenschluß
F.A.Z. vom 30.3.2001, S. 16

Obst/Hinter | Geld-, Bank- und Börsenwesen
39. Aufl., Suttgart 1993

Oechler, Eckhard	Wertpapierleihe und Repo-Geschäfte in bankaufsichtlicher Perspektive Die Bank 1992, S. 567
Oehlert, Sebastian	Harmonisierung durch EG-Richtlinien: Kompetenzen, Legitimation, Effektivität JuS 1997, S. 317
Ossenbühl, Fritz	Vorsorge als Rechtsprinzip im Gesundheits-, Arbeits- und Umweltschutz NVwZ 1986, S. 161
Ott, Anca	Das neue Kreditwesengesetz Bonn 1998
Otto, Klaus-Friedrich	Hoffnung auf gegenseitiges Verständnis ZfgKw 1997, S. 1144
Padoa-Schioppa, Tommaso	Zitiert nach F.A.Z. vom 26.2.1999 „Bessere Kooperation in der Bankenaufsicht"
Padoa-Schioppa, Tommaso/ Meister, Edgar	Zitiert nach F.A.Z. vom 10.2.1999, S. 25 „Meister: Supranationale Bankenaufsicht nicht nötig"
Panowitz, Rudolf/ Jung, Harald	Kreditwesengesetz Frankfurt am Main 1988
Pecchioli, Rinaldo M.	Bankenaufsicht in den OECD-Ländern: Entwicklungen und Probleme Baden-Baden 1989
Piontke, Manfred	„Momentan wirken deutsche Bankaktien noch uninteressant" F.A.Z. vom 9.6.1999, S. 32
Pohl, Wolfgang	Innovative Finanzinstrumente im gemeinsamen Europäischen Bankenmarkt Dissertation, Würzburg 1993 Baden-Baden 1994
Pontzen, Martin	Die deutsche Bankenkrise 1931: Gründe, Ursachen, Auslöser ZfgKw 1999, S. 77

Regnery, Peter — Bankenaufsicht, Bankeneigenkapital und Wettbewerb
Stuttgart 1994

Rehm, Hannes — Die deutschen öffentlichen Banken im europäischen Finanzraum – Probleme und Perspektiven
ÖBA 1989, S. 145

Reifner, Udo — Bankentransparenz und Bankengeheimnis
JZ 1993, S. 273

Reimnitz, Christoph Karl Friedrich — Der deutsche Eigenkapitalbegriff als Qualitätsbegriff
Dissertation, Frankfurt am Main 1991
Wiesbaden 1992

Reischauer, Friedrich/ Kleinhans, Joachim — Kreditwesengesetz
Berlin, Stand: Ergänzungslieferung 3/2001

Reuss, Heinrich VII. Prinz — Die Umsetzung des europäischen Bankaufsichtsrechts in das deutsche Recht
In: Hans E. Büschgen/Uwe H. Schneider (Hrsg.), Der europäische Binnenmarkt 1992; S. 43
Frankfurt am Main 1990

Riedl, Erich — Die Bankenaufsicht in der Verkehrswirtschaft, insbesondere in Deutschland
Dissertation, Erlangen-Nürnberg 1962

Röder, Thomas/ Linz, Heinrich — Risiko-Management eines Derivativ-Portfolios: Chancen und Risiken für Banken und Aufsicht
In: Karlheinz Bischofberger/ Dieter Duwendag (Hrsg.): Finanzmärkte, Finanzinnovationen und Geldpolitik, S. 139
Berlin 1996

Römer, Monika — Harmonisierung der Bankenaufsicht in der Europäischen Gemeinschaft
Berlin 1977

Royla, Pascal — Grenzüberschreitende Finanzmarktaufsicht in der EG
Berlin u.a. 2000

Rudolph, Bernd — Eigenkapitalanforderungen an die Kreditinstitute im Rahmen der internationalen Bankrechtsharmonisierung
DBW 1989, S. 483

Rudolph, Bernd — Ansätze zur Kreditnehmerbeurteilung: Theoretische Analyse und Würdigung
ZfgKw 1999, S. 112

Rudolph, Bernd — Kapitaladäquanzrichtlinie: Konsequenzen und Gefahren für die Universalbanken
In: B. Rudolph/W. Gebauer, Aktienmärkte im Finanzsystem, S. 229
Frankfurt am Main 1994

Rudolph, Bernd — Das effektive Bankeigenkapital
Frankfurt am Main 1991

Rudolph, Bernd — Gestaltungsformen bankaufsichtlicher Normen
Das Wirtschaftsstudium 1991, S. 596

Rudolph, Bernd — Kapitaladäquanzrichtlinie: Zielsetzung und Konsequenzen der bankaufsichtlichen Regulierung im Wertpapierbereich
ZBB 1994, S. 117

Rudolph, Bernd — Europäische Eigenkapitalanforderungen im Wertpapierbereich im Lichte des Wachstums der derivativen Märkte
Ifo Studien 1995, S. 89

Schäfer, Frank A. — Materielle Aspekte der EG-Richtlinie über Wertpapierdienstleistungen
AG 1993, S. 389

Scharpf, Paul
Der neue Solvabilitätskoeffizient der Kreditinstitute
Düsseldorf 1993

Schieber, Helmut
Zitiert nach F.A.Z. vom 17.11.1999, S. 30:
„Bankenverband mit eigenem Vorschlag zur Eigenkapitalfrage"

Schieber, Jörg
Entwicklungslinien des internationalen Finanzaufsichtsrechts
WM 1999, S. 2286

Schiller, Bettina/
Wiedemeier, Ingo
Chronologie der Bankenaufsicht
ZfgKw 1998, S. 757

Schilling, Theodor
Gleichheitssatz und Inländerdiskriminierung
JZ 1994, S. 8

Schimansky, Herbert/
Bunte, Hermann-Josef/
Lwowski, Hans-Jürgen
Bankrechts-Handbuch
Band III
München 1997

Schmidt-Aßmann, Eberhard
Besonderes Verwaltungsrecht
11. Aufl., Berlin u.a. 1999

Schneider, Dieter
Messung des Eigenkapitals als Risikokapital
DB 1987, S. 185

Schneider, Manfred
Die Harmonisierung der Bankenaufsicht
In: Hannes Rehm (Hrsg.), Perspektiven für den Europäischen Bankenmarkt, S. 243
Bonn 1989

Schneider, Uwe H.
Harmonisierung des Bankrechts in der Europäischen Gemeinschaft: Notwendigkeit, Reichweite, System
In: Walter Hadding/Klaus J. Hopt/Herbert Schimansky (Hrsg.), Deutsches und europäisches Bank- und Börsenrecht, Bankrechtstag 1993, S. 3
Berlin und New York 1994

Schneider, Uwe H.	Europäischer und globaler Wettbewerb der Bankensysteme In: Festschrift für Theodor Heinsius zum 65. Geburtstag am 25. September 1991, S. 733 Berlin und New York 1991
Schneider, Uwe H.	Die Bankensysteme in den Mitgliedstaaten der Europäischen Gemeinschaft auf dem Weg in den EG-Binnenmarkt In: Hannes Rehm (Hrsg.), Perspektiven für den Europäischen Bankenmarkt, S. 117 Bonn 1989
Schneider, Uwe H.	Europäische und internationale Rechtsangleichung und ihre Bedeutung für die Kreditwirtschaft In: Walther Hadding/Reinhard Welter (Hrsg.), Rechtsfragen bei Bankleistungen im Europäischen Binnenmarkt, S. 9 Köln 1994
Schneider, Uwe H.	Das Aufsichtsrecht der Allfinanz-Konzerne WM 1990, S. 1649
Schneider, Uwe H./ Troberg, Peter	Finanzdienstleistungen im EG-Binnenmarkt: Sitzland- oder Gastlandrecht? WM 1990, S. 165
Schneider, Uwe H./ Eichholz, Rainer/ Ohl, Hanns-Peter	Die aufsichtsrechtliche Bewertung von Asset Backed Securities ZIP 1992, S. 1452
Schöne, Franz-Josef	Die „umgekehrte Diskriminierung“ im EWG-Vertrag nach der Rechtsprechung des Europäischen Gerichtshofs RIW 1989, S. 450

Schöne, Franz-Josef — Das deutsche Bankenaufsichtsrecht (KWG) und die Dienstleistungsfreiheit nach Art. 59 ff. EWG-Vertrag
WM 1989, S. 873

Schork, Ludwig — Gesetz über das Kreditwesen
20. Aufl., Stuttgart 1999

Schramm, Bernhard — Perspektiven der deutschen Genossenschaftsbanken bei vollständiger Integration der EG-Finanzmärkte
In: Dieter Duwendag (Hrsg.), Europa-Banking, S. 307
Baden-Baden 1988

Schröder, Gustav Adolf — Wir wollen kein „KWG-light", aber wir benötigen für kleine und mittlere Institute verstärkt sinnvolle Bagatell- und Ausnahmeregelungen
ZfgKw 1997, S. 1172

Schroeder-Hohenwarth, Hanns Christian/ Remsperger, Hermann — Zur Position des deutschen Kreditgewerbes im EG-Binnenmarkt
In: Dieter Duwendag (Hrsg.), Europa-Banking, S. 209
Baden-Baden 1988

Schulte-Mattler, Hermann — Tendenzen und Entwicklungen im internationalen Recht der Bankenaufsicht
EuZW 1994, S. 494

Schulte-Mattler, Hermann — Kredit- und Preisrisiken im neuen KWG-Grundsatz I
WM 1998, S. 1953

Schulte-Mattler, Hermann — Entwicklungstendenzen in der europäischen und internationalen Bankenaufsicht
ZBB 1994, S. 333

Schulte-Mattler, Hermann — Bankaufsichtliche Eigenkapitalnormen für Marktrisiken im Vergleich
Die Bank 1994, S. 93

Schulte-Mattler, Hermann — Kapitaladäquanz-Richtlinie schafft einheitliche Aufsichtsregeln
Die Bank 1992, S. 460

Schulte-Mattler, Hermann	Preisrisiken im Mittelpunkt der Sechsten KWG-Novelle WM 1994, S. 1412
Schulte-Mattler, Hermann	EG-Richtlinie über die angemessene Eigenkapitalausstattung von Wertpapierfirmen und Kreditinstituten EuZW 1992, S. 602
Schulte-Mattler, Hermann/ Traber, Uwe	Neue Aufsichtsregeln für das Kreditrisiko WM 1999, S. 2481
Schulte-Mattler, Hermann/ Traber, Uwe	Marktrisiko und Eigenkapital Wiesbaden 1995
Schuster, Leo	Zentralbankpolitik und Bankenaufsicht in den EWG-Staaten Köln und Opladen 1967
Schuster, Walter	Zitiert nach F.A.Z. vom 13.11.1999, S. 27: „Warten auf Europas Banken-Marktführer"
Schütz, Axel	Vom verzerrten Wettbewerb ZfgKw 1996, S. 1188
Schwappach, Jürgen	EU-Rechtshandbuch für die Wirtschaft 2. Aufl., München 1996
Schweitzer, Michael/ Hummer, Waldemar	Europarecht 5. Aufl., Neuwied u.a. 1996
Schwintowski, Hans-Peter/ Schäfer, Frank A.	Bankrecht Köln u.a. 1997
Sohbi, Hassan	Eigenkapitalanforderungen für das Wertpapiergeschäft AG 1994, S. 23
Stark, Jürgen	Deutsche und europäische Bankenstrukturen im Wandel In: Deutsche Bundesbank (Hrsg.), Auszüge aus Presseartikeln, Nr. 42 vom 23. Juni 1999, S. 2

Stark, Jürgen	Verbesserung der rechtlichen Rahmenbedingungen für den Finanzplatz Deutschland BI 12/96, S. 20
Stehmann, Andreas	Das Firmenkundenkreditgeschäft als Wertfalle deutscher Banken F.A.Z. vom 9.8.1999, S. 23
Stein, Ekkehart	Die Wirtschaftsaufsicht Tübingen 1967
Steltzner, Holger	Kampf um die Kreditkosten F.A.Z. vom 15.10.1999, S. 13
Steltzner, Holger	Bankenmonopoly F.A.Z. vom 9.12.1997, S. 17
Stern, Klaus	zitiert nach F.A.Z. vom 2.3.2001, S. 13: „Die Allfinanzaufsicht ist verfassungswidrig“
Stober, Rolf	Wirtschaftsverwaltungsrecht 11. Aufl., Stuttgart u.a. 1997
Szagunn, Volkhard/ Haug, Ulrich/ Ergenzinger, Wilhelm	Gesetz über das Kreditwesen 6. Auflage, Stuttgart u.a. 1997
Tietmeyer, Hans	Der europäische Bankenmarkt als Teil der wirtschaftlichen Integration In: Hannes Rehm (Hrsg.), Perspektiven für den europäischen Bankenmarkt, S. 11 Bonn 1989
Tietmeyer, Hans	„Die angemessene Aufsicht des Finanzsystems ist eines der großen Zukunftsthemen“ ZfgKw 1999, S. 108
Tietmeyer, Hans	Internationale Zusammenarbeit und Koordination auf dem Gebiet der Aufsicht und Überwachung des Finanzmarkts In: Deutsche Bundesbank (Hrsg.), Monatsbericht Mai 1999, S. 5

Troberg, Peter — Europäisches Bankaufsichtsrecht: System oder Wildwuchs?
WM 1991, S. 1745

Troberg, Peter — Europäische Aufsicht über das Kreditwesen
Frankfurt am Main 1975

Troberg, Peter — Bankrechtskoordinierung in der EG – ein Überblick
ZfgKw 1986, S. 608

Troberg, Peter — Grundfragen der Harmonisierung des Bankenaufsichtsrechts in der EG und ihre Auswirkungen auf die deutschen Kreditinstitute
In: Rosemarie Kolbeck (Hrsg.), Chancen und Risiken der deutschen Banken im Gemeinsamen Markt, S. 11
Frankfurt am Main 1989

Troberg, Peter — Die Liberalisierung der nationalen Banktätigkeiten und die Schaffung eines einheitlichen Bankenaufsichtsrechts
In: Uwe Blaurock (Hrsg.), Das Bankwesen im gemeinsamen Markt, S. 33
Baden-Baden 1981

Troberg, Peter — Integrationsprozeß im Bereich der Finanzinstitute: Umfeld der Bankrechtskoordinierung und allgemeine Grundfragen
In: Hannes Rehm (Hrsg.), Perspektiven für den Europäischen Bankenmarkt, S. 35
Bonn 1989

Trouet, Patrick — „Qualitative" Tendenzen im aktuellen Bankenaufsichtsrecht
WM 1996, S. 2188

Trouet, Patrick — Staatliche Aufsicht der Finanzderivate nach der 6. Kreditwesengesetznovelle
ZfgKw 1998, S. 760

Trouet, Patrick — Divergenzen zwischen Basler Eigenkapitalvereinbarung und der EG-Kapitaladäquanzricht-linie
ZfgKw 1996, S. 836

Trouet, Patrick — EG-Kapitaladäquanzrichtlinie und bankinterne Modelle zur Risikomessung
RIW 1996, S. 302

Trouet, Patrick — Derivate und Wirtschaftsaufsicht
Dissertation, Würzburg 1996
Frankfurt am Main 1998

Varnholt, Burkhard — Unterschiedliche Eigenmittelvorschriften verzerren internationalen Wettbewerb
Sparkasse 1996, S. 249

Vertneg, Michael — Das kurzfristige nachrangige Kapital als Eigenmittelbestandteil von Kreditinstituten
ÖBA 1997, S. 683

Vollmer, Uwe — Funktionen und Organisation der Bankenwirtschaft
In: Karl-Hans Hartwig/H. Jörg Thieme (Hrsg.), Finanzmärkte: Funktionsweise, Integrationseffekte und ordnungspolitische Konsequenzen, S. 25
Stuttgart 1999

Voss, Bernd W. — Konsequenzen der EG-Eigenmittelrichtlinie für deutsche Banken
In: Hans E. Büschgen (Hrsg.), Der Finanzdienstleistungsmarkt in der Europäischen Gemeinschaft, S. 101
Frankfurt am Main 1990

Wagner-Wieduwilt, Klaus — Das Zusammenwirken der Organe der Europäischen Gemeinschaften im Rahmen von Rechtsetzungsverfahren
WM 1988, S. 597

Wallach, Edgar	Die Vierte KWG-Novelle DZWir 1993, S. 39
Waschbusch, Gerd	Bankenaufsicht München u.a. 2000
Weber, Christoph/ Nägele, Peter	„Babylonische Begriffsverwirrung“: 6. KWG-Novelle in Kraft ZfgKw 1998, S. 753
Weinel, Martina	Finanzkonglomerate im europäischen Binnenmarkt Dissertation, Frankfurt am Main 1996 Wiesbaden 1996
Welteke, Ernst	Zitiert nach F.A.Z. vom 20.11.1999; S. 13: „Finanzmarkt braucht Führung durch EZB“
Wenger, Ekkehard	Zitiert nach FOCUS, Heft 49 aus 1997, S. 306: „ Alles im dunkeln“
Wermuth, Dieter	Kapitalmarktpolitische Aspekte der Wertpapieraufsicht Sparkasse 1994, S. 19
Willburger, Andreas	Asset Backed Securities im Zivil- und Steuerrecht Köln 1997
Wittich, Georg	Neue Regeln für Finanzdienstleistungsinstitute, die Wertpapierdienstleistungen erbringen WM 1998, S. 1526
Wolgast, Michael	Die Finanzkrise verlangt nach einer globalen Bankenaufsicht F.A.Z. vom 13.10.1998, S. 18
Zantis, Ingrid J.	Die Verwirklichung des Europäischen Binnenmarktes für Bankdienstleistungen EuZW 1993, S. 31
Zeitler, Franz-Christoph	Auch das Rating gehört zum Bankenwettbewerb F.A.Z. vom 11.08.1999, S. 14

Zerwas, Herbert/ Hanten, Mathias	Abgrenzungsprobleme und Ausnahmen bei Handelsaktivitäten nach der Sechsten KWG-Novelle ZBB 2000, S. 44
Zimmermann, Felix A.	Wandel in der Finanzintermediation und damit verbundene Aufsichtsprobleme Sparkasse 1994, S. 23

FSC
www.fsc.org
MIX
Papier | Fördert
gute Waldnutzung
FSC® C083411

Kolibri 360 GmbH
Ferdinand-Jühlke-Straße 7
99095 Erfurt, Deutschland
produktsicherheit@kolibri360.de

Druck:
CPI Druckdienstleistungen GmbH
im Auftrag der
Kolibri 360 GmbH
Ferdinand-Jühlke-Str. 7
99095 Erfurt